GRAFIAS DE VIDA — A MORTE

SILVIANO SANTIAGO

Grafias de vida — a morte

Copyright © 2023 by Silviano Santiago

Grafia atualizada segundo o Acordo Ortográfico da Língua Portuguesa de 1990, que entrou em vigor no Brasil em 2009.

Capa e caderno de fotos
Marcelo Girard

Imagem de capa
Caminhando, 1963, de Lygia Clark. © Associação Cultural "O Mundo de Lygia Clark", 2023. Reprodução fotográfica de Virna Santolia

Preparação
Leny Cordeiro

Índice remissivo
Luciano Marchiori

Revisão
Érika Nogueira Vieira
Eduardo Santos

Dados Internacionais de Catalogação na Publicação (CIP)
(Câmara Brasileira do Livro, SP, Brasil)

Santiago, Silviano
  Grafias de vida — a morte / Silviano Santiago. — 1ª ed. — São Paulo : Companhia das Letras, 2023.

  ISBN 978-85-359-3606-3

  1. Ensaios 2. Literatura brasileira – História e crítica I. Título.

23-172085   CDD-B869.4

Índice para catálogo sistemático:
1. Ensaios : Literatura brasileira   B869.4

Cibele Maria Dias – Bibliotecária – CRB-8/9427

Todos os direitos desta edição reservados à
EDITORA SCHWARCZ S.A.
Rua Bandeira Paulista, 702, cj. 32
04532-002 — São Paulo — SP
Telefone: (11) 3707-3500
www.companhiadasletras.com.br
www.blogdacompanhia.com.br
facebook.com/companhiadasletras
instagram.com/companhiadasletras
twitter.com/cialetras

Sumário

Algumas palavras 7

Sentimento da vida, sentimento do mundo 9
Apenas uma literatura escrita em língua portuguesa 55
Grafias de vida — a morte 70
Quando saio de casa, piso o mundo (Sobre a *formação*
artística e crítica) 94
À mesa, o lugar está posto. A cadeira está vazia
(Divagação sobre a gênese de *Menino sem passado*) 120
"Se lutas por alimentos, tens de estar com fome" 148
Jornalismo cultural norte-americano, Joan Didion 161
Das inconveniências do corpo como resistência política ... 170
A decadência humana e suas elegâncias 186
Rosa e Lúcio, o buriti e a cadeirinha 215
A Quarta-Feira de Cinzas da humanidade 219
Viagem pelas viagens de Mário de Andrade 227

Minha Londres das neblinas finas... 254
Narciso acha feio o que não é espelho 277

Notas 291
Referências bibliográficas 307
Apêndice 311
Créditos das imagens 315
Índice remissivo 317

Algumas palavras

> *A obra que tinha o dever de trazer a imortalidade recebeu agora o direito de matar, de ser assassina do seu autor. Vejam Flaubert, Proust, Kafka.*
> Michel Foucault, "O que é um autor?", *Ditos e escritos*

De repente, a velhice não bate mais à porta. Vai entrando, sem pedir licença. Torna-se tão real quanto a penca de bananas exposta por muito tempo na fruteira. Logo terá de ser atirada na lata de lixo.

O confronto do escritor com a penca de bananas cujas cascas se deterioraram com o correr do tempo desperta o sentimento da iminência da morte e, ao mesmo tempo e contraditoriamente, certa indisfarçável alegria. A penca de bananas continua a ser uma guloseima passível de alimentar alguém faminto.

A fome se junta à vontade de comer.

A sobrevivência é uma fase da vida cuja experiência é difícil de ser aquilatada em toda a sua extensão. Ela se deixa manifestar por um excesso inesperado de tempo, que é negado à maioria. Muitas vezes é tardia, mas pode ser também inexistente.

É a ampla e libertária experiência do tempo excessivo, que é negado a muitos, repito. Essa experiência é que permite a leitura e a escrita dessas grafias de vida, que ora estão reunidas sob a forma de livro. Sem luvas de pelica, tratam do tempo recente e da atualidade da vida social e cultural com uma intimidade que merecerá de certos leitores o pedido de cancelamento.

Em outros leitores abrirão um ponto de exclamação, por elas ainda se sustentarem em raciocínios um tanto autoritários, raivosos e irônicos.

Em terceiros despertarão o desprezo que sentem diante do espetáculo degradante de velhas senhoras indignas, para lembrar uma das histórias de almanaque de Bertolt Brecht.

São grafias desequilibradas de vida, que propõem a busca de equilíbrio entre o sentimento de mundo e o sentimento da vida, entre a mesa posta e a cadeira onde se toma assento, entre o corpo na casa e o pé no mundo, entre o alimento e a fome, entre o tronco de buriti do sertão e a ridícula cadeirinha ouro-pretana.

Em suma, entre a decadência e a elegância.

Entre a inconveniência do gesto e a necessária liberdade...

Que se lembre do já falecido Edward Said:

> Esta é a prerrogativa do estilo tardio: dar voz ao desencanto e ao prazer, sem ter que resolver a contradição entre um e outro. O que os mantém em tensão, como forças de sentido oposto e força igual, é a subjetividade madura do poeta, despida de *hybris* e de pompa, que não se envergonha nem de sua falibilidade, nem da modesta desenvoltura que adquiriu por obra do tempo e do exílio.[1]

Sentimento da vida, sentimento do mundo

A pintura nunca se aproximou tanto da vida, do "sentimento da vida".
Hélio Oiticica, *Aspiro ao grande labirinto*

O inventamos o erramos.
Simón Rodríguez

O método de Foucault sempre se contrapôs aos métodos de interpretação. Jamais interprete, experimente. [...] E a experimentação é sempre o atual, o nascente, o novo, o que está em vias de se fazer.
Gilles Deleuze, "Um retrato de Foucault", *Conversações*

1.

INVERSÃO NO MAPA-MÚNDI: PASSAGEM DOS ANOS 1920 PARA OS ANOS 1950

A descoberta do mundo pelo jovem artista brasileiro, se localizada no período que se abre com o experimentalismo dos anos

1950-60, não segue a lição oferecida pelo uruguaio Joaquín Torres-García (1874-1949). Em trabalhos de Lygia Clark, Hélio Oiticica e Adriana Varejão, o mundo é descoberto pelo próprio corpo do artista, em representação ou em exposição pública.

Em 1943, Torres-García inverte a posição da imagem da América do Sul no mapa-múndi, ilustração que é costumeiramente reproduzida nos livros didáticos e vem sendo impressa na mente de toda e qualquer criança alfabetizada em escola pública ou privada (ver figura 1 do caderno de imagens). A obra de aparência corriqueira e inocente é selecionada porque, no fundo, carrega mensagem científica e permanente *ad urbi et orbi*. Ao inverter a posição dos dois hemisférios no mapa-múndi, Torres-García desconstrói tanto o sentido histórico e único da organização do globo terrestre como a hierarquização que se representa na cisão. O hemisfério Norte tem sido origem, centro e futuro da civilização ocidental e tem imposto ao hemisfério Sul a condição de região do planeta tardiamente colonizada por ela. Em termos triviais: civilização em cima, barbárie embaixo.

A estratégia política proposta pela inversão (*upside down*) da imagem serve de apoio à recente preeminência da geografia sobre a história, do espaço sobre o tempo e, se em conjunção com o trabalho da artista Adriana Varejão (n. 1964), à ambiguidade do papel desempenhado pelas cartas geográficas — os portulanos, mapas marítimos da Antiguidade — numa análise das nações colonizadoras quando observadas da perspectiva pós-moderna.

As cartas geográficas desenham ao sul o hemisfério que lhes era desconhecido para, com maior eficiência, tomá-lo de assalto.

Para acertar no alvo da pós-modernidade, Edward Said relembra e analisa a biografia e a atuação política do líder intelectual do colonialismo inglês, lorde Curzon (1859-1925). O estadista e geógrafo britânico foi o principal responsável pela hegemonia assumida pela geografia nas ciências sociais modernas. De "monótona e pedante" — escreve Said em *Orientalismo* —, a geografia se transformou na "mais cosmopolita de todas as ciências".[1]

No processo de colonização da África pela Europa, um dos bons exemplos da preeminência e do valor manifestado pela cartografia e pela geografia se encontra na "caracterização" (apud Ian Watt, em *A ascensão do romance*) do personagem Charlie Marlow, o marinheiro britânico que conduz a narrativa de *Coração das trevas*, 1902, romance clássico de Joseph Conrad. Na adaptação do romance de Conrad ao cinema por Francis Ford Coppola, os mapas em papel são *desenhados* em ondas eletromagnéticas pelo radar das aeronaves. A Terra é representada quando tem lugar a ação colonizadora.

Ao trazer a ação colonial dos europeus no Congo Belga para a atualidade da *invasão* pós-colonial norte-americana do Vietnã, o filme *Apocalypse Now* (1979) dramatiza a varredura do terreno inimigo pelos mapas eletrônicos. Desde o início do século XX, o *telemobiloscópio* (nome dado originalmente ao radar) guiava os marinheiros pelo oceano e, a partir da Segunda Guerra Mundial, orienta os marinheiros e os pilotos dos bombardeiros, caças e helicópteros. Lembre-se do *Enola Gay*, o bombardeiro B-29 da aeronáutica norte-americana.

Estávamos, então, em plena "época do mundo como alvo". Retomo a expressão a que chega Rey Chow ao analisar a foto que virou o mais famoso cartão-postal do mundo. Reproduz o cogumelo que foi gerado nos céus japoneses pelo lançamento da bomba atômica em Hiroshima.[2] Desde a Segunda Guerra não são mais os combatentes inimigos que servem de alvo para os olhos armados. O mundo é o alvo.

Há que mencionar, finalmente, a crítica ao caráter não tão evidente da perspectiva eurocêntrica assumida por Conrad em *Coração das trevas*, assinalada pelos escritores africanos nossos contemporâneos. O exemplo a ser dado e a ser consultado é a controvérsia aberta e liderada pelo escritor africano Chinua Achebe nos anos 1970.[3] Proposta por Torres-García, a inversão política e artística na representação clássica do mapa-múndi desestabiliza e descondiciona o saber visual eurocêntrico do mundo. Diante do modo como a imagem precoce e atrevida da América do Sul deveria ser inserida, o espectador contemporâneo do artista é levado a desconsiderar as coordenadas históricas, sociais e econômicas de que se serve Eric Hobsbawm em *A era dos impérios (1875-1914)* para configurar o sul colonial, com a finalidade de substituí-las pela narrativa da experiência e da rebeldia pós-colonial.

Ao priorizar e dramatizar objetivamente no mapa-múndi o *próprio* da identidade da América do Sul e, indiretamente, da América Latina, a inversão proposta — no fundo, metáfora de um mundo melhor, mais desequilibrado mas menos injusto para os povos ocidentalizados à força e sobreviventes — rodopia em torno de dois traços brancos. Fortes e paralelos, os dois traços se alongam da esquerda para a direita sobre o fundo negro da imagem.

Na parte inferior, um dos traços representa a linha imutável do equador, que servia para dividir o globo entre o norte europeu, metropolitano e colonial, e o sul americano, tropical e colonizado. *Ultra aequinoxialem non peccari* (não existe pecado abaixo do equador).

Ensaístas e artistas brasileiros sempre se lembram da frase do teólogo e historiador holandês Caspar Barlaeus (1584-1648) e a têm como referência. Foi tematizada pela primeira vez em *À margem da história* (1909), de Euclides da Cunha. A assertiva do teólogo será retomada por Sérgio Buarque de Holanda em *Raízes do Brasil* (1936). O ensaísta percebe que nela se embute a precaução puritana contra o caráter perigosamente depravado do sul. Cito: "Como se a linha que divide os dois hemisférios também separasse a virtude do vício".

Chico Buarque retoma a frase do holandês e sua leitura pelo pai. À imitação de Torres-García, o então jovem compositor e cantor decide inverter os valores comportamentais e morais expressos pela cisão em hemisférios do mapa-múndi. Acentua a permissividade que lhe é atribuída pela religião, transformando-a em força liberadora da repressão social e política imposta ao cidadão brasileiro nos anos 1960. Em tempos de outra globalização do mundo, o ponto de vista adotado pelo compositor conta pontos a favor das sociedades tropicais em que o corpo humano erotizado se livra das amarras puritanas veiculadas pelo movimento Tradição, Família e Propriedade. Escute-se a canção "Não existe pecado ao sul do equador", de preferência materializada por Ney Matogrosso.[4]

No desenho de Torres-García, a imagem se encontra em branco sobre preto.[5] A linha do equador é paralela a outra linha branca que se desenha na parte superior da imagem. Esta concede primazia, no mapa da América do Sul invertida, ao país natal do artista, o Uruguai. A inversão não está isenta de uma opção do artista em favor das lutas de caráter nacionalista.

Torres-García justifica a solução encontrada para o desenho em seu livro *Universalismo constructivo* (1984):

> Em realidade nosso norte é o sul, não deve existir mais norte para nós senão como *oposição* ao sul. [...] Pomos o mapa de cabeça para baixo e então temos a *ideia justa* da nossa posição, e não como quer o resto do mundo. [...] Desde então, a ponta da América a se prolongar assinala insistentemente nosso norte ao sul [grifos meus].[6]

Também a agulha imantada da bússola *uruguaia* agiria de maneira matreira e justa, já que serviria para marcar uma "oposição" ao norte magnético que condicionou as grandes navegações marítimas da Renascença. O poder de atração do astro-rei legitima a inversão do norte pelo sul. À esquerda da representação do espaço geográfico sul-americano brilha o sol em todo o seu esplendor. Ele estabelece o meridiano magnético invertido, a exigir mudança na bússola que, desde o século XVI, vem sendo movida às avessas a fim de orientar com segurança as caravelas e os marinheiros europeus. Ao se confundir com o polo Sul, o Sol o eleva à condição privilegiada do polo Norte. O meridiano magnético do sul é mais sedutor que o meridiano magnético ao norte. Lembre-se de outro curto poema, agora de Oswald de Andrade, pedra de toque nos manifestos da poesia concreta:

américa do sul
américa do sol
américa do sal

O nacionalismo — sul, sol, sal — não está isento dessa variada amostragem de representações artísticas. Aliás, o Uruguai, país natal do artista construtivista, vem realçado no mapa com o bem evidente sinal de +.

Alguns poetas latino-americanos nascidos em fins do século XIX ou no início do século XX acompanham Torres-García por uma escrita literária que, em doses mais discretas de nacionalismo, acolhe mapas e pontos cardeais. Escrevem poemas em que a qualidade e o valor de literaturas nacionais sul-americanas são apreciados e julgados em confronto com os das cosmopolitas. Mais pragmáticos ou menos obedientes à lição de Torres-García, eles inserem a produção nacional no cânone eurocêntrico. Os poemas entram em evidente contradição ideológica com o mapa invertido de Torres-García, já que, em tempos de questionamento radical dos valores assentados pelos séculos de colonialismo ocidentalizante, ambicionam atualizar, nas respectivas nações, uma visão universal de literatura e de arte.

Nos textos desses poetas sobressai a ironia ácida que corrói as boas intenções ideológicas do nacionalismo literário a que nos referimos ao analisar a obra e a teoria do pintor uruguaio. Selecionemos cinco exemplos entre os poetas latino-americanos contemporâneos do artista uruguaio. Começo por um brasileiro e fecho com um chileno.

Murilo Mendes (1901-75), cujos valores éticos são confessadamente orientados por conversão ao catolicismo, é responsável por abusivo poema em prosa, ao que parece contra a imagem invertida do Uruguai, privilegiada por Torres-García. Nele, Murilo diz que os três poetas "franceses" que nasceram no Uruguai (o conde de Lautréamont, Jules Laforgue e Jules Supervielle) estabelecem os pontos cardeais que balizam o *mapa* da literatura daquele país. Situado entre o Brasil, o Paraguai e a Argentina, o Uruguai permanece isolado — em período dominado pelo nacionalismo artístico, repitamos — no universalismo canonizado pelos três ilustres poetas franceses que vieram à luz do sol na nação sul-americana. Curto e em prosa, grosso, o poema de Murilo Mendes merece ser citado: "O Uruguai é um belo país da América do Sul, limitado ao norte por Lautréamont, ao sul por Laforgue, a leste por Supervielle".

Seria o caso de perguntar: por que o Uruguai é um "belo país da América do Sul" se poeticamente nada tem dela?

O chileno Nicanor Parra (1914-2018) não se distancia de Murilo Mendes em estilo e tiro certeiro. Nem quatro nem três, são dois poetas "estrangeiros" (Alonso de Ercilla, soldado espanhol durante a Conquista e posteriormente autor do poema épico "La araucana", e Rubén Darío, poeta nicaraguense) que defendem, em outro e curtíssimo poema, a literatura dita chilena. Citemo-lo:

Os quatro grandes poetas do Chile
são três:
Alonso de Ercilla e Rubén Darío.

Às escuras, já que ainda jovem e perdido na província das Minas Gerais, Carlos Drummond de Andrade não passou em branco pelo debate. Em troca de cartas com Mário de Andrade, marca posição cosmopolita contra o nacionalismo estético do mentor paulista, fundado nos valores civilizacionais dos pré-cabralianos tupis-guaranis. Em meados dos anos 1920, ao pontuar a lição recebida do mestre Mário, Drummond afirma que o debate armado pelos correspondentes "gira em menos sobre a necessidade de ser brasileiro que sobre os meios de vir a sê-lo",[7] meios estes que não são obrigatoriamente teleguiados pelo serviço alfandegário. O discípulo não se perturba com o poder de persuasão e o peso da inteligência do intelectual paulista. Com a ironia que mais tarde será peça-chave de sua genialidade, ele segue adiante. Ao contrário do que acontece na pesca, insinua Drummond, o nacionalismo literário não tem mar territorial. Em carta datada de 30 de dezembro de 1924, Drummond se autoafirma e pergunta:

> Não sei se haverá bom ou mau nacionalismo principalmente em literatura. Como fazer com esta o que se já fez com a pesca: nacionalizá-la? Como obrigar as inteligências a situar a sua atividade na paisagem mais ou menos restrita da sua pátria? [...] Pode-se ser brasileiro até na Patagônia, até no Cairo, até no inferno, e sentir com emoção brasileira um crepúsculo nos Dardanelos ou uma eleição nos Estados Unidos. Pode-se ser brasileiro mesmo em frente à água desmoralizadíssima dos canais de Bruges... E vice-versa.

Ainda na clave alegre e corrosiva da ironia, embora a favor do nacionalismo de Torres-García, há que citar outro poema curtíssimo, o do chileno Vicente Huidobro (1893-1948). O texto caminha a passos largos para a simplificação dos quatro pontos cardeais que regem a carta geográfica do mundo. Sua visão do planeta Terra trabalha, portanto, com o recurso à reductio ad absurdum:

*Os quatro pontos cardeais
são três:
o sul e o norte.*

O mais temível dos intelectuais a pôr por terra as pretensões nacionalistas ou universalizantes da América do Sul (e, de modo indireto, do continente americano) será contraditória ou paradoxalmente o antropólogo francês Claude Lévi-Strauss que, nos anos 1930, esteve presente na fundação da Universidade de São Paulo. Diante das paisagens não europeias entrevistas, o professor francês salienta menos o exotismo (da vegetação, dos costumes, das vestimentas etc.) e salienta mais o que lhe parece e julga estar fora de moda. Em livro hoje clássico, *Tristes trópicos*, anota: "Os trópicos são menos exóticos do que obsoletos [démodés]".[8] Adquirida a autonomia política, a jovem nação brasileira já nasce e cresce de modo ultrapassado no mapa civilizacional, já que é e será cópia tardia e servil do modelo metropolitano, e é por isso que seus cidadãos letrados tentam louca e atabalhoadamente pôr-se ao dia.

A substituição do exótico pelo fora de moda [démodé] alimenta um retorno imprevisto ao etnocentrismo, de que o etnógrafo francês quer, ou deve, se liberar. Essa espécie ambígua e particular de etnocentrismo, centrada numa noção de espaço civilizacional que se espraia equivocadamente e de tempo histórico que, fora da Europa, marcha a ré, é favorecida pela noção ontológica de *pureza original*.

Por um lado, a pureza tem origem na metrópole ocidental, com ela se confunde e dela se espraia pelas viagens; por outro lado, e aí surge o dado novo de que deriva a ambiguidade do problema etnocêntrico em *Tristes trópicos*. A pureza é também o valor de que o não ocidental (no caso, o americano) não deveria ter aberto mão no processo de colonização por que passou. Sua fatalidade — a colonização pelos valores ocidentais — é motivo da eterna condição de cópia démodée. No período posterior aos grandes descobrimentos, o sentido em flecha da história do mundo se alia à pureza original e ratifica a atitude de Lévi-Strauss diante do hemisfério Sul que lhe é contemporâneo.

Em outra passagem do livro citado, o viajante cosmopolita comenta: "ter visitado minha primeira universidade *inglesa* [grifo meu] no campus de edifícios neogóticos de Daca, no Bengala oriental, incita-me agora a considerar [a Universidade] Oxford como uma Índia que tivesse conseguido controlar a lama, o mofo e as exuberâncias da vegetação".[9] O fato de ter visitado, em Daca, a universidade cópia de Oxford leva o francês a precisar a qualidade do que é intrinsecamente europeu: o controle da lama, do mofo e das exuberâncias da vegetação. Por mais que se queira, o démodé é a falta de controle frente ao poder nefasto da natureza tropical. Se por acaso o controlar, o fará de maneira obsoleta.[10]

Por sorte dos brasileiros, Lévi-Strauss já tinha visitado, na própria França, a universidade original que deu origem, em São Paulo, à universidade cópia brasileira. Esta será objeto da reflexão de Paulo Eduardo Arantes no livro *Um departamento francês de ultramar*.[11] O campus avançado da Europa nos trópicos é um campus ganho no espaço das conquistas marítimas e perdido no tempo civilizacional europeu e, por isso, só pode ser bem e devidamente compreendido pelo calendário juliano, que desbancou o romano e o egípcio. Na oposição entre norte e sul, o restabelecimento da cronologia ocidental passa por cima dos jogos da *aparência* espacial nos trópicos para funcionar como fiel da balança no momento da pesagem da obra colonizadora feita pelos universitários ingleses na Índia ou pelos universitários franceses em missão no Brasil.

Lembrem-se de que Paulo Eduardo Arantes apresenta visão menos pessimista e ligeiramente autoirônica na análise do pensamento filosófico francês que funda a Universidade de São Paulo. Constata: "afinal um pastiche programado em início de carreira é bem melhor do que uma vida inteira de pastiches inconscientes".[12] Em resenha da coleção de ensaios publicada pelo colega, Roberto Schwarz acrescenta que Paulo Arantes "procura enxergar nas constelações um pouco esdrúxulas e por assim dizer defeituosas do esforço filosófico local, historicamente inevitáveis, a revelação de aspectos *reais* [grifado no original] da filosofia europeia, que nas suas condições de origem não ficavam patentes".[13]

O melhor antídoto contra o eurocentrismo lévi-straussiano poderia estar em recente ensaio de James Clifford sobre o papel e a função do antropólogo às vésperas do novo milênio. O elogio da viagem. Refiro-me a "Traveling Cultures" [Culturas itinerantes, 1992].[14] De maneira surpreendente, Clifford desloca o interesse do cientista social pelo estudo da morada (*dwelling*), para alocá-lo às estradas emaranhadas e multidirecionais pelas quais as culturas, quando em situação de cruzamento, ou de hibridização, viajam (*travel*). Para tal, cria o termo *discrepant cosmopolitanisms* (cosmopolitismos discrepantes), que será de utilidade nesse momento da apresentação, pois nos conduzirá aos tópicos seguintes — identidades e etnias *em trânsito*. Vale dizer, identidades e etnias que são conformadas em culturas híbridas.

ACERTO DE CONTAS COM A ESCRAVIDÃO AFRICANA:
INVERSÃO NO MODERNISMO BRASILEIRO NO MAPA
DA ARTE OCIDENTAL — O ARTISTA AUTODIDATA

Nós, brasileiros, participamos da figura da *inversão* do hemisfério Norte pelo hemisfério Sul, ou da surpreendente primazia do sul colonizado e pós-colonial frente ao norte colonizador e imperialista, formadora do pensamento e da arte de vanguarda latino-americana dos anos 1920, de natureza nacionalista.

Naquela década o sinal de +, concedido por Torres-García ao Uruguai em 1943, se reencenou por duas vertentes contraditórias no Brasil.

A primeira vertente — dada como inapropriada no fim da Primeira Guerra Mundial e, portanto, vertente a ser descartada e jogada no lixo da história — se refere a toda uma produção literária e artística que, desde o romantismo, nos vinha configurando como nação autônoma e soberana, instituindo como herói nacional o amoroso, bem-comportado e idealizado indígena pré-cabraliano, automodelado (*self-fashioned*) desde a descoberta do Brasil pela cultura europeia. Como é sabido, o primeiro a descartá-lo será o desabusado índio antropófago, definido originalmente nos dois célebres manifestos vanguardistas de Oswald de Andrade. Lemos: "Nunca fomos catequizados. Fizemos foi Carnaval. O índio vestido de senador do Império. Fingindo de Pitt. Ou figurando nas óperas de Alencar cheio de bons sentimentos portugueses". Macunaíma, de Mário de Andrade, e Cobra Norato, de Raul Bopp, se seguem.

Dada como positiva, a segunda vertente corresponde ao lento movimento de descoberta — pelos vanguardistas paulistas e pelos escritores modernos moradores na capital federal — do Brasil barroco, tal como conservado ao acaso das circunstâncias econômicas nas cidades históricas do estado de Minas Gerais. Destacam-se então Ouro Preto, Congonhas do Campo e Tiradentes (aludida nos textos como São José del-Rei). Nas extraordinárias obras do nosso período colonial é nítida a confluência da arte sacra europeia, transplantada para as terras do Novo Mundo desde a primeira missa rezada por frei Henrique de Coimbra, com o artesanato autodidata produzido pelas sucessivas camadas africanas, também transplantadas em diáspora para a província de Minas a fim de fazer o trabalho de extração no solo das riquezas minerais.

O objeto artesanal religioso, barroco e, no presente caso, localizado na província de Minas, guarda em si os horrores e as virtudes do *cosmopolitismo discrepante* que, a partir de 1927, será gradativamente elevado pelos jovens vanguardistas à condição de legítima tradição híbrida na cultura brasileira, todas e todos encantados com a força e a originalidade de seu valor artístico.

No caso da primeira vertente, execra-se o trabalho artístico de teor ufanista, de responsabilidade de escritores brasileiros brancos e eruditos, ou de nítida formação educacional, literária e artística europeia. Os modernistas sobrepõem-lhe uma composição que se alimenta do gênero *paródia*, que será comum aos principais poetas e romancistas. No caso da segunda vertente, busca-se elaborar uma teoria da arte nacional híbrida, antropofágica, se não exagero, que dê conta, por exemplo, da variada e magnífica contribuição dos artesãos autodidatas do século XVIII, residentes nas muitas comarcas da costa colonial portuguesa, de que será exemplo medular Aleijadinho, o notável escultor mulato. A teoria está expressa nos manifestos de vanguarda, nos ensaios e nos poemas modernistas, na criação do Serviço do Patrimônio Histórico e Artístico Nacional (SPHAN, 1937), precursor do Iphan, e, ainda, na riquíssima correspondência trocada entre os principais artistas do período histórico, hoje tornada pública.

A partir da conhecida viagem dos jovens artistas paulistas às cidades históricas do estado de Minas Gerais, em 1924, o modernismo brasileiro passa a ser singularizado pela coincidência entre a arte dos *autodidatas* de ascendência africana,[15] produzida durante o barroco mineiro, e os princípios artísticos da vanguarda europeia internacional, aclimatados como não eurocêntricos na cultura brasileira.

O detalhe nacional, artístico e barroco da futura arte brasileira é nítida reminiscência do informe saber nativo de Pindorama, desenvolvido durante os primeiros séculos da colonização religiosa portuguesa, um saber duplo que é trabalhado pela sabença (para usar o vocábulo de Mário de Andrade) pictórica dos africanos, escravizados ou já forros. Acentua-se o hibridismo transoceânico da tradição artística brasileira tal como os primeiros modernistas a apresentam. Dado como nacional no século XX, o hibridismo artístico remete nosso leitor, por outro lado, ao fator dito então *primitivo*, ou *naïf*, conceito internacionalizado pelas vanguardas propriamente europeias que foram sendo enriquecidas pela contribuição plástica das culturas da África e da Oceania, ainda colônias do Primeiro Mundo.

Em texto dos anos 1960, incluído na coletânea *Literatura e sociedade*, Antonio Candido, embora tímido no tocante à crítica ao eurocentrismo, esquece o caráter transoceânico (ou cosmopolita) do hibridismo artístico entre os autodidatas. No entanto, observa com a costumeira acuidade a troca de referências proposta pelos modernistas. Cito-o:

> no Brasil as culturas primitivas se misturam à vida cotidiana ou são reminiscências ainda vivas de um passado recente. As terríveis ousadias de um Picasso, um Brancusi, um Max Jacob, um Tristan Tzara eram, no fundo, *mais coerentes com a nossa herança cultural do que com a deles* [grifo meu].[16]

Insistindo no caráter orgânico (intrínseco ao *próprio* do nacional vanguardista), o crítico paulista afirma em seguida que os modernistas brasileiros reencontram "a influência europeia por um mergulho no detalhe brasileiro".[17] Diríamos nós: reencontram a influência europeia por um mergulho no detalhe europeu colonial somado ao detalhe africano diaspórico, os dois transplantados para a jovem nação brasileira, de onde fora banida a ancestralidade indígena.

Em 1925, Mário de Andrade salientava a nova moeda que tinha livre curso entre os artistas brasileiros: "certa *aparência* [grifo meu] de primitivismo do modernismo brasileiro provém de que nós um dia resolvemos ter coragem da nossa ingenuidade".[18]

O valor corajoso e positivo da ingenuidade[19] modernista é mera *aparência* (daqui a pouco a qualificaremos de *fingimento*) de primitivismo, mas é dessa forma *truncada* que se performa a incorporação dos africanos diaspóricos, ex-escravizados ou descendentes de escravizados, na tradição nacional europeizada e indianista. Transforma-os definitivamente em afro-brasileiros, desde sempre responsáveis por uma boa fatia da produção do belo entre nós. Conclui Candido: "O mulato e o negro são definitivamente *incorporados* como temas de estudo, inspiração, exemplo. O primitivismo é agora fonte de beleza e não mais empecilho à elaboração da cultura" (grifo meu).[20]

Já a divertida e corrosiva reação dos modernistas à tradição propriamente colonial, isto é, à tradição letrada no Brasil, constitui uma forma privilegiada de composição literária e artística cujas características são compreendidas pelo recurso à *paródia*. Esta faz incidir sobre a mesmice colonizadora europeia a mesmice pós-colonial romântica, parnasiana e simbolista (a "mentira muitas vezes repetida"), abrindo espaço para a recém-descoberta vertente autodidata e ingênua, de responsabilidade de inesperados seres brasileiros, "bárbaros, crédulos, pitorescos e meigos", segundo o *Manifesto antropófago*.

Veja-se como Oswald de Andrade, autor do manifesto citado, transforma um verso canônico, puxado ao Brasil exótico, do romântico Gonçalves Dias, em verso paródico. Leiamos o início da

"Canção do exílio": "Minha terra tem palmeiras". Leia-se em seguida o verso tal como parodiado em poema de Oswald: "Minha terra tem palmares". *Palmares* é tropical e não é démodé. Não só é o coletivo de palmeiras, como refere o leitor ao importante movimento insurrecional de escravizados africanos no Brasil, o Quilombo dos Palmares, liderado por Zumbi. A transgressão à letra letrada é também transgressão à história eurocêntrica e escravocrata e é, ainda, reafirmação do nosso cosmopolitismo discrepante.

NA CARTOGRAFIA LINGUÍSTICA DA CASA-GRANDE & SENZALA — O FINGIMENTO POÉTICO

No caso do texto literário, sobressai a desconfiança do escritor de vanguarda em relação ao nível de exigência formal requerido do cidadão adulto no uso da língua nacional e na apropriação da linguagem poética, valores elitistas defendidos pelos sucessivos movimentos literários de evidente raiz europeia. O artista modernista, em rebeldia ao saber escolar que o constituiu como cidadão e em desobediência à tradição literária eurocêntrica que o constituía como artista da palavra consciente, *finge* observar poeticamente o mundo com olhos de criança. *Finge* imitar o menino no linguajar simples de que ele se vale para explicar os sentimentos e/ou acontecimentos históricos. (Retoma-se de outra perspectiva, a do *fingimento*, a observação sobre a "ingenuidade como *aparência*", feita por Mário de Andrade.)

Graças ao fingimento duplo, dos olhos e da mente de criança, o jovem autor modernista, autêntica e contraditoriamente, estaria escrevendo literatura sobre o multidiversificado e multicolorido cidadão brasileiro. Estaria escrevendo literatura do e para o cidadão adulto brasileiro, independente do escândalo da situação socioeconômica e cultural em que se encontram as comunidades desprivilegiadas que passam a ter abrigo e moradia na sua produção artística.

Leia-se o livro *Primeiro caderno do alumno de poesia Oswald de Andrade* (1927); entenda-se a forma de *docência às avessas* proposta no poema "3 de maio":

Aprendi com meu filho de dez anos
Que a poesia é a descoberta
Das coisas que eu nunca vi.

Não ter visto, na idade madura, o que a criança vê é uma forma de descoberta poética do Brasil autônomo no contexto das nações modernas.

Ao fingir-se de criança e escrever como se fosse ela, ao distorcer, invertendo, o saber proporcionado pela formação escolar em vigor, e ao rejeitar, de novo invertendo, o ouvido poético afinado pela métrica e pela rima *ocidentais*, o escritor modernista se cola ao autenticamente pensado e vivido pelo *brasileiro*, a despeito de classe social e de formação cultural, a despeito ainda de etnias originárias. Esse tipo bem especial de *fingimento poético, expresso, por sua vez, em versos livres e em poemas onde é escassa a pontuação*, evita que a escrita artística caia em outro e nefasto sistema de fingimento — o do artista periférico, comprometido com o artesanato parnasiano de ourives, e o da retórica pactuado com o sublime da estética simbolista dominante. Fingimentos poéticos também, é claro, mas eurocêntricos.

O duplo fingimento abre espaço para o poema modernista ousar mais e entender melhor a geografia e a história do Brasil, mas, atenção, as noções de identidade e de etnia estão "*toujours déjà*" (Jacques Derrida) comprometidas com o "cosmopolitismo discrepante", a que aludimos. O duplo fingimento passa a ser o *lugar poético* onde se acopla a voz crítica do intelectual brasileiro à letra do consciente artista da palavra. Unidos, intelectual e artista escancaram em escrita literária o jogo político-social e econômico desumano, definidor da jovem nação periférica, e querem oferecer novos e mais justos direcionamentos ao leitor. No discurso poético dos anos 1920, o "povo brasileiro" abre alas e pede passagem. Viva! A alegria, relembremos, é a prova dos nove.

Pelo tosco e autêntico modo de sentir e de pensar das classes populares e através do linguajar precário e rico delas, o poeta expressa um modo de "ver com olhos livres", que é semelhante à sabedoria que se encontra em estado latente na criança e naqueles seres "bárbaros, crédulos, pitorescos e meigos". Um denominador linguístico comum sela o encontro do artista com o intelectual, e destes com o povo — "a contribuição milionária de todos os erros".[21]

Na língua portuguesa falada no Brasil, o dado e tido como certo pela gramática e pela estilística lusa é errado. O dado e tido como errado por elas — e falado pelo povo brasileiro — é o certo. O poeta finge ser um adulto aparentemente ingênuo e, ao mesmo tempo, uma criança precoce, e ainda finge ser povo desprovido de voz. Surge um terceiro fingimento. Ao *apadrinhar* (não nos iludamos, recorramos ao inglês para melhor esclarecer o sentido do verbo "apadrinhar" em português: *to patronise*) a própria ingenuidade, a precocidade da criança e o povo sem voz, o discurso poético modernista se quer força de resgate de nova geração e de nova cidadania.

O modernista desenha utopias verde-amarelas invertidas, à semelhança de Torres-García.

O paradoxo brasileiro do erro/correto pode ser explicado com a ajuda de Fernando Pessoa e do poema "Autopsicografia" ("O poeta é um fingidor./ Finge tão completamente/ que chega a fingir que é dor/ a dor que deveras sente"). O erro/correto é moeda desvalorizada tanto pela burguesia quanto pelo senso comum europeizado, mas é moeda preciosa que financia a futura e a boa cidadania híbrida e discrepantemente cosmopolita. Leia-se o poema "Pronominais", de Oswald de Andrade, em que o linguajar do professor, do aluno e do mulato sabidos é contrastado com a espontaneidade linguística do camarada — do bom negro e do bom branco:

> *Dê-me um cigarro*
> *Diz a gramática*
> *Do professor e do aluno*
> *E do mulato sabido*
> *Mas o bom negro e o bom branco*
> *Da Nação Brasileira*
> *Dizem todos os dias*
> *Deixa disso camarada*
> *Me dá um cigarro.*

No fundo, o poema enquanto tal é sobre a ingenuidade linguística como aparência, para retomar Mário de Andrade.

No cenário poético da infância provinciana, Manuel Bandeira sobrepõe ao erro/correto o sabor e o saber da experiência proporcionada ao cidadão brasileiro pelo linguajar das classes populares. Lê-se na "Evocação do Recife" (1925):

> *A vida não me chegava pelos jornais nem pelos livros*
> *Vinha da boca do povo na língua errada do povo*
> *Língua certa do povo*
> *Porque ele é que fala gostoso o português do Brasil.*

Na mesma cena provinciana do sabor/saber popular, Carlos Drummond afina pelo afeto a voz da empregada doméstica, ex--escravizada e, acertada e contraditoriamente, situa-a em etnia e classe diferentes das dele. Leiamos trecho do poema intitulado "Infância" (1930):

No meio-dia branco de luz uma voz que aprendeu
A ninar nos longes da senzala — e nunca se esqueceu
Chamava para o café.
Café preto que nem a preta velha
Café gostoso
Café bom.

2.

> *Empreendo este elogio da mão como quem cumpre um dever de amizade. No momento em que começo a escrever, vejo minhas próprias mãos, que solicitam meu espírito, que o arrastam. Cá estão, companheiras incansáveis, que durante tantos anos vêm cumprindo sua tarefa, a primeira mantendo o papel no lugar, a outra multiplicando sobre a página branca estes pequenos signos apressados, sombrios e diligentes.*
>
> Henri Focillon, "Elogio das mãos"

> *Meus dedos refazem o percurso feito pelos dedos de Giacometti, mas enquanto os dele procuravam apoio no gesso úmido ou na argila, os meus determinam seu caminhar pelo andar único dos dedos dele.*
>
> Jean Genet, *L'Atelier d'Alberto Giacometti*

O MAPA DA MÃO: GEÓGRAFA E ADIVINHA

> *Da equação eu parte do Cosmos ao axioma Cosmos parte do eu.*
> Oswald de Andrade, *Manifesto antropófago*

Como afirmado inicialmente, a descoberta do mundo pelos jovens artistas brasileiros dos anos 1950 e 1960 não é mais feita em obediência à representação cartográfica de responsabilidade de Torres-García. Em trabalho tardio, datado de 2003, a artista plástica Adriana Varejão vai *fechar* as conquistas do experimentalismo artístico iniciado nos anos 1950, para *reabri-lo* de forma singular. Destaco uma de suas fotografias em que o *continente americano* (retomo a imagem cartográfica de Torres-García) capta a palma da mão da artista, disposta em vertical (ver figura 2 do caderno de imagens). *Downside up*, se me permitem o trocadilho com a expressão do uruguaio. O mapa do mundo é "contingente", para me valer do título da fotografia que Adriana nos oferece.

Em *Contingente* (2003), o vocábulo deve ser lido como *portmanteau word* (apud James Joyce). Coexistem "continente", "contigo", "contíguo" e "contingente" etc., para não esquecer "-gente".

A própria mão espalmada de Adriana é o seu e o nosso mundo/cosmos, para retomar o aforismo de Oswald de Andrade, em epígrafe. "Cosmos parte do eu."

Como se diz em quiromancia, *sua alma, sua palma*, em linhagem cujos arcanos seriam o poeta e homem de teatro Antonin Artaud e o filósofo Walter Benjamin, autor do ensaio "A doutrina das semelhanças", a ser consultado.[22] Da própria mão contra a parede a artista clica uma foto, como se possuída por olhos de geógrafa e de adivinha. Na imagem, Adriana como que suplementa primeiro as linhas traçadas na mão pela vida com uma linha vermelha, que é traçada no meio da palma. Nomeia a linha vermelha como sendo a do equador e remete o espectador a qualquer imagem cartográfica do mundo sul-americano, redefinindo-a.

Forte e subjetivamente densa, a imagem da palma da mão não comporta os pequenos e objetivos quinhões possessivos onde, por tradição, se escrevem ou se desenham os nomes dos continentes e das nações, dos estados e das cidades.

A *linha* do equador — suplementar, repitamos — está inscrita na pele da artista, em parte privilegiada do corpo da artista, na sua mão, em vermelho sobre fundo verde (deixo de lado a leitura das cores), em contraste com as *linhas* da vida. Desenhadas naturalmente na mão espalmada, desde o nascimento e pelo correr dos anos, as linhas da vida — impressão identitária — explicitam coração, cabeça, vida e destino, e revitalizam subjetivamente a energia vermelha do equador.

A mão, sua palma, sova a massa, enquanto os dedos abertos procuram alcançar o que está além do horizonte geográfico e humano. Mão, linhas, cores — no novo milênio, eis o mapa do mundo tal como ele, com o trabalho das mãos, se põe ao alcance da artista e das imagens que ela produz.

Se associada à visão mágica que percorre os caminhos explorados pela quiromancia, a representação cartográfica de Adriana remete o espectador a uma exposição ampla de luz, que lhe abre os olhos (da mesma forma como tinha aberto o diafragma da câmera fotográfica) para os mistérios do Cosmos, já que os astros — e a influência deles sobre o ser humano — estão ali codificados em representação na mão. Por sua vez, as linhas da vida *suplementam* de outra perspectiva a linha do equador, transformando a palma da mão em representação que escapa à configuração de mapa do mundo oferecida pelo planeta Terra.

A mão é o "Cosmos parte do eu". O dedo indicador está relacionado com Júpiter, o médio com Saturno, o anular com o Sol, o mínimo com Mercúrio e o polegar com Vênus e Marte. Veja, por exemplo, o modo como o equador não só divide o planeta Terra, como também corta no meio o dedo polegar, onde se apresentam e se representam Vênus, a deusa do amor, e Marte, o deus da guerra.

A MÃO DO ARTISTA E O RADAR DA FORMIGA

O livro *Aspiro ao grande labirinto*[23] reúne páginas do diário íntimo precoce de Hélio Oiticica e vários outros escritos dele sobre a arte. A antologia se abre por um texto extemporâneo e revolucionário, datado de 31 de março de 1954 (ele tinha então dezessete anos e é interessante lembrar que a carta-testamento do suicida Getúlio Vargas será escrita cinco meses depois, no dia 24 de agosto). No texto, Hélio Oiticica destaca a mão do artista, espalmada no tampo de mesa.

Trata-se de uma pequena fábula escrita — diríamos hoje — à maneira de Samuel Beckett. Faço o resumo do texto para, em seguida, propor uma interpretação.

A mão espalmada do artista está disposta contra o tampo da mesa. Pela superfície plana da madeira caminha uma formiga. Em obstáculo à caminhada tranquila da formiga, a mão do artista, já espalmada no tampo, se fecha e seus dedos se alongam, sucessivamente. O dedo indicador se alonga primeiro, depois o polegar e, por fim, o dedo médio.

O artista observa o modo como o animalzinho busca, a pouca distância do dedo guliveriano, que intercepta sua caminhada, um *desvio* salvador. A formiga quer evitar o gesto autoritário e inconveniente do gigantesco ser humano, que se lhe antepõe. Minúscula, a formiga pressente a força do inimigo abrutalhado e inventa/experimenta um novo caminho, ainda que mais longo, porém mais conveniente, sem dúvida. Pelo recurso à liberadora *circum-navegação* dos dedos humanos, a formiga desenvolvera e exercitara aquilo que vulgarmente chamamos *sexto sentido*. Cito Hélio: "*Observando como a formiga desviava a pouca distância do meu dedo*, resolvi experimentar o seu radar [grifo meu]".

Não há que enfrentar tola e obstinadamente o(s) obstáculo(s) que se antepõe(m) ao artista, já que o espaço por onde ele circula e pode desenhar seu percurso é tão amplo quanto as representações bidimensionais do mundo e generoso o bastante para lhe permitir algumas firulas. Basta o artista saber observar o comportamento de quem lhe é outro, uma formiga, e ousar *inventar/experimentar* caminhos com os próprios dedos, com a própria mão.

O conhecimento do mundo está à mão do artista. Está à vista dos seus olhos, no comportamento astucioso da formiga. Está também na mão do artista, ao alcance da sua imaginação e da sua mente criativa. Imaginação e mente observam a formiga e os experimentos dela ao caminhar pelo tampo da mesa.

E aprendem.

Esse saber — tomado de empréstimo a um inseto-símbolo da brasilidade, haja vista os romances *Triste fim de Policarpo Quaresma*, de Lima Barreto, e *Macunaíma*, de Mário de Andrade — virá nos ensinar a experimentar, tal como o conhecimento que é oferecido pelo *radar*, novos traçados comportamentais para as artes brasileiras a ser desenvolvidos pelas várias partes do mundo. Nesse saber, somam-se a perspicácia do sexto sentido e a ciência do radar, aplicativos de sobrevivência (podemos apelidá-los) oferecidos pela intuição animal (a floresta) e o saber do homem civilizado (a escola). Relembremos o *Manifesto da poesia pau-brasil*, de Oswald de Andrade:

> Temos a base dupla e presente — a floresta e a escola. A raça crédula e dualista e a geometria, a álgebra e a química logo depois da mamadeira e do chá de erva-doce. Um misto de "dorme nenê que o bicho vem pegá" e de equações.

Uma visão que bata nos cilindros dos moinhos, nas turbinas elétricas, nas usinas produtoras, nas questões cambiais, sem perder de vista o Museu Nacional. Pau-Brasil.

Obuses de elevadores, cubos de arranha-céu e a sábia preguiça solar. A reza. O Carnaval. A energia íntima. O sabiá. A hospitalidade um pouco sensual, amorosa. A saudade dos pajés e os campos de aviação militar. Pau-Brasil.

Sexto sentido da formiga, radar do ser humano. Intuição animal e saber científico, em diferença e soma, se articulam por um movimento não dialético que ganha força numa "dupla afirmação" (agora, a expressão de Oswald é usada com o apoio de Gilles Deleuze, leitor de Friedrich Nietzsche). A dupla afirmação associa e direciona, no presente, os elementos díspares. Mistura-os e oferece novas e inesperadas coordenadas ao caminhar livre de cada ser pelo espaço do mundo contemporâneo, tomado desde a segunda metade do século XX por insuspeitas ondas diaspóricas que criam outra forma de *cosmopolitismo discrepante* — *o cosmopolitismo do pobre*.

Basta saber observar o comportamento daquele inseto que sabe, ao escapar ao rigor da caminhada retilínea que se lhe antepõe como a melhor, inventar e experimentar. Construir um *percurso* novo e original que se desvia do caminho dado como naturalmente inevitável, para circum-navegá-lo com imaginação e arte.

Em virtude das perseguições impostas aos cidadãos pela ditadura militar instaurada em 1964 no Brasil, Gilberto Gil e Caetano Veloso se exilam em Londres. Em canção que se tornou famosa e emblemática, Gil narra como aprendeu a retraçar com régua e compasso seu percurso pelo mundo, ao contornar o obstáculo — as grades da prisão carioca — que lhe era anteposto pela ditadura militar. Envia a todos "aquele abraço":

Meu caminho pelo mundo
Eu mesmo traço
A Bahia já me deu régua e compasso
Quem sabe de mim sou eu.
— aquele abraço!

Antes de ser uma faculdade propriamente humana, a intuição do artista é a intuição do inseto, força natural de resistência, devidamente metaforizada — na fábula de Hélio Oiticica — pelas ondas radioelétricas do radar. A intuição é forma e é força que manuseia a *empiria*, para ficar com conceito que é caro tanto a Hélio Oiticica quanto a Lygia Clark. A intuição elabora um traço humano e artístico na superfície do planeta. Experimenta um novo traçado na área restrita embora ampla da sua atuação — no tampo da mesa, na selva tropical, na fita de Moebius e na almofada recheada de água.

O importante é saber inventar o próprio caminho.

O RADAR DO *PIGUARA*, SENHOR DO CAMINHO

Nada é mais objetivo do que a subjetividade do instinto, seja ele animal ou humano. Na tradição literária brasileira, a fábula beckettiana de Hélio Oiticica encontra contraponto esclarecedor em outra, ocasional, esquecida e elaboradíssima fábula de José de Alencar, que extraio de *Iracema*.

Por ela, o romancista narra o modo como o índio abre caminho numa floresta virgem tropical. Por ela e nela o escritor cearense realça com graça sertaneja o espaço bidimensional selvagem, o mapa do mundo e o espaço do cosmos, tal como transcritos na palma da mão humana de Adriana Varejão, clicada contra a parede verde. Realça, também, o traçado original aberto pela formiga e Hélio Oiticica no tampo da mesa. Realça, ainda, o caminho do compositor exilado, perdido no Reino Unido, tal como expresso na canção "Aquele abraço". E expressará, finalmente, a mão de Lygia Clark com tesoura na mão direita, tendo na mão esquerda uma fita de Moebius e seu dedo indicador (conhecido como fura-bolo) a desenhar numa almofada recheada de água.

Vou referir-me, em José de Alencar, à invenção/experimentação a que precisa se entregar o índio quando enfrenta uma floresta virgem tropical para nela abrir uma picada. Tem de se munir do seu próprio *radar*, já que a floresta tropical — como os oceanos e a atmosfera — é obstáculo denso, obscuro e indevassável. No entanto, é necessário dar continuidade ao caminhar que se iniciou por ela. Quem abre o caminho por uma floresta está traçando, como Adriana na sua mão, a formiga no tampo da mesa, Gil na Londres dos anos 1970, ou Lygia Clark em *Caminhando*, um percurso singular pelo mundo, certeiro e extremamente original.

Traçado original e também útil, já que passível de ser transferido a outros no futuro. Uma picada individual aberta é caminho para a coletividade.

Como Alencar está perdido no tempo da modernidade, transcrevo a fábula de Alencar, que extraio da "Carta ao dr. Jaguaribe", que serve de posfácio a *Iracema*:

> Ocorre-me um exemplo tirado deste livro. Guia, chamavam os indígenas, senhor do caminho, piguara. A beleza da expressão selvagem em sua tradução literal e etimológica me parece bem saliente. Não diziam sabedor, embora tivessem termo próprio, *couab*, porque essa frase não exprimiria a energia de seu pensamento. O caminho no estado selvagem não existe; não é coisa de saber; faz-se na ocasião da marcha através da floresta ou do campo, e em certa direção; aquele que o tem e o dá é realmente senhor do caminho.

Não é bonito? Não está aí uma joia da poesia nacional?

Pois haverá quem prefira a expressão — rei do caminho, embora os brasis não tivessem rei, nem ideia de tal instituição. Outros se inclinaram à palavra guia, como mais simples e natural em português, embora não corresponda ao pensamento do selvagem.

Pelo seu *avesso*, em movimento em direção ao passado e não obrigatoriamente só em direção ao futuro, a língua *nacional* pode ser discrepantemente cosmopolita. "Em estado de dicionário", como diz Drummond, termos existem na linguagem cotidiana, indígena e europeia e africana diaspórica, na linguagem popular e erudita, embora muitos existam *recalcados* pelo correr dos séculos. Por isso, estão *proscritos* da língua portuguesa falada no Brasil.

Piguara é um desses termos proscritos.

Adriana, Hélio, Gil e Lygia são, no entanto, legítimos piguaras. São senhores do caminho.

É necessário o resgate de palavras das línguas indígenas e africanas que desapareceram com a colonização europeia. (No tocante à sobrevivência das línguas africanas, saliente-se a primazia a ser concedida ao trabalho assinado por Peter Fry e Carlos Vogt, *Cafundó: A África no Brasil*, 1996.)[24] Com as palavras proscritas pelos séculos ditos civilizados — ao contrário do que pode supor o bom senso futurista —, não se foram para o beleléu as situações e ações que elas nomearam.

Situações, ações e vocábulos permanecem no inconsciente dos habitantes da região. Há que desrecalcá-los.

O hibridismo linguístico é cosmopolita e discrepante. É faca de vários gumes. Pode conduzir ao desaparecimento da palavra menos forte (não confundir menos forte com menos valente). Pode conduzir ao reencontro da palavra perdida no espaço e no tempo e que, se ressuscitada pela sensibilidade singular de artista, passa a nomear coletivamente a ação que impele o indivíduo à ousadia do ato e à liberdade de criar um caminho. Se a língua dita nacional é híbrida (feita de camadas superpostas), a nação republicana e democrática também o é. Eis a lição de Alencar: por ignorância linguística, a língua dita nacional não chega a dar o nome correto a uma ação fundamental do ser humano. A palavra que parece incorreta, pois não tem mais lugar no dicionário atual da língua portuguesa falada no Brasil, é que nomeia corretamente o ato de *abrir* caminho.

O caminho no estado selvagem não existe; não é coisa de saber; faz-se na ocasião da marcha através da floresta ou do campo, e em certa direção; aquele que o tem e o dá, é realmente senhor do caminho.

Observada por Hélio Oiticica, a formiga a caminhar, se desviando dos obstáculos pelo tampo da mesa, é *piguara*, senhora do caminho. *Rainha do caminho* e *guia* são atualizações equivocadas do anacronismo piguara.

Mais importante: a formiga não é sabedora do caminho, pois teve de inventá-lo, experimentalmente, frente ao obstáculo do dedo guliveriano que lhe cortava o percurso.

CAMINHANDO (COM A MÃO E A TESOURA) — O ATO DE CAMINHAR

> *E cada vez que a expressão "caminhando" surge na conversa, ela suscita um verdadeiro espaço e me integra no mundo. Eu me sinto salva.*
>
> Lygia Clark, "1964: *Caminhando*"

A mão direita da artista Lygia Clark é solteira e solta no ar. Compete-lhe manejar uma tesoura com habilidade certeira. Sua mão esquerda é também solteira e solta no ar e tem outra incumbência, a de segurar firme uma tira de papel, que poderia ser a que envolve os livros recém-lançados, ou tira semelhante. As duas mãos são solteiras e soltas, mas só em aparência, já que saem do mesmo corpo e a direita reconhece na tarefa da esquerda o desejo da tarefa única. Estão emparelhadas, pouco abaixo do busto da artista, pouco acima do colo. Entre o busto e o colo, as mãos atuam.

No ato de *performar* um experimento, ou seja, uma obra de arte, dão-se as mãos — para lembrar o conhecido poema de Carlos Drummond de Andrade em *Sentimento do mundo*. Cito: "Estou preso à vida e olho meus companheiros./ Estão taciturnos mas nutrem grandes esperanças./ Entre eles, considero a enorme realidade./ O presente é tão grande, não nos afastemos./ Não nos afastemos muito, vamos de mãos dadas".

No trabalho de arte, há solidariedade entre o corpo e as mãos, e entre as mãos. É "caminhando" (com a mão e a tesoura) pela fita de papel que a artista vai abrindo um espaço imanente que a integra ao mundo (ver figura 3 do caderno de imagens). Ela se autoafirma junto aos espectadores e os convida a ato semelhante.

Para Lygia, cada experimento artístico requer — como especulação — o envolvimento corporal, emotivo e mental e, por isso, é mais bem expresso metaforicamente. A especulação experimental é semelhante ao estado de gravidez por que a artista já passou — um "vazio pleno", como ela gosta de lembrar. Lygia destrincha a própria metáfora: "Logo que a gestação começa, sofro verdadeiras perturbações físicas como a vertigem, por exemplo, até o momento em que consigo afirmar meu novo espaço-tempo no mundo".

Enquanto uma das mãos, a direita, enfia o dedo polegar e o médio nas cavidades da tesoura para imprimir-lhe a força que abre o orifício na fita e inicia o corte, imprimindo ligeireza à caminhada das duas lâminas afiadas que se abrem e se fecham, a outra mão, a esquerda, sustenta a tira de papel, apresentando parte dela esticada pelo dedo polegar e pelo indicador. Eis como a artista se organiza para caminhar pelo mundo: o corpo sentado, para o trabalho de bordadeira, costureira ou alfaiate. Duas mãos, quatro dedos, uma tesoura e uma só tira de papel. *Caminhando*, em si, não é muito; existe como "modelo para armar", para retomar a expressão de Julio Cortázar. Existe também para o outro, como *dádiva*, para nos lembrarmos de como as relações sociais se estabelecem — segundo Marcel Mauss em *Essai sur le don* — nas sociedades do oceano Pacífico e nas tribos do nordeste norte-americano.

O corpo sentado, duas mãos, quatro dedos, uma tesoura e uma só tira de papel — dessa forma também o espectador/participante se apronta para performar uma obra de arte "barata" (palavra da artista e dado indispensável de seu raciocínio na época), acessível ao bolso de todo e qualquer cidadão. No ambiente da exposição, uma sala com lajotas retangulares, encena-se o ritual do *potlach*. Todos os presentes, indiscriminadamente, estão habilitados a entrar no corpo a corpo com a obra de arte. Todas e todos são bordadeiras, costureiras e alfaiates no ateliê de trabalho. No manifesto "Nós recusamos", datado de 1966, lê-se: "Num mundo em que o homem se tornou estranho ao seu trabalho, nós [os artistas] o incitamos, pela experiência, a tomar consciência da alienação em que vive".

A obra de arte seria "de" Lygia Clark? Ao favorecer e enaltecer a participação coletiva, a sintaxe genitiva de pertencimento autoral é desconstruída e, de maneira definitiva, continuará sendo desconstruída durante a longa carreira de Lygia Clark, a tal ponto que em alguns textos teóricos ela falará de "obra anônima". *Caminhando*, o trabalho de arte se autoafirma, pois, como dádiva, dissemos nós, no ambiente e no tempo da *exposição* — ou da *exposure* em reprodução para o leitor, no ambiente e no tempo da página de livro ou da tela de computador.

A artista se autoafirma como "propositor" (1968) e *Caminhando* como "potência", disse-o Lygia Clark. Neste, determinada virtualidade se transforma em empreendimento concreto. Qualquer um que o performe a partir do orifício aberto numa tira de papel e siga pelo corte de tesoura é indissociável do caminhar. O traço do corte é apenas dela e é também de... todas e todos. As respostas do propositor e dos participantes divergiriam no estilo do corte, na quantidade de vezes que a tira é cortada etc. São meros acidentes de percurso. Ou divergiriam por questões de pendor e de persistência etc. São meras características de temperamento.

No final, ninguém é *cópia* de ninguém. Cada um é cada um e todas e todos são um.

Lembrem-se as palavras de que se vale Gertrude Stein para pintar o retrato de Picasso: "Um criador não está à frente da sua geração, mas é o primeiro dos contemporâneos a estar consciente do que está acontecendo para a sua geração". No instante agudo do furo na tira de papel e durante o corte há uma fusão imediata entre sujeito e objeto. Fusão também entre a obra que é a própria do artista e a obra que será de outros e de todas e todos.

A arte se configura, pois, como ambivalente: trabalho do *propositor* e do espectador. "Todo homem é criador", Lygia resume sua proposta no texto "Arte, religiosidade, espaço-tempo", datado de 1965. A criação artística despersonalizada e individualizada é, no entanto, também universalizável. Com *Caminhando* e, posteriormente, com *Desenhe com o dedo*, Lygia é o grande arauto dessa verdade nos anos de chumbo brasileiros. Ela não se furta a colocar no papel a sensação que lhe causa a experiência inédita: "Agora não estou mais só. Sou aspirada pelos outros. Percepção tão impressionante que me sinto arrancada de minhas raízes. Instável no espaço, parece que estou me desagregando".

O percurso do ato ao corpo do participante, proposto e proporcionado por *Caminhando*, se complementa pelo percurso dos corpos entre corpos. Justifica-se Lygia: "o importante é o fazer que nada tem a ver com o artista, e tudo a ver com o espectador".

No tocante à temporalidade precária da obra de arte, Lygia é mais radical que o ítalo-argentino Lucio Fontana (1899-1968). Nos quadros dele sobressaem os cortes na tela. Além do mais, há que pensar que as telas de Fontana, embora audaciosas, permanecem irreprodutíveis pelo espectador e solitárias. São autorais, "de". São feitas para ficar dependuradas na parede da galeria ou do museu. E, no entanto, há que trazer à baila, isso sim, as palavras do *Manifesto espacial* (1947) escrito por Lucio Fontana. Por elas ele resume de maneira fulminante o futuro imediato das artes plásticas: "A arte é eterna, mas não pode ser imortal. [...] Pode viver um ano ou milênios, mas chegará sempre o momento de sua destruição material. Permanecerá eterna como gesto, mas morrerá como matéria".[25]

Para Lygia existe "apenas um tipo de duração: o ato". E insiste: "Nada existe [antes] e nada depois". Ao falar da gênese de *Caminhando*, Lygia se lembra de viagem à janela do vagão de trem de ferro. Confidencia que *Caminhando* só passou a ter sentido "quando atravessando o campo de trem". A viajante sente "cada fragmento da paisagem como uma totalidade no tempo, uma totalidade sendo, se fazendo sob meus olhos, na imanência do momento". Conclui: "Era o momento a coisa decisiva".

Há algo em *Caminhando* que pode ser explicado, genealógica e metaforicamente, pela reprodução ad infinitum de uma foto tirada da janela do vagão de um trem, atentando-se, no entanto, para o fato de que sua reprodutibilidade — ao contrário do que estabeleceu Walter Benjamin em conhecido ensaio — não se faria por meio "técnico", mas pela *mediação manual* do corpo da artista. Daí a organicidade (literal) de *Caminhando*.

Em carta ao amigo Hélio Oiticica, Lygia comenta a exposição *Apocalipopótese*, que aconteceu em 1968, no aterro do Flamengo, ao lado do Museu de Arte Moderna do Rio de Janeiro, e relembra:

> Para mim o objeto, desde o *Caminhando*, perdeu o seu significado, e se ainda o utilizo é para que ele seja o *mediador* [grifo meu] para a participação. [...] Em tudo que faço há realmente necessidade do corpo humano, para que ele se expresse ou para revelá-lo como se fosse uma experiência primeira.

No caso de Lucio Fontana, arte é o ato de o artista cortar — com a ajuda de instrumento tomado de empréstimo à escultura e com habilidade simbólica — uma tela branca que permanecerá na parede da galeria ou do museu; no caso de Lygia, arte é a ação que está no ato de cortar habilmente pelas mãos e com a ajuda de tesoura uma tira de papel com vistas a alguma coisa que se anuncia apenas no horizonte matemático do trabalho de corte — a fita de Moebius. A fusão entre o sujeito/artista e o sujeito/espectador vis-à-vis da "proposta" (o uso das mãos, de tesoura e de tira de papel) é instantânea e não se dá só pelo ato de contemplar e admirar, distanciado; dá-se principalmente pelo ato instantâneo e precário de fazer. *Homo faber*.

Mas existe algo em *Caminhando* que é "de" Lygia, a escolha do conceito matemático que a levou a colar as extremidades da tira de papel e que empresta sentido existencial à caminhada gratuita das mãos e das lâminas de tesoura. Lygia é mestre, se entendermos por *mestre* a lição que se depreende de aforismo de Guimarães Rosa: "Mestre não é quem sempre ensina, mas quem de repente aprende". Lygia recapitula a descoberta do matemático alemão e ensina: torça a fita de papel e cole as extremidades de maneira a obter uma fita de Moebius. Ela aprendeu com o cientista as qualidades intrínsecas e notáveis da fita retorcida e colada nas pontas e é por isso que pode transferir para os espectadores o básico, ou o essencial, sobre aquela descoberta científica.

Enfie uma das pontas da tesoura na superfície e corte continuadamente no sentido do comprimento. A partir desse momento, a experiência do cortar pode se repetir na mesma tira, expandindo-se em mil entrelaçamentos. Retoma ela: no momento dos cortes subsequentes, escolha o lado direito ou o lado esquerdo do corte já feito. E informa textualmente: "Essa noção de escolha é decisiva e nela reside o único sentido dessa experiência. A obra é o seu ato". A fita inicial se desdobrará em entrelaçamentos. Conclui Lygia: "No fim, o caminho [a ser percorrido pela tesoura] é tão estreito que não pode mais ser aberto".

Ao colar as extremidades da fita de papel devidamente torcida em 180 graus, operou-se uma reorganização da estrutura plana. A fita que se apresentava com dois lados distintos, o superior e o inferior, passa a possibilitar a circulação de qualquer objeto, inseto ou pessoa, pelos dois lados num único percurso *retilíneo*.

Se uma formiga (como é comum nos vídeos que exibem didaticamente as características do objeto matemático), se a formiga a que se refere Hélio Oiticica percorresse a fita de Moebius, teria experiência oposta à que experimentou no tampo da mesa ao enfrentar os obstáculos que se lhe antepunham. Em Lygia Clark, ela estaria se locomovendo sempre num só dos lados da superfície, embora estivesse experimentando caminhar, sem obstáculo espacial, pelo seu avesso e pelo seu direito. O ato de caminhar pela fita de Moebius, dirá Lygia, "quebra os nossos hábitos espaciais: direita-esquerda, anverso-reverso etc. Ela nos faz viver a experiência de um tempo sem limite e de um espaço contínuo".

Em sua caminhada, a formiga passa de um hemisfério ao outro do planeta. A figura da inversão (neste caso, espacial), tão cara aos artistas latino-americanos dos anos 1920 e seguintes, perde o sentido transgressor e passa a fazer parte de *nuestra historia*.

DESENHE COM O DEDO: "O INSTANTE COMO NOSTALGIA DO COSMOS"

Uma das peraltices mais amadas pela criança é a de jogar uma pedra nas águas plácidas de lago ou de rio. Contempla-a em seguida, a ricochetear na superfície, abrindo o próprio caminho e gerando ao redor círculos e mais círculos concêntricos. "Fazer patinho" — eis como se chama, na expressão popular, o ato de atirar pedras na água. Levar o *patinho* a nadar em águas tranquilas tem a ver com a experiência de desenho em espaço público, na vastidão do cosmos. Com a ajuda de uma pedrinha que lhes serve de estilete, a mão humana e sua força desenham linhas retas e círculos numa imensa superfície natural e líquida.

Embora mais sugestivo e mais rico de significado que a proposta de *fazer patinho*, não é diferente o "ato" que, em 1966, Lygia Clark oferece ao espectador em *Desenhe com o dedo* (ver figura 5 do caderno de imagens). O dedo é extensão e expressão da mão, do braço e do corpo, e vale o que vale uma pedra em mão de criança imaginosa e arteira.

Desenhe com o dedo data da época em que o Brasil sobrevivia sob o domínio da ditadura militar imposta em 1964 e os cidadãos estavam às vésperas do ato institucional nº 5 (AI-5). Lygia propõe uma almofada transparente, recheada de água, que, com a participação do espectador, se transforma numa superfície sobre a qual se podem criar as mais variadas e imprevisíveis letras, desenhos e formas, desde que a força da vontade humana ou do desejo pressione o dedo indicador sobre o plástico e o arraste pela superfície. Letras, desenhos e formas significam, dão seu recado e logo desaparecem.

A água represada torna-se uma superfície elástica, dúctil, conivente com os anseios de quem deseja e quer se expressar com liberdade e encontra, finalmente, lugar apropriado. Aprisionada, a água é recipiente que aceita e se adapta à força do dedo fura-bolo e às artimanhas do acaso invocadas por ele.

Desenhe com o dedo: ato de fura-bolo contra ato de dedo-duro.

A previsibilidade do caminhar (lembremo-nos de *Caminhando*, a mão da artista e a tesoura a caminhar pela fita de Moebius) é questionada pelo fato de a almofada recheada de água deixar o sujeito da ação num à vontade pleno e endiabrado. Primeiro, ele está em sintonia e em acordo com as idiossincrasias domesticadas e indomesticáveis do sujeito-espectador em fase de repressão e tortura na vida política nacional. Segundo, graças à reduzida e compacta almofada, semelhante a um lago sem tormentas, ele rememora a mansidão do cosmos em seu esplendor natural.

Ficam impressas na *tela* da almofada as marcas subjetivas e silenciosas do ato de grafar do cidadão no momento dos atos institucionais.

Pesa sobre a compreensão atual da proposta de Lygia Clark a poesia de Carlos Drummond de Andrade em tempos semelhantes do passado, vividos pelo planeta Terra e pelo Brasil. Refiro-me ao período da Segunda Guerra Mundial e da ditadura Vargas, e, mais especificamente, a poemas de Drummond rememorativos de velhos e melhores tempos, como "Lembrança do mundo antigo":

Clara passeava no jardim com as crianças.
O céu era verde sobre o gramado,
a água era dourada sob as pontes,
[...]
Os perigos que Clara temia eram a gripe, o calor, os insetos.
[...]
Havia jardins, havia manhãs naquele tempo!!!

No próprio instante dolorido por que passa o país, sobressai na superfície profunda da *almofada* o desenho ou a escrita subjetiva e participante do dedo. Por ele ou por ela o espectador se expressa pelo indispensável anonimato ou pelo codinome Beija-Flor.

Pela força reativa da água, logo serão apagadas as marcas do ato de grafar letras e formas com o dedo e, ainda, as marcas da resposta anárquica do acaso oferecidas pela almofada. Ou seja, as marcas do desenho, qualquer que seja ele, logo serão *borradas* pela reação instantânea.

O instante é literalmente o instante. Não deixa traço comprometedor, a não ser com a *falta* que atua, a desenhar ou a escrever.[26] No final do ato, a superfície plástica volta a ser uma *tabula rasa*, capaz de aceitar e de se adaptar à força de dedos e mais dedos humanos, todos responsáveis por outras formas de desenho e de escrita solitárias, solidárias, feitas pelo acaso ao acaso das circunstâncias.

Desenhe com o dedo propicia uma retomada da arte de Lygia pelas novas ideias políticas que ela fazia circular de maneira esparsa ao acaso das circunstâncias que tolhiam a liberdade da artista e do seu espectador. Destaco trecho de um dos textos dela mais ricos e instigantes, para comentá-lo em seguida:

> Agora, o homem comum começa a chegar à posição do artista. Nunca o homem esteve tão perto de sua plenitude: ele não tem mais desculpas metafísicas. Não tem mais nada sobre o que possa projetar-se. Está livre da irresponsabilidade. Não pode mais nem mesmo negar-se como ser total. Já que nenhuma transferência é mais possível, resta-lhe viver o presente, a arte sem arte, como uma nova realidade.

Se na época de *Caminhando* Lygia afirma que todo homem é criador, nesse momento posterior, isto é, quando se impõem à nação brasileira os anos de chumbo, ela sente necessidade de adjetivar o substantivo "homem" — homem comum. Tem necessidade de nuançar a afirmação categórica que o verbo "ser" carreava consigo: "o homem comum começa a chegar à posição do artista". Completemos a frase de Lygia: enquanto o homem comum começa a chegar à posição do artista, o artista começa a chegar à posição do homem comum.

O substantivo "homem", adjetivado por "comum", retoma, por um viés em nada suspeito, a compreensão de que se está criando uma sociedade nacional que, pelo exercício da violência indiscriminada, foi sendo dividida entre seres humanos comuns e não comuns, privilegiados estes que, sem nada terem feito de notável, merecem a autoridade do poder. E se está prenunciando o imperativo de uma paciente e laboriosa viagem do sujeito comum para chegar à arte e do artista também comum para chegar à atuação política.

Desenhar com o dedo anuncia a necessidade de o sujeito, de todos os sujeitos se engajarem no projeto político antagônico ao gerenciamento da nação proposto pelos ditadores a partir de abril de 1964. A pergunta que dá título ao texto crítico que incita a participação do artista — "1968: Estamos domesticados?" — é invejosa da atuação dos heróis comuns da rebeldia popular. Por isso, demonstra o estado de espírito de Lygia, que se conteve demais para se dedicar ao trabalho artístico. Repita-se que o exercício de liberdade plena da mão se dá no momento mais agudo da falta de liberdade. Se vivenciada em toda a sua extensão provocadora, a condição paradoxal do ser humano propicia ao cidadão brasileiro a possibilidade de não ter mais onde projetar-se e, desprovido dessa possibilidade, perde as desculpas metafísicas e o que elas, também paradoxalmente, carreiam consigo — a irresponsabilidade humana diante dos fatos.

O ser comum — ao performar liberdade e responsabilidade plenas, ao buscar se transformar em "ser total" —, só lhe restará "viver o presente, a arte sem arte, como uma nova realidade". *Desenhe com o dedo* é obra definitiva entre as contestações artísticas ao regime militar brasileiro. A desmistificação da política nacional arbitrária implica o questionamento pela raiz radical da função da arte em sociedade burguesa.

Em texto já citado, "1968: Estamos domesticados?", Lygia vai confidenciar: "Se eu fosse mais jovem, faria política [hoje]. Sinto-me por demais à vontade. Integrada demais". Nele também se refere ao estudante de dezessete anos assassinado pela repressão no Rio de Janeiro. Seu nome: Edson Luís de Lima Souto. Cerca de 60 mil pessoas participam do enterro de Edson.

Lygia coloca a foto dele no seu ateliê. Escreve: "tomei consciência de que ele [Edson] cavou com seu corpo um lugar para as gerações posteriores". E afirma: são semelhantes aos artistas os jovens que "buscam processos dos quais não conhecem o fim". E continua: "abrem caminho onde a saída é desconhecida. Mas a resistência da sociedade é maior e ela os mata. É porque eles atuam mais do que nós. [...] São eles que balançam o mundo".

PARANGOLÉ: O CORPO E A DANÇA

> *Eu quero é botar meu bloco na rua*
> *Brincar, botar pra gemer*
> *Eu quero é botar meu bloco na rua*
> *Gingar, pra dar e vender*
>
> Sérgio Sampaio, "Eu quero é botar meu bloco na rua" (1972)

O *Parangolé*, a não ser confundido com exemplos picturais da Nova Figuração, não deve, por outro lado, levar o espectador a enxergar na palavra que lhe dá nome "uma implicação do folclore à experiência artística". Experiência da estrutura-cor no espaço, o *Parangolé* de Hélio Oiticica deve ser associado à era do fim do quadro e deste como suporte da pintura.²⁷ Longe, no entanto, de ser a morte da pintura, o experimento artístico inaugurado por Hélio e o fim da era do quadro assinalam o momento da "sua salvação".

Em 1961, Hélio esclarece que "a pintura teria de sair para o espaço, ser completa, não em superfície, em aparência, mas na sua integridade profunda". E com os *Parangolés*, ele ata as duas pontas da morte, a morte da figuração e a do quadro: "Na verdade a desintegração do quadro ainda é a continuação da desintegração da figura, à procura de uma arte não naturalista, não objetiva".

Parangolé é o núcleo de um complexo projeto "poético-urbano" de Hélio, projeto desdobrável em partes e de proposta coletiva. Nesse sentido, o vocábulo "parangolé" deve ser associado — segundo indicações de Hélio em "Bases fundamentais para uma definição do 'parangolé'" — aos experimentos de Kurt Schwitters (1887-1948) acoplados pela palavra *Merz* (neologismo criado a partir da palavra *Kommerz*). As derivações criadas por Schwitters, de que faz parte a própria *Merzbau* (Casa Merz), são orientadas por um núcleo teórico-vivencial cujo poder de disseminação é inesgotável. A alusão a Schwitters e a sua *Merzbau* tornam indispensável o estudo da relação de Hélio com o artista alemão com vistas ao seu projeto de arte total da época, que é a instalação *Tropicália*, cujo sucesso internacional ocorre por ocasião de sua remontagem na galeria Whitechapel, de Londres, em 1969. (A respeito da presença de Schwitters no Brasil, pode-se ler com proveito a coleção de ensaios de Haroldo de Campos, *A arte no horizonte do provável*, de 1969.)

Com a ajuda de Hélio, lembremos que na arquitetura da favela está implícito, por exemplo, um caráter do *Parangolé*, tal a organicidade estrutural entre os elementos que o constituem e a circulação interna e o desmembramento externo dessas construções, não há passagens bruscas do "quarto" para a "sala" ou [a] "cozinha", mas o essencial que define cada parte que se liga a outra em continuidade.

Indiretamente, Guy Brett assinalou a proximidade da estrutura-favela das colagens de Schwitters, onde predomina o "lixo cultural", para lembrar a expressão de Haroldo de Campos, que será defendida em poema de seu irmão, Augusto, "Luxo" (1965), que comporta apenas dois vocábulos, "luxo"/"lixo". Escreve o inglês Guy Brett: "as casas que as pessoas constroem para elas mesmas, [são] feitas com sobras de material industrial recolhido (muitas vezes anúncios inteiros de Coca-Cola), aos quais elas adaptam livremente suas necessidades e imaginação" (Londres, 1969).

Retornemos ao parangolé e às capas que se exibem e se vestem. Em "Anotações sobre o parangolé" (1965), Hélio explica:

> o espectador "veste" a capa, que se constitui de camadas de pano de cor que se revelam à medida que este se movimenta correndo ou dançando. A obra requer aí a participação corporal direta; além de revestir o corpo, pede que este se movimente, que *dance*, em última análise. O próprio "ato de vestir" a obra já implica numa transmutação expressivo-corporal do espectador, característica primordial da dança, sua primeira condição.

A ação é a pura manifestação expressiva da obra, já que, ao carregar a obra (caso do estandarte) ou ao dançá-la ou corrê-la (caso da capa), o "ato do espectador" carrega a *totalidade* expressiva das obras na sua estrutura.

Ainda segundo Hélio, não se pode desvincular "o corpo tornado dança" da música que "não é 'uma das artes' mas a síntese da consequência da *descoberta do corpo...*". Daí a relação vivencial do artista com a Mangueira, sua escola de samba, seus músicos e passistas. Entre estes, destaca-se a figura emblemática de Mosquito, o passista mirim. Saliente-se, ainda, a relação de Hélio com figuras exponenciais da Tropicália musical, de que é exemplo Caetano Veloso.

O "ciclo de participação" do espectador é uma *unidade* que comporta três fases: não se trata só de *assistir* à obra (sentido secundário da experiência), mas também de *vesti-la* (sentido maior da experiência). Trata-se ainda de abordar o problema da *obra no espaço e no tempo*, "não mais como se fosse ela 'situada' em relação a esses elementos, mas como uma 'vivência mágica' dos mesmos".

A vivência mágica do tempo e do espaço se dá no espaço intercorporal que ativa a obra. Eis a razão por que Hélio recusa a palavra "espectador" para aquele que assiste, veste e vivencia magicamente o parangolé.

Ele o chama de "participador". No desdobramento vivencial do espaço intercorporal, "há como que", explica o artista, "uma violação do seu *estar* como 'indivíduo' no mundo, diferenciado e ao mesmo tempo 'coletivo', para o de 'participador' como centro motor, núcleo, mas não só 'motor' como principalmente 'simbólico', dentro da estrutura-obra". Quando a ação corporal do participador para, para o movimento. Também para a obra. Ela permanece(rá) gravada. Ficará lembrada em super-8, vídeo, slide ou foto.

Obviamente não conheço toda a iconografia de Hélio Oiticica. Mas só raramente me lembro de tê-lo visto vestindo o parangolé, ou sendo fotografado ou filmado devidamente apetrechado. Raras vezes ele se descreveu vestindo a capa. Portanto, há que se estabelecer uma distinção: uma coisa é o *ser humano equilibrado* do artista e experimentador das artes, que violou a si mesmo ao propor o parangolé, como se verá; outra coisa é o *estar também violado* do participador, estar mágico, repita-se. Experimento e magia não são sinônimos.

Hélio define com clareza e nitidez autobiográfica esse momento experimental de sua vida, o de se tornar (*devenir*, diriam os franceses) parangolé. Para quem já se tornara parangolé, vesti-lo seria quase um contrassenso. Seria um modo de ser reduplicado pelo *estar*, forma pleonástica e absurda, desnecessária em quem se primou intelectual e artisticamente por controlar, pela contenção, pela inibição e pelo equilíbrio, o próprio corpo que, de modo contraditório, regorjeava, regozijava e borbulhava de movimento no mais denso da alma.

Pelo experimento do parangolé, Hélio passa da vivência do ser equilibrado para o viver em desequilíbrio. A dança é a de sua experiência humana e não a do vestir o parangolé. É essa a lição a ser tirada se a palavra "lição" não fosse por demais careta.

Hélio confidencia no dia 12 de novembro de 1965. A dança — "a dança da sua experiência" — lhe vinha "de uma necessidade vital de desintelectualização, de desinibição intelectual, da necessidade de uma livre expressão, já que [se] sentia ameaçado na [sua] expressão de uma excessiva intelectualização". O parangolé, continua ele, é uma "experiência da maior vitalidade, indispensável principalmente como demolidora de preconceitos e estereotipações etc.".

Ao assumir o recalque, o parangolé reativa o negro que existe em todos nós, a marginalidade que tem sido nossa e continua a ser relegada ao segundo plano da sociedade ou da vida. O parangolé pode ter o sentido da invocação ao sol, feita em poema por Jean Cocteau: "*Soleil* [...]/ *Moi je suis noir dedans et rose/ dehors, fais la métamorphose*". "Seja marginal, seja herói" — é o que está grafado no objeto *Homenagem a Cara de Cavalo* (1966), que se refere ao bandido assassinado pela polícia no Rio de Janeiro.

No slogan salta à vista a proposta política maior de Hélio nos anos de chumbo, de que não se deve abstrair o sentido ético. Escreve ele: "a violência é justificada como sentido de revolta, mas nunca como o de opressão". Hélio assegura: "A derrubada de preconceitos sociais, das barreiras de grupos, classes etc. seria inevitável e essencial na realização dessa experiência vital". Se vital, a experiência não pode conhecer planos e dimensões. É transformação radical a caminho da utopia.

Sempre achei que há dois versos na canção "Tropicália", de Caetano Veloso, que, se não foram escritos para descrever Hélio, serão neste momento: "Eu organizo o movimento/ Eu oriento o Carnaval". O parangolé é a descoberta/invenção de Hélio capaz de levá-lo a organizar a ação do movimento que exorbita das manifestações carnavalescas para o cotidiano e que, no entanto, é ato de movimento seu, sanguíneo, jugular e secreto, ato de movimento que deveria ser de todos, indiscriminadamente, como forma *natural* de o sujeito da Mangueira se exteriorizar no mundo que, se não lhe pertence, deveria pertencer.

Pelo parangolé o sujeito oprimido açambarca, ocupa espaço. Nutre os olhos dos outros enquanto deles se alimenta. Come do que dizem que não é seu. A arte de Hélio cria, a priori, sujeitos indomesticados e atrevidos, a meio caminho de se transformar numa figura que apenas descende da marginalidade e a que, na falta de palavra menos comprometida com o novo milênio, chamaria de celebridade.

Modelo e artista se fundem — lembro-me da foto do jovem Romero, em Manhattan — na película do parangolé e sobrevivem na eternidade da foto. O parangolé em êxtase, extático diante do espelho da lente da câmera que medeia os olhos do próprio artista-fotógrafo.

Para retornar a uma expressão de Lygia Clark em "1968: Estamos domesticados?", Hélio "balança o mundo" com o parangolé.

No meu modo de ver, Hélio não só balança, mas bagunça o mundo, criando associações, associações marginais, inesperadas e frondosas. Confessa: "Descobri aí [no parangolé] a conexão entre o coletivo e a expressão individual — o passo mais importante para tal — ou seja, o desconhecimento de níveis abstratos, de 'camadas' sociais, para uma compreensão de uma totalidade".

A arte de Hélio, como a de Andy Warhol, nasce para o sucesso e a vaidade de qualquer um e de todos. Se a arte dele não os teve de imediato, foi pelas razões do autoexílio nos Estados Unidos da América, que não vale a pena comentar agora.

Entre Hélio e Lygia talvez haja essa diferença fundamental. Ela cria e faz o protótipo e tem necessidade de apropriá-lo, nomeando-o produto orgânico de gravidez. Ela tem prazer em acariciá-lo como a bicho doméstico e traquinas; precisa exibi-lo em público, mostrando os delicados e sucessivos mecanismos do seu funcionamento. A teoria vem depois, como que por acréscimo ao experimento, ao ver como os sujeitos/participadores se desincumbem no ato da performance.

Lygia trabalha por acúmulo para chegar ao coletivo.

Hélio parte do acúmulo no indivíduo intelectualizado para se despojar radicalmente de tudo e chegar à nudez do indivíduo que se entrega à "dança 'dionisíaca' que nasce do ritmo interior do coletivo, que se externa como característica de grupos populares, nações etc.". Lygia é lunar e é crescente. Sem almejar ser lunar, Hélio é sol minguante, imagem que só aparece na Terra durante o eclipse lunar. É o único que não cabe na capa do parangolé por ser um e o outro, o mesmo. Lygia será sacerdotisa. Hélio investe sua arte no mito da igualdade, que o faz desaparecer pouco a pouco de cena. Entram os participadores.

2012

Apenas uma literatura escrita em língua portuguesa

Com a finalidade de alicerçar a avaliação das obras literárias que serão — ou não — de nosso acervo, a crítica literária brasileira tem se servido à farta da apreciação que nos tem sido oferecida pelos sucessivos historiadores da literatura nacional. Já há um bom e consistente número de competentes histórias da literatura. Todas têm sido organizadas com a divisão entre literatura colonial e literatura autônoma (ou expressões sinônimas dessas) e as últimas esmiúçam — com o suporte da cronologia induzida pela grade "estilo de época" — as características e as diferenças entre os períodos, ou salientam o avanço histórico na arte da literatura. Apresentam-se variadas nas perspectivas formal e ideológica adotadas.

No entanto, todas, desde a primeira, escrita por um francês, Ferdinand Denis (1826), até as nossas contemporâneas, são coincidentes no débito a um cânone, à primeira vista sutil e impalpável, dito universal. O cânone é apressada e necessariamente qualificado por um adjetivo localista, "brasileiro", mas que na verdade representa mero apêndice parasita ao cânone *ocidental*. Nas últimas décadas, o cânone tem sobrevivido graças ao trabalho e ao cuidado de Harold Bloom, professor emérito da Universidade Yale. Bloom é o autor de *O cânone ocidental*, publicado originalmente em 1994.[1] Desnecessário acrescentar que nenhuma obra literária brasileira está elencada no livro do professor emérito. Posso parafrasear uma máxima que escutei pela primeira vez nos anos 1960. Veio da boca de um psicanalista: meus autores, minha autoridade.

O poeta Fernando Pessoa é o único destacado entre os contemporâneos que se expressam em língua portuguesa. A frase que o introduz ao cânone (livro e conceito) é uma pequena obra-prima que, em si, é um comentário jocoso dela mesma: "Como contraste aos poetas latino-americanos, apresento o espantoso poeta português Fernando Pessoa (1888-1935), que, enquanto invenção fantástica, ultrapassa qualquer criação de Borges".

Ressalte-se o fato de que o recurso a um cânone historiográfico *único* acaba por deixar, nas histórias da literatura brasileira, marcas (im)precisas que, de maneira pouco discriminada conceitualmente, são assumidas pelos historiadores e críticos nossos mestres e nossos contemporâneos. À meia-luz, a dominância do cânone ocidental extrapola para os nossos tratados e manuais didáticos. Passa a ser também visível nas teses de doutorado, nas dissertações de mestrado, nos ensaios publicados em periódicos científicos e até nos artigos e resenhas em revista ou jornal.

Observa-se, hoje, uma acentuada pressão da atualidade político-social das nações do Velho e do Novo Mundo sobre a cultura brasileira. A pandemia de covid-19 carreia, em seu bojo, momentos elegíacos em que a cultura dita universal se subtrai ao cânone e repensa seu principal porta-voz, o moderno lavrador sedentário, em contato com a terra que o viu nascer e onde sobrevive. Ela se subtrai ao porta-voz privilegiado para voltar os olhos e reconhecer outros velhos e semelhantes narradores — o nômade em sua própria terra e o marinheiro em alto-mar.

As mentes criativas e críticas se adiantam aos cuidados extremos dos historiadores da literatura e se tornam mais e mais abertas à lógica da *diferença*, proposta pelos sistemas filosóficos originários da segunda metade do século XX. Passam a endossar, com firmeza, a opção por governança de nação que se define pela exigência dos atuais direitos humanos e pela obediência de todo e qualquer cidadão a uma Constituição.

As mentes criativas e críticas têm julgado o recurso metodológico exigido pela historiografia canônica única, eurocêntrica, como *estorvo* inevitável à sua plena expressão pública, evidentemente libertária. O estorvo tem de ser confrontado.[2] Subtraída, ainda que estrategicamente, à referência única, elas reclamam a adoção, sob a forma de suplemento, de metodologias de leitura da arte e didáticas da cultura que sejam alicerçadas na diferença. O até então mero estorvo à liberdade de expressão vira reação e pode se transformar em bloqueio. O cânone único dominante tem imposto o *cancelamento* à necessária diversificação analítica e interpretativa da literatura e da cultura brasileira.

Impactada pelos movimentos político-sociais contemporâneos, a crítica literária pluralista ganha a condição de alternativa e, ao ousar transpor a barreira imposta pelo cancelamento, ouve um *não*. Embora não seja admissível, é compreensível que essa crítica alternativa seja vítima da incompreensão e do achincalhe pelos artistas e intelectuais conservadores.

Nosso amanhã não precisa obedecer a testamento. Será produto das mãos das novas gerações de criadores e de críticos. Aguardemos, pois, que sejam essas mãos jovens as que escreverão uma história alternativa da literatura nacional. Tudo indica que ela deverá transpor a fronteira dita universal, determinada pelo cânone ocidental em exercício e, ainda, pela norma culta da língua portuguesa falada e escrita no Brasil.

Recapitulemos. Até a primeira década do terceiro milênio, certa avaliação da criação artística pela história da literatura ocidental se casou com certa avaliação a ser correspondida pela crítica brasileira atuante, e o feliz casal, por sua vez, contraiu matrimônio com certo *saber literário* endossado pelo recurso ao cânone historiográfico único.

A partir da segunda década do terceiro milênio, o não tão evidente matrimônio trisal é dado como razão para certo *obscurantismo* político e cultural, a ser desconstruído pelas novas gerações dissidentes ou libertárias. No passado, criação, crítica e saber literário tinham se entrelaçado com tal força que redundaram num monólito. Constituíram um universo literário brasileiro que é coeso, fechado e imperial. Em nada republicano, embora a autonomia tenha sido dádiva em 1922 e a abolição da escravatura decretada em 1888. As brechas no monólito se abrem pela repetição conservadora e só serão esgarçadas pela atualidade sociopolítica e cultural prevalente hoje no Velho e no Novo Mundo. Foram-se os tempos do trisal feliz.

A atualidade sociopolítica e cultural brasileira fomenta, arrasta e acelera novos *mecanismos valorativos* da obra de arte nacional e, evidentemente, de nossa literatura. Eles põem em funcionamento a máquina *revisora* do peso e do sentido do adjetivo "universal" (enquanto monólito) para qualificar o *cânone ocidental*.[3] Os mecanismos valorativos se fundamentam na indispensável *discrepância* (tomo o substantivo de James Clifford) e *inclusão* artística dos artistas pertencentes a povos colonizados pelo Ocidente. Ou, em nossos termos, os mecanismos valorativos se fundamentam nas teorias da *diferença* que sustentam, por sua vez, obras cuja proposta intrínseca é a de trabalhar a margem, a fim de se imporem em domínio público como artísticas (ou literárias).

Nossa própria atualidade sociopolítica e cultural reclama, pois, uma reflexão plural e democrática sobre a língua portuguesa no Brasil. Estamos à espera de livros — em prosa ou em verso — que venham escritos (1) em forma que difere da estabelecida pela norma culta e em (2) línguas recalcadas pela imposição da língua portuguesa como a única nacional. Norma e língua foram inculcadas na mente do povo brasileiro pela boa educação prestada a classes sociais privilegiadas, por um lado, e insignificantizadas pelo analfabetismo, por outro.

Pergunto: não teria chegado o momento de liberar à literatura brasileira as águas amazônicas e as atlânticas diaspóricas?

As naves multiétnicas, que não ancoraram em Porto Seguro, trafegariam em liberdade pelas águas cidadãs. Amazônicas e atlânticas, suas tripulações só tinham permissão para trafegar como cidadãos plenos se sob o comando dos dedicados e entusiastas etnógrafos (nacionais e estrangeiros), se sob a bandeira menor e suplementar de acervo folclórico ou de literatura oral.

No ensaio *Genealogia da ferocidade* (2017) lancei o conceito de *domesticação*. Acreditei que ajudaria a compreender o efeito *particular* que o bloqueio crítico pode causar na leitura do *Grande sertão: Veredas*, de Guimarães Rosa, uma obra selvagem que não olha nem de esguelha a esplendorosa cidade de Brasília, capital federal, plantada a seu lado. O romance é um monstro forte e destemido na literatura nacional. O *recurso* que o leva a ser lido a partir de *Os sertões*, de Euclides da Cunha, apesar de elogiável do ponto de vista didático, histórico e canônico, acaba por se disseminar naturalmente para o texto altamente criativo de Rosa e por se impor a ele, silenciando sua *wilderness* alegórica.

Pensei que o conceito de domesticação poderia ser ampliado para analisar outras obras, bem menos afinadas com a língua portuguesa e, em particular, com a norma culta, que têm sido bloqueadas à entrada da literatura nacional por excesso de respeito ao cânone ocidental. Na maioria das leituras críticas das obras literárias nacionais há uma evidente proposta de domesticação do caráter selvagem e libertário da escrita literária em língua portuguesa no Brasil.

No passado recente, esse caráter selvagem e libertário só se evidenciou em algumas leituras também particulares de bons autores nacionais, infelizmente negligenciados. Nomeio a mais importante e definitiva das leituras. O resgate pelos poetas Augusto e Haroldo de Campos de *O Guesa errante* (escrito entre 1858 e 1888), poema épico romântico de Sousândrade que "pecava" pelo abuso de vocábulos e situações estrangeiras. Teria sido por mera casualidade que o ensaio "Notícia da atual literatura brasileira: Instinto de nacionalidade" (1873), de Machado de Assis, foi publicado pelas mãos de Sousândrade no jornal *O Novo Mundo*, em Nova York? Releia-se o ensaio escrito em 1872 (cinquentenário do Grito do Ipiranga) sob nova ótica e se entenderá ainda melhor o hoje transparente e devassável "Inferno de Wall Street" imaginado por Sousândrade.

Cito frase do "Instinto de nacionalidade": "Esta outra independência [a literária] não tem Sete de Setembro nem campo de Ipiranga; não se fará num dia, mas pausadamente, para sair mais duradoura; não será obra de uma geração nem duas; muitas trabalharão para ela até perfazê-la de todo". Ou esta outra que, no século XX, será subscrita por Jorge Luis Borges com ligeiras diferenças (não há camelos no Alcorão): "[...] e perguntarei mais se o *Hamlet*, o *Otelo*, o *Júlio César*, a *Julieta e Romeu* têm alguma coisa com a história inglesa ou com o território britânico, e se, entretanto, Shakespeare não é, além de um gênio universal, um poeta essencialmente inglês".

Acredito que o caráter selvagem e libertário da escrita literária nacional, em língua portuguesa, sirva mais apropriadamente para definir uma qualidade nossa, coletiva e substantiva, que batalha em direção às alturas do estilo sublime com vistas à perfeição impertinente e estoica de Sísifo, lembrada por Albert Camus.

Em termos concretos, o caráter selvagem e libertário aponta mais para a alta qualidade transgressora (ou discrepante) de nossa escrita artística e aponta menos para sua qualidade geográfica e adjetiva, "brasileira", dada e subscrita a partir do romantismo pelo cânone historiográfico ufanista.

A desmontagem ou a desconstrução do cânone historiográfico ufanista pelo conceito de domesticação seria, pois, o modo de inquietar ainda mais a nova geração de artistas e de críticos. Seria também o modo mais eficiente, embora dificultoso, de inquietar o leitor, tanto o brasileiro quanto o estrangeiro. Ao associar artista, crítico e leitor, insistiríamos menos na paradoxal adjetivação ocidentalizante, "brasileiro", e sairíamos no lucro se à espera de uma história *discrepante* da literatura no Brasil.

Para melhor conhecer o interesse do olhar estrangeiro (acadêmico ou não) sobre o Brasil, temos um livro clássico, fruto de belíssima pesquisa universitária. Refiro-me ao trabalho da historiadora Maria Odila da Silva Dias que ganhou o título de *O fardo do homem branco: Southey, historiador do Brasil*, publicado em 1974.[4]

No título do livro, a estudiosa cita o célebre poema "The White Man's Burden", de Rudyard Kipling, escritor nascido na Índia em 1865 e falecido no Reino Unido em 1936. O poema tem por tema a conquista de colônias e a exploração de ex-colônias pela metrópole. Um dado basta. Criador do personagem Mowgli, o poeta Kipling nos é também conhecido pelo romance *O homem que queria ser rei*. Robert Southey, primeiro historiador do Brasil, é, no Reino Unido, porta-voz do *colonizador branco*, cuja empreitada é a de estudar e representar a colonização dos trópicos pela metáfora do *fardo* que se diz — está implícito — ter sido carregado voluntariamente às costas. Não há sarcasmo em Maria Odila. Há opção pela atualidade na escolha da referência e dos vocábulos em sua escrita historiográfica.

O cidadão e poeta Robert Southey (1774-1843) se transforma em historiador ao se interessar pelo Brasil, via Portugal. Está em Lisboa a mando da Coroa britânica, na época em que ela enfrenta grandes dificuldades com a colonização da Índia. Portugal por Inglaterra, Brasil por Índia. A dança das cadeiras. À falta de leitura do livro de Maria Odila, acrescente-se que o poeta é enviado a Lisboa para saber como os lusitanos se saíam tão bem (era o que corria) da incumbência de carregar o fardo às costas no Brasil. A postura da Coroa britânica não difere tanto da postura jesuítica expressa por célebre trocadilho no *Sermão da Sexagésima*, do padre Antônio Vieira. Os que vivem no *paço* são menos eficientes do que os que dão os *passos* na colônia. *Paço* e *passo* não são mera localização geográfica. São formas de conhecer a colônia. De sabê-la, nos dois sentidos do verbo em português.

O interesse da família real britânica e dos súditos pelo Brasil, então colônia, é saliente por ter sido orientado e justificado pela extraordinária reconstrução de Lisboa depois do terremoto de 1755. O poeta se torna bibliômano, especialista na matéria e "agente secreto" da Coroa britânica (se me permitem atualização semelhante à proposta por Maria Odila, agora em alusão a James Bond). Monta uma biblioteca com mais de 10 mil volumes.[5] Suas leituras compreendem toda a história do Brasil, pano de fundo para a reflexão da aristocracia britânica, cujo objeto, repitamos, é a colonização da Índia. Como a Coroa britânica poderia carregar melhor e mais proveitosamente o fardo que lhe coube no latifúndio da colonização?

Como melhor domesticar o colono?

Levantada atrás, a sinonímia selvagem/libertário se enriquece com o exemplo do historiador britânico e nos garante que não se trata de proposta leviana. Configura um vasto e complexo sistema colonial europeu, com evidentes repercussões civilizacionais na América Latina. Serve-nos de bom exemplo na análise da cultura e das artes brasileiras. Tem a ver — adianto eu — com a *fatalidade* de o escritor brasileiro ter de produzir obra literária em língua portuguesa, por mais que Lima Barreto, no romance *Triste fim de Policarpo Quaresma*, tenha esbravejado no Congresso Nacional. Em petição apresentada no plenário, o protagonista Policarpo se justifica: "[...] a emancipação política do país requer como complemento e consequência a sua emancipação idiomática".

Até o ano de 1759, como ensina mestre Celso Cunha em seu livro *A questão da norma culta brasileira*,[6] o sistema pedagógico adotado tanto em Portugal como em suas colônias, nos níveis que hoje chamaríamos de secundário e superior, "não incluía o ensino de português, ensino que se restringia à *alfabetização nas escolas menores*" (grifo meu). De acordo com as regras de ensino praticadas pelos jesuítas, os colonos "passavam da alfabetização diretamente para o latim da *Gramática* do padre Manuel Álvares [Lisboa, 1573], inteiramente escrita nessa língua". Como se sabe, o modelo jesuítico de ensino no Brasil só vai receber condenação em meados do século XVIII, na reforma pombalina. Só então, em consonância com a lição de Luís Antônio Verney, autor do *Verdadeiro método de estudar* (1746), informa Celso Cunha, "o primeiro princípio de todos os estudos deve ser a gramática da própria língua".

Proponho exemplo paralelo ao de Maria Odila. No século XVIII, na década de 1780, para ser preciso, não fosse afetuosa a relação cultural entre os brasileiros cultos e rebeldes e as instituições de ensino francesas, Vendek, codinome do jovem José Joaquim Maia e Barbalho (Rio de Janeiro, n. 1757), não teria se matriculado na Faculdade de Medicina de Montpellier e não teria escrito a Thomas Jefferson, então presidente dos Estados Unidos da América, uma carta que se tornaria histórica. Nela, o acadêmico carioca se autodefine pela língua francesa: "*Je suis brésilien, et vous savez que ma malheureuse patrie gémit dans un affreux esclavage, qui devient chaque jour plus insupportable depuis l'époque de votre glorieuse indépendance"* [Sou brasileiro e o senhor sabe que minha triste pátria está submetida a uma terrível escravidão, cada dia mais insuportável desde a época da gloriosa independência dos norte-americanos e sua gloriosa independência]. Vendek continua dizendo que os brasileiros queriam romper as cadeias que os prendiam a Portugal, a fim de *"faire revivre notre liberté"* (ressuscitar nossa liberdade).

Se não tivesse havido a libertária Faculdade de Montpellier no passado setecentista brasileiro, outro de seus alunos, o futuro inconfidente Domingos Vidal Barbosa (Rio de Janeiro, n. 1761), não teria tido acesso à *Histoire philosophique et politique des établissements et du commerce des européens dans les deux Indes*, escrita pelo abade Raynal e publicada na década de 1770.[7] Na província do ouro e das pedras preciosas, Vidal Barbosa recitava de cor trechos e mais trechos dos quatro densos volumes escritos pelo abade, ouvidos e apreciados pelos companheiros inconfidentes.

Em *A devassa da devassa*, comenta o historiador britânico Kenneth Maxwell:

> a ampla descrição do Brasil feita por Raynal, seu depreciativo retrato de Portugal e a condenação da influência exercida pela Inglaterra, econômica e politicamente, e o parecer de que os portos do Brasil deviam ser abertos ao comércio de todas as nações contradiziam frontalmente a nova tendência política de Lisboa.[8]

Por fatalidade — a não ser suspensa por mero efeito de lei no Congresso Nacional, eis aí o grave equívoco de *Triste fim de Policarpo Quaresma* —, o escritor brasileiro se obriga a escrever num esconderijo devassável. Numa *toca* em que, para lembrar Franz Kafka, as entradas estão sinalizadas. Obriga-nos a um escondimento primeiro na língua latina, que desestrutura qualquer rigor ou fidelidade na imitação da produção literária em língua moderna e na atualidade iluminista. Machado de Assis foi de novo sensível e pioneiro. Sua leitura dos poetas mineiros do século XVIII, com destaque para a *Marília de Dirceu* (1792), de Tomás Antônio Gonzaga, é preciosa: "Admira-se-lhes o talento, mas não se lhes perdoa o cajado e a pastora, e nisto há mais erro que acerto". Por não ter aberto o espírito propriamente literário para a época que lhe é contemporânea, o arcadismo, o estilo novo eurocêntrico e praticado em Ouro Preto, renasce velho no Brasil no fim do período colonial.

A fatalidade nos nocauteia no ringue aberto e igualitário do universo literário em nação que busca sua autonomia. Complementa Machado: "O que se deve exigir do escritor [brasileiro], antes de tudo é certo sentimento íntimo, que o torne homem do seu tempo e do seu país, ainda quando trate de assuntos remotos no tempo e no espaço".[9]

Um terceiro exemplo se impõe e fechamos o parêntese com uma viajante austríaca em passagem pelos trópicos. Em 1846, Ida Pfeiffer observava:

> Admito de boa vontade que, com relação à instrução, [os negros brasileiros] não se aproximam dos brancos; apenas creio que não é preciso procurar a causa em sua falta de inteligência, mas na falta completa de educação. Não existe escola para eles, não recebem qualquer instrução; numa palavra, não se faz coisa alguma para desenvolver suas faculdades intelectuais.[10]

Somos fatalmente solitários nas Américas contemporâneas. Até Harold Bloom pôs o dedo na ferida e a reabriu na atualidade. Não perdeu tempo, foi logo comparar os poetas hispano-americanos a... Fernando Pessoa. Não há equívoco, claro, na escolha deste. Elogiável. Mas não teria sido fatal ao crítico de Yale, que pertence ao Novo Mundo, a desorganização da apreciação poética no mapa-múndi que temos em comum? Nem língua inglesa nem língua espanhola. Língua lusitana. Não nos falta poeta moderno comparável a Pessoa. Atenção! Isso não significa que nada tenhamos em comum com os companheiros de Nuestra América ou com os europeus. Por causa deles é que nossa condição se apresenta como mais trágica — a solidão acompanhada.

Como reação à ferida em aberto da fatalidade, o escritor brasileiro deixa fermentar *ad absurdum* a liberdade criativa anárquica (sem a conotação histórica de movimento ou de estilo de época). A liberdade criativa nos sobra e muitas vezes falta ao grande escritor em língua cosmopolita.

Trago às costas outro fardo. Em conversa com o dramaturgo britânico Tom Stoppard, nascido e criado na Tchecoslováquia, ele me disse que sabia de antemão, ao se pôr a escrever a peça de teatro seguinte, que necessariamente tinha de sacrificar sua expressão. Vale dizer, simplificar o enunciado das frases a ser ditas em cena por seus personagens. De maneira *contraditória* é que a simplificação linguística (ou o *sacrifício* artístico) trabalha em favor da alta qualidade dramatúrgica que ele pretende impor à peça de teatro que escreve.

A simplificação sacrificial é *realisticamente* prescrita ao escritor de língua inglesa, assim como é realisticamente prescrita ao escritor de língua portuguesa no Brasil a sinonímia *selvagem/libertária*. O texto da peça de Tom Stoppard não pode ser particularmente britânico nem singularmente pessoal. A simplificação sacrificial se justifica por cifrões (sim, $$$). Por uma razão simples e concreta: o britânico tem de contar com a imediata tradução da peça para várias línguas estrangeiras. Só assim pode se autossustentar financeira e artisticamente. Como diz André Malraux na frase final de lúcida interpretação estética do cinema: "Por outro lado, o cinema é uma indústria". Não competia ao crítico de arte Malraux analisá-lo dessa perspectiva.

No dia seguinte ao de sua produção, a escrita literária, para o grande dramaturgo britânico, vira mercadoria negociável na praça da cultura globalizada.

Tornava-se difícil para Tom Stoppard entender a defesa da liberdade indisciplinada que eu alardeava estar na gênese da criação de romances meus. Acrescentei que o enunciado "em liberdade" das frases de obra brasileira possibilita a oferta ao leitor de uma enunciação literária também em aberto. Enunciado linguístico em liberdade e enunciação literária em aberto levariam o tradutor à loucura. Loucura ainda maior se ele não tivesse um bom conhecimento da língua portuguesa falada no Brasil. Raramente o tinha. Hoje, já o tem. Lembre-se: grandes editoras estrangeiras não tinham leitores em língua portuguesa. Ainda não os têm. Há que submeter o livro nosso em tradução a língua estrangeira. Facilita o negócio.

Lembrei a meu interlocutor que essa foi a razão pela qual Clarice Lispector fazia críticas ásperas à primeira tradução ao francês de seu primeiro romance, *Perto do coração selvagem*, publicada pela respeitável Plon.

O melhor em literatura brasileira escrita em português é fadado à originalidade radical. Daí o contrassenso maior na defesa do recurso analítico e interpretativo tomado ao cânone historiográfico ocidentalizante. Tanto a mais interessante de nossas histórias literárias como a menos interessante foram escritas para que o leitor nacional e o estrangeiro — e ainda a própria crítica literária — se sentissem à vontade diante de um novo livro para ler, não importa se antigo ou moderno. O leitor tem a garantia prévia de que vai pisar e se locomover na norma culta de uma língua pouco conhecida, mas escrita por zelosos escritores eurocêntricos, de índole realista.

Só assim o leitor e a crítica se encontram *familiarizados* com a obra literária escrita em língua tão fascinante e tão fatalmente indomável quanto a língua portuguesa falada e escrita no Brasil. Não poderia ter sido outro senão Olavo Bilac, um pobre e ressentido poeta parnasiano, a diagnosticar a condição da língua nacional: "inculta e bela,/ És, a um tempo, esplendor e sepultura".

O estranhamento — *Das Unheimliche*, para me valer do conceito de Freud — é congênito à falta de familiaridade com a criação literária brasileira em língua portuguesa. Não posso dizer o mesmo das artes nacionais que prescindem basicamente da expressão em língua portuguesa, como a música e as artes plásticas.

Pergunto se teríamos algo em comum — já com o alerta para o nosso eterno atraso — com a grande literatura norte-americana que só tardiamente teve seu devido reconhecimento na Europa. Ela só passou a ser reconhecida internacionalmente, só passou a ser a dominante, quando o conjunto expressivo se tornou objeto de conhecimento obrigatório dos europeus. É sintomático o interesse por ela precocemente ativado por Cesare Pavese, notável escritor italiano e editor da Einaudi. Desde 1936, escreveu sobre a literatura norte-americana e traduziu suas principais obras literárias. A reunião e publicação de todos os ensaios data de 1951 e é póstuma: *La letteratura americana e altri saggi*. Definitivas e formadoras de leitores foram as interpretações mais recentes daquela literatura, feitas pelo filósofo francês Gilles Deleuze.

Em ligeiro avanço de minha parte, pergunto, ainda, se a literatura brasileira teria algo em comum ou a aprender com a atual literatura africana escrita em inglês e em francês. A anglofonia e a francofonia não franqueiam condições culturais mais facilmente globalizáveis (vale dizer: mais rentáveis, em termos comerciais) que a lusofonia? Não há dúvida, embora torçamos a favor de nós mesmos.

De início, os grandes autores norte-americanos (por exemplo, Walt Whitman e Hart Crane, poetas, Herman Melville e Ernest Hemingway, ficcionistas) foram lidos e apreciados de uma perspectiva individualizante. Só mais tarde é que surgirá o interesse pelo conhecimento orgânico do conjunto norte-americano, saliente nos séculos XIX e XX. É certamente por essa dupla inscrição, a individualizante e a coletiva, que todos os grandes escritores do Novo Mundo acabam por encontrar lugar e se alicerçar num conhecimento cúmplice e mais amplo da historiografia literária ocidental. São duplamente excepcionais e têm a ver com a singularidade do sujeito e a autenticidade do cânone nacional. O professor norte-americano Harold Bloom fecha o círculo, liberando-o com parcimônia para a literatura hispano-americana.

Nada mais semelhante à fase inicial da acolhida internacional dos norte-americanos, acima sistematizada rapidamente, que a presença nos dias de hoje de Machado de Assis e Clarice Lispector no panorama crítico atual da literatura brasileira no estrangeiro. Somos atravessados pela perspectiva individualizante.

Em suma: há que continuar a desorientar o ponteiro da bússola do cânone único e ocidentalizante para que a crítica literária nacional assuma — a posteriori — a excentricidade que ela própria bloqueia pela autodomesticação. Assuma o selvagem e nos deixe à espera de uma nova história da literatura no Brasil.

2021

Grafias de vida — a morte

> *Do lado esquerdo carrego meus mortos.*
> *Por isso caminho um pouco de banda.*
> Carlos Drummond de Andrade,
> "Cemitério de bolso", *Fazendeiro do ar*

O LUGAR DOS ENCONTROS: A ENCICLOPÉDIA E O CEMITÉRIO

Não sei se já se disse que as enciclopédias — antigamente em papel e hoje eletrônicas[1] — são o mais amplo cemitério universal de biografias das notáveis vidas privadas responsáveis pela história do homem na face do planeta Terra. Aliás, enciclopédia e cemitério empresarial (o adjetivo "empresarial" é tomado a João José Reis e serve para distinguir o campo-santo moderno, em território público, do campo-santo em capela, ou em terreno ao lado dela) têm a mesma data de nascimento: o século XVIII. Coveiro e biógrafo costumam não compartilhar o sentimentalismo que redobra e se desdobra na família enlutada e no admirador curioso. Coveiro e biógrafo querem manter uma frieza distante — a daquele que apenas cumpre ofício.

Vida e morte de cada indivíduo destacado renascem de modo sentimental nas poucas frases de responsabilidade dos familiares, que se inscrevem no mármore da lápide, ou revivem de modo exato e técnico na página de livro, e se perpetuam — ou não — aos olhos do leitor de túmulos e de enciclopédias. Causada pelo tempo e suas intempéries, a corrosão é comum a cadáver e biografado, como se, de tempos em tempos, o nomeado pela lápide do cemitério e o privilegiado pelo verbete da enciclopédia tivessem de ter a vida passada a limpo, como qualquer manuscrito julgado desconchavado pelo autor.

Na última comparação vai homenagem póstuma à "teoria das edições humanas": as sucessivas fases da vida humana se sucedem com as correções impostas por uma "errata pensante", manufaturada por um revisor arrependido, autocrítico ou consciente. A teoria das edições humanas foi executada com brilho nas *Memórias póstumas de Brás Cubas*: "cada estação da vida é uma edição, que corrige a anterior, e que será corrigida também, até a edição definitiva, que o editor dá de graça aos vermes". A fome insaciável dos bichinhos subterrâneos não incorporaria, como metáfora final, as metáforas passageiras e sucessivas sobre o efeito do tempo e de suas intempéries na vida e no livro? A partir do momento em que coveiro e biógrafo põem a mão na massa, se explicita no subsolo o enigma da vida e da morte, ao mesmo tempo que, no papel, o modo como a materialidade da grafia humana se deixa corroer.

No cemitério, subjetividade, enaltecimento da vida e luto se casam e são identificados pelo nome próprio do cadáver enterrado ou descrito, que estará à disposição de visita pública por tempo indeterminado. Se o indiscreto visitante quiser ir além da consulta aos dizeres da lápide, basta abrir o volume que contempla a curiosidade do consulente, ou acessar o site e digitar o nome próprio no teclado do computador, e obterá — em texto sucinto, objetivo e rigoroso — os inúmeros fatos particulares das várias "edições" da vida da pessoa pública em questão, do nascimento à morte, com direito, em alguns casos, a parágrafos sobre os ancestrais ou sobre o legado e sua recepção pelos séculos afora.

Ao contrário do que acontece nos campos-santos, onde a anarquia reinante é proposta ou pela precedência cronológica assumida pela foice assassina ou pela desigualdade social que armazena na gaveta o cadáver que poderia ocupar um túmulo, nas enciclopédias a ordem alfabética abre espaço igualitário, amplo e flexível para o encontro póstumo entre todos os biografados, ou seja, oferece um local comunitário singular que acolhe as aproximações biográficas mais estapafúrdias e, com tolerância e respeito, deixam-nas convergir obrigatória e aleatoriamente pelo recurso à ordem ditada pelo ABC.

Dispostos alfabeticamente, os verbetes na enciclopédia põem em destaque o nome de família dos cidadãos e das cidadãs dignos de ser escolhidos pelo mérito alcançado na vida pública. O espaço comunitário alfabético permite que haja uma sincronização perfeita de todas as vidas vividas em todos os tempos. O ajuste sincrônico é também *universal* (até onde o conceito o é, ou pode ser). Deixam-se de lado não só as formas independentes de catalogação que se pautariam pelo tempo e sua cronografia (sucessão das idades do homem, das divisões clássicas da história etc.), como também as que se agrupariam pela nacionalidade e suas províncias ou, finalmente, por outros critérios que poderiam se transformar em modelos alternativos de organização, como, por exemplo, etnia, disciplina do saber, *gender*.

No romance *A náusea*, de Jean-Paul Sartre, o narrador/personagem Antoine Roquentin quer ser biógrafo. Passa os dias na biblioteca pública da cidade de Bouville, para onde viaja a fim de fazer pesquisa em história francesa. Pretende levantar dados para a tese universitária que deseja escrever sobre o falecido marquês de Rollebon. Começa a pesquisa por onde deve começar: "A *Grande enciclopédia* consagra algumas linhas a esse personagem [o marquês de Rollebon]; lia-as no ano passado". Na fase seguinte do levantamento de dados, vasculha muitos livros e os variados manuscritos depositados na biblioteca, ao mesmo tempo que observa e analisa, nos museus da cidade, os retratos pintados dos cidadãos beneméritos. De esguelha, espia também o estranho gênero humano que o cerca ao vivo e em cores para transformá-lo em personagens contemporâneos. Roquentin é todo olho: um narrador voyeur de livros, manuscritos e telas, a espreitar também os construtores da cidade (*les salauds*, os filhos da mãe, como acaba por apelidá-los) e os atuais e miseráveis ratos de biblioteca, que buscam preservar a própria memória pela biografia.

Roquentin descobre espantado outro ajuste, o do consulente de enciclopédia com o alfabeto: ninguém é mais submisso à ordem imposta ao conhecimento humano pelo ABC do que o rato a quem ele dá o delicioso apelido de Autodidata, uma espécie de paródia da erudição e dos ideais humanistas pregados pelos enciclopedistas franceses. O Autodidata acredita piamente que pela leitura mecânica e epidérmica do *Larousse* terá acesso ao saber total. Basta devorar uma enciclopédia, volume após volume, verbete após verbete, de A a Z. No momento em que Roquentin o encontra, o Autodidata já tinha lido vários volumes da enciclopédia selecionada, sabe tudo de um todo — só que até a letra L. Para chegar ao Z, tem a vida pela frente.

O jovem pesquisador parisiense e universitário se espanta porque seu colega de biblioteca e de pesquisa desrespeita as fronteiras do saber estabelecidas pela história, ou pelas várias disciplinas acadêmicas, e se deixa guiar por uma única linha em suas leituras. Roquentin se justifica: "As leituras do Autodidata sempre me desconcertam. De repente voltam à minha memória os nomes dos últimos autores cujas obras consultou: Lambert, Langlois, Larbalétrier, Lastex, Lavergne. É uma iluminação; entendi o método do Autodidata: instrui-se na ordem alfabética".[2] A *formação* enciclopédica pelo alfabeto tem muito a ver com a que se depreende durante uma visita de turista maravilhado pelas aleias de um cemitério de celebridades, como o famoso Père-Lachaise, em Paris. Na lógica planejada e na anarquia do acaso, sobram e faltam cadáveres.

Aliás, em virtude de a enumeração das pessoas públicas seguir obrigatoriamente a ordem alfabética, o nome próprio é sempre soberano nas enciclopédias, a não ser que se acredite em proposta modelar oriunda da China, que a desconstrói. A enciclopédia chinesa foi apresentada e descrita por Jorge Luis Borges e endossada por Michel Foucault em *As palavras e as coisas*. No texto de Borges se lê que "os animais se dividem em: a) pertencentes ao imperador, b) embalsamados, c) domesticados, d) leitões, e) sereias, f) fabulosos, g) cães em liberdade",[3] e assim por diante. Para o francês Michel Foucault: "A monstruosidade que Borges faz circular na sua enumeração consiste [...] em que o próprio *espaço comum dos encontros* [grifo meu] [nela] se acha arruinado. O impossível não é a vizinhança das coisas, é o lugar mesmo onde elas poderiam avizinhar-se". A ordem do alfabeto (a, b, c, d...), que sempre serviu para ordenar a abundância de seres humanos e, no caso, de animais diferentes, se encontra arruinada na enciclopédia chinesa de que fala Borges. Os seres circunvizinhos se organizam pelo disparate.

REMISSÕES E FRAGMENTAÇÃO

Entre as muitas enciclopédias recentes, contamos no Brasil com os vinte volumes e as 11 565 páginas da *Enciclopédia Mira-*

dor Internacional. Foi publicada em 1975, tendo sido Antônio Houaiss o seu editor-chefe.[4] Os direitos pertencem à firma Encyclopaedia Britannica do Brasil. A menção à data de publicação não é gratuita. Muitos dos assessores editoriais (redatores) eram jornalistas ou jovens artistas e intelectuais — com ou sem formação universitária — que estavam sendo perseguidos pelo regime militar de exceção instalado no Brasil em 1964, ou que tinham sido privados do emprego público por defesa de pensamento revolucionário ou por atividade dita subversiva.

Destaca-se a *Mirador* por ela não querer impor a qualquer preço a ordem alfabética admirada pelo Autodidata e por não se entregar às fantasias catalográficas em que foi mestre nosso querido Borges. A enciclopédia de 1975 propõe uma impecável organização dos vinte volumes que, sem escapar completamente ao espaço comum dos encontros determinado pela enumeração alfabética, escapa, no entanto, da ordenação por verbete, revelado apenas pelo nome próprio da pessoa pública biografada. A *Mirador* estabelece um sugestivo, enriquecedor e complexo jogo de remissões.[5]

O primeiro volume da *Enciclopédia Mirador Internacional* se intitula Índices. No Índice Geral se encontram dispostos e expostos todos os verbetes. A entrada no índice pode vir grafada em negrito, e isso "significa que há no corpo da enciclopédia um verbete próprio que trata em especial desse tema". Ele lá estará, dentro de um dos dezenove volumes, segundo a ordem alfabética. Quando a entrada é grafada em tipo normal, isso "significa que o tema é tratado nos locais indicados, sem constituir verbete especial". A figura humana não tem, por assim dizer, vida própria, é apenas *remetida* a outros e indispensáveis verbetes. Se a entrada for precedida de um asterisco, isso "significa que se trata de ilustração (fotografia, desenho, geograma, gráfico, tabela etc.)". Fiquemos com os nomes próprios e com a distinção entre grafia em negrito e em tipo normal.

Acatamos a distinção porque ela visa a desconstruir a ordenação tradicional das enciclopédias, onde toda pessoa pública com direito a ser cidadão do mundo tem o verbete integral garantido por uma única entrada. No caso da *Mirador*, só um número restrito de pessoas tem direito ao verbete integral. Isso porque as *remissões* que são recomendadas no Índice Geral servem principalmente para *fragmentar* — pela diversificação estampada e sugerida como fonte de consulta — a biografia do eleito pelo consulente, ou para minimizar a importância do cidadão por negar-lhe o direito à entrada em negrito no Índice Geral. O propósito do nome inscrito em tipo normal é o de inserir a pessoa, sim, mas em contexto mais amplo e mais acolhedor que o texto da vida vivida de maneira singular. Cidadão do mundo, mas de segunda categoria.

Algumas pessoas públicas entram na *Enciclopédia Mirador* por porta estreita, estreitíssima,[6] outros por porta larga, larguíssima. Questão de mérito, segundo os exigentes enciclopedistas.

Tomemos um exemplo clássico de nome que recebe tratamento especial. "Vargas, Getúlio" — está grafado em negrito no Índice Geral. Portanto, os olhos do leitor curioso são encaminhados ao volume 20 (na lombada, lê-se: "Trabal-Zwingli") onde se encontra uma biografia sucinta do conhecido e pranteado presidente do Brasil. Lido o verbete e absorvido o diversificado e amplo conteúdo, recomenda-se que os mesmos olhos voltem ao primeiro volume da enciclopédia (isto é, ao Índice Geral), já que a biografia de Vargas pode ser lida em fatura integral e pode também aparecer *picotada* — como imagem de videoclipe — e *esparramada* por diversas outras entradas da enciclopédia — como que numa sugestão da necessidade e da importância de uma montagem cinematográfica das várias sequências da vida por parte do leitor criterioso.

Em resumo: a grafia de vida do presidente Getúlio Vargas se encontra de maneira integral no verbete "Vargas, Getúlio", e de maneira picotada nas várias remissões propostas pelo Índice Geral, esparramando-se, portanto, e se diluindo por vários outros verbetes da enciclopédia.

Dados importantes e pouco desenvolvidos no verbete "Vargas, Getúlio" poderão ser mais bem apreciados nas circunstâncias específicas e em diversos contextos aparentemente alheios à sua grafia de vida. No Índice Geral, em seguida ao nome de Vargas, são sugeridas consultas a outros verbetes na enciclopédia. Estão listados, por exemplo: "Brasil" e "café"; "partido político", "integralismo" e "populismo"; ainda "revolução", "tenentismo" e "estado de São Paulo". Seria, pois, recomendável que o leitor aprofundasse o conhecimento biográfico do presidente da República encaminhando-se para a história da nação na passagem da República Velha para a era Vargas, passando pelo Estado Novo e chegando à República Nova. Encaminhando-se também para sua atuação controversa na lavoura do café quando a economia brasileira é afetada pelo crash de 1929, ou ainda para sua rivalidade com partidos políticos permeados pelo fascismo em tempos de autoritarismo, como o Partido de Representação Popular (PRP, integralista). Encaminhando-se, finalmente, para a análise de sua performance pessoal em forma moderna de governo republicano como o populismo.

Amplia-se o relato propriamente biográfico de Vargas pelo recurso dos editores a remissões. Estas, uma a uma, introduzem *cunhas* sucessivas no verbete, fragmentando a grafia de vida predeterminada pela obediência à cronologia e a sucessão linear dos fatos. As várias remissões ampliam o texto obediente à ordem do alfabeto, retrabalhando-o pelo processo de fragmentação e de dispersão da grafia de vida, com o fim de levar o leitor a conhecer a figura em pauta de maneira mais acidentada e incoerente. Ao mesmo tempo, leva-o a situá-la entre seus distantes e universais companheiros de ideias e de atuação no passado, no presente e no futuro. Tendo consultado a enciclopédia, o leitor pôde finalmente satisfazer sua curiosidade de maneira criteriosa e crítica.

A leitura do verbete "Vargas, Getúlio" se soma com a sua remontagem pelo leitor através das remissões que funcionam como cunhas (através das explicitações do subtexto — como diz hoje a informática).

Em suma, se se quiser conhecer alguma pessoa pública de menor monta pela consulta à *Enciclopédia Mirador*, descobre-se que ela não merece um verbete e seu nome virá grafado em tipo normal no Índice Geral. O nome em pauta só será encontrado e citado em contexto mais amplo, que mereceu verbete. Se se quiser conhecer alguma pessoa pública de maior importância nacional ou internacional, pode-se ir diretamente ao volume em que se encontra o verbete, grafado em negrito no Índice Geral. Lá o leitor encontrará uma biografia particularizada, de propósitos claros, objetiva e mais ou menos minuciosa, embora seu conteúdo nunca se apresente *fechado*. Isso porque é sempre recomendada a viagem de volta ao Índice Geral para que o consulente se informe sobre as remissões, que o reabrem pela fragmentação.

Acrescente-se que a atualidade (pelo menos a cinematográfica) segue à risca a fragmentação da grafia de vida proposta pelo uso das remissões no Índice Geral. Certos filmes recentes servem de exemplo para uma fascinante discussão sobre o gênero biografia que a todo momento ganha mais e mais adeptos no Brasil literário. Refiro-me a *Madame Satã* (2002), de Karim Aïnouz, *Diários de motocicleta* (2004), de Walter Salles, e *Capote* (2005), de Bennett Miller. Em lugar de dramatizar um longo e abrangente relato cronológico de Madame Satã, Che Guevara ou Truman Capote, o espectador é surpreendido com o tiro certeiro do roteirista e do cineasta: elegem uma fase especial da vida de cada um dos biografados (a juventude do gay marginal carioca, as viagens do futuro revolucionário argentino pela América Latina, as peripécias que cercam a pesquisa e redação do romance *A sangue frio*, respectivamente), atentando para o fato de que o foco de luz a tornará simbólica de todo um percurso de vida. Em tempos de excesso e de facilidade na aquisição de informação, seria assim indispensável seguir a trajetória convencional e realista de nascimento, fases sucessivas da vida e morte? Não seria melhor isolar determinado momento "definitivo" da vida de uma figura pública, domesticá-lo como a potro selvagem, a fim de mostrar cuidadosa e complexamente esse fragmento de uma grafia de vida, tornando-o emblemático da passagem do ser humano pela Terra? Não estaríamos mais próximos de um dos ideais da enciclopédia, que é o de representar o universal pelo indivíduo?

CEMITÉRIO, ROMANCE E BIOGRAFIA

> *Um livro é um vasto cemitério onde na maioria dos túmulos já não se leem as inscrições apagadas.*
> Marcel Proust, *O tempo redescoberto*

Não sei se já se disse que os romances (*novels*, em inglês) — desde sempre em papel e hoje acessíveis também no formato de e-books — são outro cemitério universal de biografias, agora de pessoas públicas quase nunca heroicas, expostas em tamanho natural e muitas vezes anônimas (ou cujo nome próprio foi apagado propositadamente pelo escritor, que o troca por outro mais convincente ou apelativo). Em termos de grafias de vida, quase tudo é ficção. Com o correr dos anos ou das décadas, as pessoas públicas ficcionais ganham — graças à leitura e apenas a ela — identidade e perfil próprios e se transformam (ou não) em notáveis protagonistas da literatura moderna. Por coincidência, ou não, teremos de voltar ao século XVIII europeu, agora para festejar o nascimento do romance (*novel*, repito) na Inglaterra.

    A aproximação entre a pessoa pública destacada, objeto do verbete enciclopédico, e o protagonista inventado, razão de ser do romance, se dá pelo fato de o romancista — pelo menos desde Daniel Defoe no século XVIII, passando por Gustave Flaubert e Machado de Assis no século XIX — ter usado o relato biográfico (ou autobiográfico, se a narrativa for escrita em primeira pessoa)[7] como *suporte* para a grafia de vida ficcional que ele dramatiza no relato que imagina, redige e é impresso pelo editor e, à semelhança da enciclopédia, vendido pelo livreiro. Em termos de estética do romance, suporte é como a moldura que enquadra a tela pelos quatro lados. A tela/romance não se confunde, porém, com o suporte/biografia, embora se toquem pelas extremidades, como acontece com realidade e ficção, ou com objetividade e subjetividade.

    A dominância do gênero romance (da pintura na tela) sobre o gênero biografia (a ampliação do verbete enciclopédico em livro) marca o estatuto ambíguo, sedutor e grandioso dos grandes e pequenos personagens ficcionais da era moderna. Os leitores se lembram deles — e recorrem a uns e aos outros como reforço nos argumentos de caráter pessoal ou opinativo. Recorrem também — em igualdade de condições — às várias figuras públicas que se revelam no verbete da enciclopédia ou nas biografias. As duas fontes de grafias de vida — a enciclopédia, de um lado, e a biografia e a ficção, do outro — alimentam a mente da maioria dos letrados e movimentam de modo conveniente e casual a engrenagem expositiva da imaginação cidadã nos relatos e nos debates públicos. Ambas as fontes produzem exemplos que servem de *referência*, para usar o vocabulário pop dos nossos dias.

    Os personagens ficcionais têm um dos pés fincado na realidade, já que essa ou aquela figura da prosa literária que tanto admiramos tem sua gênese nas observações feitas pelo romancista sobre pessoa(s) pública(s) com quem mantém relações próximas ou distantes. E tem o outro pé — desenhado de maneira imaginosa, obsessiva e egocêntrica — concretizado em palavras e em frases. O fim da dupla e contraditória pisada do romancista é apenas a literatura, *les belles lettres*, como dizem os franceses, já que as observações sobre pessoa(s) pública(s) existem para se transformar em grafia de vida ilusória e para se somar a outros personagens de maneira dramática e complexa pela força centrífuga do talento artístico.[8] Este engendra em papel vidas verossímeis, embora imaginadas. Verdadeiras, embora mentirosas.

Bem narrada e bem estruturada, a grafia de vida inventada se apresenta na livraria e na internet sob a forma do que se chama prosa de ficção.

Pelas misteriosas razões elaboradas pela longa tradição literária no Ocidente, a grafia de vida da figura pública foi desbancada da primazia alcançada na Antiguidade clássica, nos compêndios de história e nas enciclopédias, e acabou por se apresentar nos tempos modernos como subserviente à grafia de vida ficcional e pôde ser julgada pela crítica de menor importância que a caçula, isso em virtude do trabalho corrosivo do tempo que afirma ser mínima a durabilidade textual da grafia de vida de figuras públicas. Tal é a razão de ser do notável ensaio "A arte da biografia", de Virginia Woolf, publicado originalmente em 1939 na revista *Atlantic Monthly*.[9] Virginia intermedeia a relação desequilibrada entre romance e biografia pela noção do que seja a arte. Daí a pergunta que abre o ensaio: a biografia é uma arte? A questão se agiganta ao se constatar a mortalidade precoce dos relatos propriamente biográficos, "quão poucas sobrevivem, enfim, da infinidade de vidas já escritas".

Comparada às artes da poesia e da ficção, o gênero biografia, embora remonte aos tempos greco-latinos, é paradoxalmente "uma arte jovem". Seus personagens vivem em nível mais baixo e vulnerável de tensão e por isso não estão destinados "àquela imortalidade que o artista de quando em quando conquista para o que ele cria". O material de que é feito o personagem de ficção "é mais resistente". Enquanto o biógrafo escreve "amarrado" (aos velhos amigos do biografado, que fornecem as cartas, à senhora viúva, sem cuja ajuda a biografia não poderia ter sido escrita etc. etc.), o romancista escreve de modo "livre". Virginia Woolf associa a limitação do biógrafo aos laços humanos que o amarram. Escreve:

> ao se queixar de estar preso por amigos, cartas e documentos, o biógrafo já punha o dedo num elemento necessário à biografia; e que é também uma *limitação necessária* [grifo meu]. Pois o personagem inventado vive num mundo livre onde os fatos são verificados por uma pessoa somente — o próprio artista. A autenticidade dos fatos está na verdade da visão do artista.

No passo seguinte, Virginia explora o fato de que é fatal a "combinação" dos gêneros biografia e romance, ou seja, o compromisso entre fato e ficção por parte de quem escreve. Para a análise contrastiva, Virginia estabelece como parâmetro duas biografias escritas pelo mesmo Lytton Strachey (1880-1932) — a da rainha Vitória (1921) e a de Elizabeth I (1928). No primeiro caso, Lytton "tratou a biografia como um ofício, submetendo-se às suas limitações". Manteve-se, portanto, nos limites estreitos do mundo factual. "Cada afirmação", anota Virginia, "foi verificada; cada fato foi autenticado. [...] Lá estava a rainha Vitória, sólida, real, palpável." No segundo caso, Lytton "tratou a biografia como uma arte, desprezando suas limitações".

Diga-se a favor do biógrafo/artista que muito pouco se sabia a respeito de Elizabeth I: "a sociedade na qual ela viveu estava tão distante no tempo que os hábitos, os motivos e até mesmo as ações das pessoas daquela época se revelavam cheios de obscuridade e estranheza".

No contraste entre os dois resultados, a ensaísta preparava o terreno para que fosse sedimentada a noção de *liberdade* exigida pelo romancista, tanto na criação da trama quanto na caracterização do protagonista. Ao biografar Elizabeth e o conde de Essex, Lytton escreveria "um livro que fosse não só uma biografia, mas também uma obra de arte". Pondera Virginia: "descobriu-se que a combinação não funcionava; fato e ficção negaram-se a se misturar. Elizabeth nunca se tornou real no sentido em que a rainha Vitória tinha sido real, muito embora ela nunca se tornasse fictícia no sentido em que fictícios são Falstaff ou Cleópatra".

Virginia diagnostica: "somos forçados a dizer que o problema [da perecibilidade] está na biografia em si mesma". A imaginação do artista elimina o que há de fugaz nos fatos, constrói com o que é durável. Se o biógrafo "inventar fatos como um artista os inventa — fatos que ninguém mais pode verificar — e tentar combiná-los a fatos de outra espécie, todos se destruirão entre si".

Uma coisa, no entanto, faz o biógrafo sobressair frente ao romancista. Ele "deve rever nossos padrões de mérito e expor novos heróis à nossa admiração". A literatura moderna abandona mais e mais o papel didático/civilizatório dos compêndios de história e da enciclopédia e abre feridas narcísicas no protagonista da prosa de ficção, como veremos adiante com a ajuda de Northrop Frye. A leitura da ficção nossa contemporânea se faz mais e mais pelo tom irônico, já que de há muito o protagonista deixou de ser *modelo* a orientar nossas ações.

FLAUBERT E MAUPASSANT

A oscilação entre a observação atenta da figura humana na esfera pública, que adestra a percepção e a sensibilidade do escritor, e a livre invenção de protagonista no universo privado, em que a sensibilidade do criador de ficção se exercita obstinadamente na busca da expressão artística — em suma, a arte do romance no seu nascimento e apogeu —, se encontra magnificamente apreendida num pequeno e precioso volume de anotações críticas de Ezra Pound, intitulado *ABC da literatura*. Ele narra a seguinte anedota:

> Dizem que foi Flaubert quem ensinou Maupassant a escrever. Quando Maupassant voltava de um passeio com Flaubert, este lhe pedia para descrever alguma coisa, por exemplo uma *concierge* por quem teriam que passar em sua próxima caminhada, e para descrever tal pessoa de modo que Flaubert a reconhecesse e não a confundisse com nenhuma outra *concierge* que não fosse aquela descrita por Maupassant.[10]

No processo de diferenciação entre a grafia de vida exposta pela enciclopédia ou pela biografia convencional e a grafia de vida avivada pela ficção, Flaubert agiganta o papel do *novelist*, responsável pelo narrador da trama dramática. Enquanto o romancista apequena o comparecimento real da figura pública pela ausência de nome próprio ou pela invenção de nome próprio diferente, que se afina, no entanto, com a caracterização psicológica do personagem,[11] o narrador ganha força não só pela invejável capacidade de observação dos seres humanos como também pela maestria no exercício preciso da língua e no comando justo da linguagem artística. Na anedota citada, temos uma *concierge* anônima e específica que, se bem desenhada literariamente, representaria todas as *concierges*. Dessa maneira é que são construídos os protagonistas de livros tão fascinantes quanto *Um coração simples*, de Flaubert, *O velho e o mar*, de Ernest Hemingway, ou *Uma vida em segredo*, de Autran Dourado. E ouso acrescentar: meus contos que se encontram reunidos no livro *Anônimos* (Rocco, 2010).

O poder artístico do narrador está em ser capaz de *camuflar* uma pessoa pública, um vivente "sem importância coletiva" (para retomar a palavra de Louis-Ferdinand Céline na epígrafe de *A náusea*). Está em ser capaz de *esconder* a menos significante das pessoas por detrás da observação refinada e das frases compostas a duras penas, com vistas a uma ambição superior — a da criação de um ser de papel e em letras, autônomo, futuro e complexo personagem de ficção.

Na leitura da grafia de vida ficcional, o personagem não deverá ser reconhecido como figura pública (em carne e osso, como seu próximo ou distante modelo-vivo), só o será por uma testemunha ocular do fato narrado ou por eventuais recortes de jornal.[12] Não tenhamos dúvida, o recurso à testemunha ocular ou à imprensa da época apenas reduz, como é o caso da biografia, a criação literária às suas fontes reais (legítimas, claro, mas não é para isso que se lê e se discute uma obra literária). A redução da obra de arte ficcional ao enquadramento proposto pelo gênero biográfico equivale a buscar na prosa do romance informação semelhante à que se obtém na leitura de uma foto três por quatro em carteira de identidade. A testemunha ocular e a imprensa poderão atestar a favor da *veracidade* da narrativa literária, trazendo à baila o nome próprio que o narrador hábil tem por norma trocar. A testemunha ocular nunca poderá atestar a favor da *verossimilhança* (e cito Machado de Assis) da narrativa literária. Apenas o atento *leitor* crítico pode atestar criticamente a seu favor.

Tanto o obscuro Robinson Crusoé, inventado por Defoe a partir de um e de vários relatos de naufrágio, quanto a insignificante *concierge*, tal como descrita por Maupassant seguindo a sugestão de Flaubert; tanto a empregada doméstica Félicité de *Um coração simples* quanto o pescador de Hemingway ou a prima Biela de Autran Dourado são personagens que não são superiores ao meio em que vivem. Misturam-se a cada um de nós no cotidiano e, dessa forma, são apenas um de nós a sobreviver pela estilização romanesca.

Os romancistas ingleses do século XVIII são os responsáveis por abrir uma ferida narcísica na conturbada evolução social do protagonista na literatura universal. Quase um século mais tarde, Freud escavará mais a ferida ao levantar a própria descoberta do inconsciente, precedendo-a do heliocentrismo revelado por Copérnico e da seleção natural proposta por Darwin. Questionada a arrogância desmedida (húbris) do homem, ferido na sua vaidade e no seu amor-próprio, desfazem-se para sempre os laços profundos que a grafia de vida ficcional mantinha com o verbete enciclopédico clássico que representa — pelo destaque do nome e dos grandes feitos comprovados pelas circunstâncias —, o altíssimo valor de determinada pessoa pública, reconhecida pela comunidade e pela história nacional ou universal.

PARÊNTESE

Por outro lado, acentua Virginia, a imaginação do romancista "é uma faculdade que não custa a se cansar e precisa revigorar-se em repouso". A observação extraída do já citado ensaio sobre "A arte da biografia" nos remete à dupla pisada do artista, a que se refere Ezra Pound em sua anedota sobre Flaubert, e serve para alertar sobre a apatia e o silêncio que intranquilizam o romancista no momento em que a imaginação criadora entra em ritmo de desânimo. Para retirá-la da letargia, de que se alimentaria a imaginação combalida do artista? Virginia sabe que não será da poesia nem da ficção sem qualidades, que só entorpecem e corrompem a invenção que se quer destemida e forte. Por essa razão é que a notável romancista se arrisca a tirar da cartola o coelhinho que traz a resposta justa: a boia de salvação do romancista em repouso virá das informações autênticas[13] a partir das quais é feita a boa biografia. Explica-se:

> Contando-nos os fatos verídicos, peneirando na grande massa os pormenores e modelando o todo para que percebamos seu contorno, o biógrafo faz mais para estimular a imaginação [do romancista] do que qualquer poeta ou romancista, exceto os maiores de todos. Pois poucos poetas e romancistas são capazes desse alto grau de tensão que a própria realidade nos dá. Mas qualquer biógrafo, desde que respeite os fatos, pode nos dar muito mais do que apenas outro fato para acrescentar à nossa coleção.

FERIDA NARCÍSICA

Northrop Frye, moderno historiador da literatura ocidental, é quem primeiro põe o dedo embaraçoso da teoria dos gêneros na ferida narcísica de que o protagonista do romance vem sofrendo no decorrer dos séculos. A instituição tardia do gênero romance (chamado não por casualidade de *novel* em inglês) reafirma, antes de mais nada, o descrédito por que passa o *mito* como moldura da história narrada. Põe-se no seu lugar a biografia como trabalhada pela enciclopédia. Como consequência direta, o novo gênero literário contesta o protagonista/herói como ser divino ou semideus, tal como vinha sendo propagado pela literatura antiga até a épica renascentista.

O protagonista/herói do poema épico é substituído pelo marinheiro desconhecido, Robinson, cujo navio naufraga nas costas do Novo Mundo. Sobrevivente solitário, o personagem do romance *Robinson Crusoé* encontra abrigo numa ilha deserta, onde tem de reconstruir, com a precariedade das mãos demasiadamente humanas, toda a ambiência civilizatória que o desastre marítimo lhe rouba de um só golpe. Atentemos para o capítulo inicial de *A ascensão do romance*, de Ian Watt.[14] Observa Watt: "Ele [Robinson] era basicamente responsável pela determinação de seus papéis econômicos, políticos e religiosos". O planeta Terra desaparece por acidente marítimo e reaparece milagrosamente pelos olhos curiosos e pelas mãos trabalhadoras de Robinson. O mundo (nosso conhecido) é construção dele, exclusivamente dele.

Em *Anatomia da crítica*,[15] no capítulo "Teoria dos modos", Frye demonstra como na sucessão histórica das obras artísticas o protagonista principal da obra literária passa gradativa e substantivamente do "modo imitativo elevado" (*high mimetic*) para o "modo imitativo baixo" (*low mimetic*) —[16] e esclarece ainda: "Se não for superior aos outros homens, nem ao seu ambiente, o herói é um de nós: respondemos a uma percepção de sua humanidade comum e exigimos de nosso poeta os mesmos cânones de probabilidade que encontramos em nossa própria experiência".[17]

Nesse contexto, onde não reina mais a *fatalidade* como a mestra de epílogos mas a "probabilidade" como abertura para a experiência a ser vivida — alerta Frye —, há dificuldade em conservar a palavra "herói" no sentido de ser divino ou de semideus. É preciso emprestar-lhe um significado bem mais limitado, que será apreendido de maneira inteligente e hábil pelo leitor através do recurso à ironia. A trama do romance passa a se desenvolver em torno de uma pessoa mediana em particular, em situação que lhe é peculiar ou um tanto deplorável. A anteceder de quase um século "o herói sem nenhum caráter", que é o Macunaíma de Mário de Andrade,[18] Frye lembra o primeiro caso em que se desconstrói a noção clássica de herói: "Thackeray", ele escreve, "se sente obrigado a chamar *A feira das vaidades* de um romance sem herói".

Em *A ascensão do romance*, Ian Watt assinala que, e tomamos aqui as palavras dele como recapitulação do estágio moderno da teoria dos modos de Frye,

> Defoe e Richardson são os primeiros grandes escritores ingleses que não extraíram seus enredos da mitologia, da história, da lenda ou de outras fontes literárias do passado. Nisso diferem de Chaucer, Spenser, Shakespeare e Milton, por exemplo, que, como os escritores gregos e romanos, em geral utilizaram enredos tradicionais.[19]

Ian Watt ainda anota que, desde o Renascimento, se afirma uma tendência crescente a substituir a tradição *coletiva* pela experiência *individual*, sendo que esta passa a ser o árbitro final da realidade, transformando-se em importante parte do cenário cultural que dá origem ao aparecimento do romance.

Se Frye e Watt são os primeiros a pôr a mão na ferida narcísica que configura o poder da experiência individual na ficção moderna, será Karl Marx, nos manuscritos reunidos em *Grundrisse*, quem aborda de maneira definitiva a contradição que se alicerça e é mantida como fundamento da força individualista que se torna possessiva e se exercita como tal. Ou seja, ela se transforma no momento em que o "individualismo possessivo", para retomar a expressão cunhada pelo cientista político C. B. Macpherson ao analisar Hobbes e Locke, se torna parte constituinte do éthos do protagonista ficcional criado pelo romance inglês do século XVIII, cujo melhor exemplo nos é dado pelo personagem Robinson Crusoé. Sua desventura e suas aventuras utópicas foram avaliadas da perspectiva educacional por Jean-Jacques Rousseau e recomendadas a todos os estudantes, indiferentemente.

Ainda que descrente do papel do livro na "educação natural", Rousseau julga o romance de Defoe como a única leitura indispensável à criança. Isso porque

Robinson Crusoé na sua ilha, sozinho, desprovido da assistência de seus semelhantes e dos instrumentos de todas as artes, provendo contudo a sua subsistência, a sua conservação, e alcançando até uma espécie de bem-estar, eis um objeto interessante para qualquer idade e que temos mil meios de tornar interessante às crianças.[20]

Na sua análise econômica da sociedade capitalista, Marx trata o individualismo possessivo, tal como metaforizado pela solidão trabalhosa e inventiva de Robinson na sua ilha, como algo de "absurdo", ou como uma "robinsonada" (a razão para o segundo termo usado por Marx se torna evidente neste contexto). É tão evidente e clara a observação de *Grundrisse*, em particular para o pensador contemporâneo que nunca recusa a companhia fraterna da linguagem na argumentação e no raciocínio: a individualização do ser só pode existir apenas e exclusivamente em sociedade, assim como uma língua só existe se indivíduos a comungam e falam entre eles.

Cito Marx:

O ser humano é, no sentido mais literal, um *zoon politikón*, não apenas um animal social, mas também *um animal que somente pode isolar-se em sociedade* [grifo meu]. A produção do singular isolado fora da sociedade — um caso excepcional que decerto pode muito bem ocorrer a um civilizado, já potencialmente dotado das capacidades da sociedade, por acaso perdido na selva — é tão absurda quanto o desenvolvimento da linguagem sem indivíduos vivendo *juntos* e falando uns com os outros.[21]

LEITURA COMO LITERATURA

Não sei se já se disse que o interesse, no século XVIII europeu, pela enciclopédia e pelo romance coincide com o aparecimento de um público leitor, ávido por consumir as grafias de vida que lhe são vendidas como história, biografia ou como ficção. Essa coincidência nos permite retomar a pisada dupla do romancista para acrescentar ao corpo bípede dele uma terceira perna, aquela que costuma ser concedida à bailarina clássica — durante o exercício da coreografia no palco — pelo seu parceiro ágil e prestimoso. A terceira perna torna a bailarina um "tripé estável", para lembrar a expressão de Clarice Lispector.[22]

Na nossa argumentação, a terceira perna da bailarina revela a identidade do próprio romancista — corda estendida e tensa, chão acima do chão, solo mera ilusão de solo, por onde caminham em risco e ligeireza tanto o narrador quanto o protagonista que o artista inventa. Em seu benefício e em benefício da literatura, é sempre melhor que as duas figuras retóricas nunca percam o equilíbrio e se esborrachem no chão.

Antes de representar o narrador ou o protagonista do romance, o indivíduo isolado e fora da sociedade — senhor absoluto da situação "absurda", da "robinsonada", de que fala Marx — é o alter ego do romancista que, tomado pelo desejo da criação artística, reconstrói o mundo ditatorial e ilusoriamente na busca utópica de perenidade, na busca da imortalidade para ele e para a obra. O escritor passou a estar desvencilhado dos impedimentos e entraves impostos pelos fatos perecíveis que a todo instante cerceiam o texto curto e objetivo do enciclopedista ou o largo e cronológico do biógrafo.

Propomos, portanto, a substituição do protagonista burguês e de suas ações no romance pela pessoa do romancista e sua atividade de escrever, tendo sempre em mente que o individualismo possessivo se dá *menos* em função da aventura paradigmática vivida na ilha deserta pelo marinheiro náufrago. O individualismo possessivo se dá em virtude e em função da invenção de uma *ilha* — da grafia de vida numa ilha, metáfora para o próprio romance que se escreve —, na qual o indivíduo que se quer artista *naufraga* misteriosa e propositalmente a fim de acalentar a possibilidade de que venha a — tendo se desvencilhado de maneira insensata da condição de *zoon politikón* — desenvolver uma linguagem sua e autônoma, necessariamente artística e utópica, que descarta as propriedades linguísticas que se adensam e nos constrangem em situações cotidianas, quando a língua é meramente instrumental, já que tudo se passa entre "indivíduos vivendo *juntos* e falando uns com os outros".

Tendo se deixado levar pela *robinsonada*, o romancista/náufrago pode criar outras e diferentes grafias de vida, entre elas a dos circunvizinhos que saem da sua imaginação em polvorosa e passam a habitar o espaço *ilha* que é seu e unicamente seu, dito romance.

A linguagem de responsabilidade do romancista e que ele trabalha e desenvolve na sua obra — seu *estilo*, para usar uma única e definitiva palavra — é menos parasita, é menos derivada do que se crê da fala comunitária dos animais sociais. Ela é fundamentalmente produto da leitura que ele faz de obras literárias. A história de Robinson Crusoé torna-se modelo moderno para o apetite que todo artista tem pela ficção da ilha, pela sua própria ficção, e pelas ações do náufrago, pela sua própria ação de escrever descomprometido da atuação no plano real. A ferida narcísica de que padece o protagonista da ficção se torna a couraça para os olhos que tudo enxergam e as mãos que tudo constroem do romancista e nada temem.

Por que não reler o poema "Infância" (1930), de Carlos Drummond de Andrade?

Meu pai montava a cavalo, ia para o campo.
Minha mãe ficava sentada cosendo.
Meu irmão pequeno dormia.
Eu sozinho menino entre mangueiras
lia a história de Robinson Crusoé,
comprida história que não acaba mais.[23]

Quando saio de casa, piso o mundo (Sobre a *formação artística e crítica*)

Para Schneider Carpeggiani

> [*A tentação de santo Antão*, de Gustave Flaubert] *É uma obra que se constitui de início no espaço do saber: ela existe em uma certa relação fundamental com os livros. Porque ela talvez seja mais do que um episódio na história da imaginação ocidental; ela abre o espaço de uma literatura que só existe no e pelo entrecruzamento do já escrito: livro em que se realiza a ficção dos livros.* [...] *Flaubert é para a biblioteca o que Manet é para o museu. Eles escrevem, eles pintam, em uma relação fundamental com o que foi pintado, com o que foi escrito — ou melhor, com aquilo que da pintura e da escrita permanece perpetuamente aberto* [grifo meu].*
>
> Michel Foucault, "Posfácio a Flaubert
> (*A tentação de santo Antão*)", *Ditos e escritos*

* A epígrafe foi extraída de ensaio de Michel Foucault, a que tive acesso em 1970, quando ele foi professor-visitante na State University of New York at Buffalo. Não será difícil perceber que sua leitura de Flaubert está por detrás da noção de entrelugar, que desenvolvo em ensaio que escrevo, a pedido de Eugenio Donato, em 1971, "O entrelugar do discurso latino-americano", hoje em *35 ensaios*, publicado por esta editora.

Acredito já ter demonstrado com suficiente evidência textual que tanto *Pauliceia desvairada*, coleção de poemas de Mário de Andrade, como *Esaú e Jacó*, romance de Machado de Assis, são modelos na forma como dramatizam — em obra literária escrita em nação pós-colonial — o peso real e o valor simbólico do fato socioeconômico e político dado pela história nacional como progressista. Não há motivo palpável para excluir os dois livros e semelhantes do privilégio concedido aos poemas e narrativas escritos em estilo realista-naturalista, que presentificam (no sentido filosófico do verbo) o evento progressista neles dramatizado. *Pauliceia desvairada*, *Esaú e Jacó* e obras de fatura semelhante não deveriam ser menosprezadas pelo gosto dominante — o naturalista — entre os politizados leitores de literatura brasileira.

Ao perder parte das interpretações dadas por disciplinas das ciências sociais, eventos históricos dramatizados por Mário e por Machado ganham, por *suplementariedade* artística, uma dimensão transdisciplinar e cultural. Graças a deslocamentos espaciais surpreendentes e a inesperadas dessincronizações temporais, essas obras salientam, retrospectiva e prospectivamente, o potencial semântico progressista que segregam. Para bom entendedor, a localização espacial, geográfica, é tão importante quanto a dimensão temporal, histórica. Por isso, *Pauliceia desvairada* e *Esaú e Jacó* ostentam a abrangência de resumo (de arquivo) e as exigências de esperança humana (de uma condição melhor).

Em literatura brasileira, por exemplo, elas se tornam ferramentas críticas na *desconstrução* do etnocentrismo dito universal. Nas duas obras, os estudos sobre a história do Brasil escravocrata, monárquico e agrário, aliados à inevitável modernização da sociedade pelo urbanismo e pela indústria, recebem — na compreensão *artística* dos grandes eventos transcorridos em 1888-9 e em 1922, respectivamente — camadas de saber sociopolítico e econômico sobrepostas às camadas antigas desse saber e, ainda, prenunciadoras de futuras camadas.

A apreciação crítica dessas obras, ao sobrepor em 2022 camadas de significado retrospectivas e prospectivas, terá de liberar ao bom conhecimento da literatura brasileira uma metodologia de leitura apropriadamente comparatista e cultural. Abandona-se (não se trata de rejeitar) o eficiente, didático e tradicional instrumento de leitura, a *explication de texte*. Exemplifico-me pelo recurso pedagógico que nos chegou dos mestres franceses, hoje aperfeiçoados por linguistas do porte de A. J. Greimas (v. *Sémantique structurale: Recherche de méthode*). Abandona-se ainda a compreensão de nossa literatura por períodos definidos por estilo de época (a coleção de poemas seria compreendida no interior do cânone modernista? E o romance, no interior de que cânone? Do realista, se acoplado ao do romance histórico romântico?).

Se ativadas por metodologia adequada, a escrita pós-colonial de Mário de Andrade e a de Machado de Assis expressam uma postura artística de *resistência* política que é definida menos pela *culminância* descritiva ou dramática de grandes fatos progressistas, como a Proclamação da República, a Guerra de Canudos ou a industrialização tardia do Brasil. A resistência política será mais bem definida pelas *ressonâncias* retrospectivas e prospectivas do evento histórico em si, que visam a municiar a análise *estética* — entre os contemporâneos das respectivas obras e em seus leitores futuros — com o julgamento *ético*, ambos os valores solicitados pela grande arte. Ao sair em busca do peso real e do valor simbólico do acontecimento histórico em pauta em obra literária, Mário e Machado "hospedam" o próprio texto em texto(s) alheio(s), nacional(is) e estrangeiro(s), julgado(s) afim(ns) e esclarecedor(es) de facetas pouco exploradas.

Eleita(s) por um e pelo outro para hospedar o poema ou a narrativa, a(s) "estalagem(ns)" literária(s) propicia(m) ao texto vernacular singular e autoral uma ampla e imprevista abertura semântica (programada no original, saliente-se) que pode ser figurada criticamente pelo *leitor* no processo de *imersão* da trama nacional em obras clássicas da literatura ou da cultura nacional e/ou universal. A leitura do livro perde certa continuidade linear, a do passar sucessivo das páginas, e sofre, de tempos em tempos, sacudidelas que levam a enriquecedores momentos de *interrupção*. Esta é motivo para solilóquios de leitor comprometido com as ressonâncias despertadas pelo livro sob seus olhos. O leitor passa a ser o coautor que a própria trama, ao se interromper, exige.

Quando saem de casa, o poeta paulista e o romancista carioca — bem como seus leitores — pisam o mundo.

A quebra da narrativa literária brasileira e sua consequente fragmentação em várias narrativas paralelas e semelhantes se estendem semanticamente pela poesia de Émile Verhaeren, no caso da alucinada Pauliceia, ou pelos contos filosóficos de Voltaire, no caso da narrativa "iluminista" sobre os gêmeos cariocas, já hospedados na Bíblia. O resultado da leitura crítica continua a ser uma análise da escrita autoral e vernacular, porém mais minuciosa e mais larga, já que incorpora linhas paralelas certas e tortas. O estilo inventivo dos dois escritores brasileiros é exemplo de composição indisciplinada de obra artística que, sem dúvida, enriquece a literatura e, obviamente, seu leitor.

A hospedagem em obra literária alheia visa a aguçar — tanto no leitor comum curioso quanto no analista — a distância espacial e a diferença temporal entre duas ou mais sociedades que, em determinada região do planeta, o Ocidente, por exemplo, se atualizam e se reorganizam simultaneamente, embora todas estejam sendo ordenadas por forças socioeconômicas injustas. Dar uma no cravo e outra na ferradura. A nação — ou o capital tout court, para ser óbvio — que alicerça e reforça a injustiça é investida no mundo ocidental de superioridade espacial e cronológica nas análises, e na verdade o deve ser. Superioridade esta que, se desconstruída pelo poema ou pela narrativa literária, passará a se afirmar por efeitos socioeconômicos e políticos contrários — de resistência pós-colonial.

De natureza quantitativa, a superioridade etnocêntrica (do capital, prolongue-se o óbvio) está sempre a *minimizar* o potencial de superioridade *qualitativa* que pipoca — sob a forma de resistência política e artística — em sociedades inferiorizadas pelo longo e definitivo processo de colonização. Se bem governadas, cidadãs e cidadãos inferiorizados serão reconhecidos por se representar pela produção e difusão do saber artesanal e/ou artístico, instruindo-se e continuando a instruir-se pela educação formal das gerações futuras. Ainda que não consiga reduzir a zero o potencial qualitativo pós-colonial, a superioridade quantitativa está e estará sempre a inibi-lo através de retórica da dependência ou de referência exclusiva à fonte metropolitana. A atribuição de valor à não nomeada e provável fonte originária e original — e não à autonomia legitimamente reivindicada pelo próprio objeto artístico pós-colonial — trabalha em favor da apreciação crítica *negativa* da obra segunda. Ela é mera cópia de objeto artístico de melhor qualidade.

Ao dramatizar o acontecimento julgado progressista em sociedade injustiçada pela permanência da colonização sob a forma pós-colonial, escritores como Machado de Assis evidenciam para o leitor (em especial o brasileiro) os valores nacionais que estariam alicerçando uma leitura ético-política da memória universal, de caráter contingencial. Na sociedade inferiorizada, o *anacronismo geográfico e histórico*,[1] que na verdade impulsiona o progresso pós-colonial, é alavanca que perpetua o domínio colonial. A obra literária nacional enfatiza o *anacronismo crítico*, que desconstrói o uso, ou subterfúgio traiçoeiro do papel-carbono. Da cópia conforme.

O anacronismo geográfico e histórico é sempre razão para o preconceito.

Pensadores como Mário e Machado sugerem, em escrita literária, que o evento progressista em pauta na obra artística talvez tenha tido sua visibilidade simplificada pela formação ideológica de seus observadores *presenciais* ou pela formação *disciplinar* dos especialistas na matéria. Do ponto de vista historiográfico e didático, os explicadores presenciais — sejam os observadores, sejam os cientistas sociais — sempre contribuem, não há dúvida. Mas seria bom e justo que o evento progressista, tal como observado subjetiva ou disciplinarmente, se deixe suplementar por uma revisão e reavaliação das perspectivas do anacronismo crítico. O dito e proclamado progresso nacional será compreendido por princípios éticos que a memória universal — dramatizada concretamente em algumas obras literárias — incentiva, mesmo se devastadores. Cada caso é um caso, evidentemente. Não há fórmula mágica de leitura, até porque todo leitor deveria ser também coautor do texto que lê.

De fatura do próprio artista, a *hospedagem* de texto original em livro alheio (não importa se texto nacional, ou estrangeiro em tradução ou em paráfrase) gera, a seu turno, um *deslocamento espacial e temporal* no desenrolar da trama linear da narrativa que tem como pano de fundo a sociedade brasileira. O leitor é posto pelo próprio autor frente a frente com um sinal de *parêntese*. Entra ou não entra no parêntese? Passa por cima do parêntese ou o assume? Seria bom que o conteúdo do parêntese — apenas sugerido pelo livro que está sendo lido — fosse assumido pelo leitor (então, coautor) a fim de que a leitura, tendo se interrompido por ligeiro desvio, passe de linear a fragmentada. Devidamente enriquecida pelo parêntese, ela está de novo pronta para prosseguir caminho, mais carregada semanticamente.

A *leitura por interrupção* no desenvolvimento e avanço linear da trama, ao tocar, instruir e emocionar o leitor, assegura à obra literária sua saliência, ou sua proeminência reflexiva, no contexto oferecido por nação autônoma e pela história circunscrita ao país ou ao continente. Em obediência à interrupção exigida pelo *parêntese*, no fundo de autoria singular de um terceiro, o leitor para e ganha acesso a novo patamar de compreensão. De lá, ele vislumbra um panorama que se abre para contextos circunstanciados, multidisciplinares e certamente desconstrutores dos vários conceitos absolutos de centramento oferecidos pela colonização etnocêntrica. Tem acesso à qualidade subversiva e pós-colonial de obra literária (no caso, brasileira) e pode refletir adequada e corajosamente sobre ela.

Não é por casualidade erudita que, desde o título do romance *Esaú e Jacó*, Machado hospeda os gêmeos cariocas Pedro e Paulo em episódio do Pentateuco. Desde aquele momento inaugural do romance, eles já são personagens coletivos e não singulares, ou só brasileiros. Simplificadamente, pertencem a uma família universal, ou, para usar expressão crítica, pertencem a uma "sagrada família". Incorporam-se a uma tradição ocidental que rompe retrospectiva e prospectivamente os diques da descoberta do Novo Mundo por Cristóvão Colombo. Não são indígenas nem africanos escravizados. Na sociedade patriarcal brasileira, pertencem a uma família patriarcal bíblica.

Não é pela abertura de parêntese que se começa a leitura do romance *Esaú e Jacó*? Fechado o parêntese, prossegue a leitura. Surgirão naturalmente outros parênteses, dada a singularidade da prosa machadiana. Quem sabe se os britânicos Lennon e McCartney não saibam mais "sobre o lixo ocidental" pela voz de um antenado e preto caubói mineiro?[2]

Tampouco é por *divertissement* com o leitor, ou por casualidade erudita, que o narrador de Machado de Assis, no meio do romance, "hospedará" o capitalista Nóbrega (aparecido nos capítulos iniciais como um miserável irmão das almas, a colher esmola em frente da igreja) no conto *Cândido, ou O otimismo* (1758), do filósofo iluminista Voltaire.[3] O resultado da leitura por aparte de Voltaire corrói de forma radical — sem tratá-las diretamente — as negociatas financeiras vergonhosas que sedimentam o enriquecimento súbito do irmão das almas. Coautor do romance, o leitor será o principal responsável por uma leitura avassalante (1) do patriarcalismo bíblico na constituição da sociedade brasileira e (2) da derrocada financeira, o Encilhamento, na abertura do regime republicano. Aquela leitura aponta, primeiro, para uma futura crítica da trilogia de Gilberto Freyre, iniciada com *Casa-grande & senzala*, e, em seguida, acentua a bagunça financeira que demarca os anos de transição entre monarquia e República. Há que se atentar, parenteticamente, para a hospedagem dos protagonistas gêmeos no Pentateuco e a do personagem irmão das almas no conto *Cândido, ou O otimismo*.

(O sistema de caracterização dos gêmeos não é tão simples assim. Entrego a compreensão ao leitor. Eles serão ainda, no romance, os diferentes protagonistas dos dois poemas épicos de Homero, Ulisses e Aquiles, e outros gêmeos da mitologia clássica, Castor e Pólux.)

Ao *interromper* o desenvolvimento da trama que narra a vida dos gêmeos bíblicos e cariocas e se interessar pelo conto do filósofo iluminista francês, o leitor de *Esaú e Jacó* nada perde. Só se enriquece honestamente. Acrescenta à dramatização machadiana a perspectiva exemplar do Pentateuco e do ficcionista Voltaire. Passa a conhecer noutro diapasão — legitimamente ocidental — o absurdo lucro financeiro que é moeda corrente no regime republicano. Com o correr dos anos e às escondidas, o ladrãozinho de uma nota de dois mil-réis vira o capitalista Nóbrega, com direito a cortejar a musa dos gêmeos, Flora.

O *silêncio* do narrador sobre o *progresso financeiro* do capitalista (e da nação republicana) deve ser lido e interpretado com o respaldo do *parêntese* narrativo, ou seja, em leitura paralela e substantiva do conto *Cândido, ou O otimismo*, de Voltaire. A fortuna pessoal do Nóbrega é gerada durante o Encilhamento, a primeira grande trapalhada financeira nacional com fundos internacionais — e por quantas passamos e ainda passaremos — no regime republicano, hoje em mãos de Jair Bolsonaro.

Em *Esaú e Jacó*, Machado de Assis não *presentifica* e explica o Encilhamento como acontecimento singular e único na história do Brasil. Alegoriza o evento pelo recurso à hospedagem no capítulo XVII do conto de Voltaire, "Da chegada de Cândido e Cacambo à terra do Eldorado, e do que ali presenciaram". No Eldorado — de Voltaire/Machado, se se obedece à cronologia, ou no de Machado/Voltaire, se se leva em conta o anacronismo crítico —, negócios são feitos, desfeitos e refeitos pelo irmão das almas na... bacia das almas. Os jogos semânticos pululam numa leitura não preconceituosa do romance e são infindáveis, e cada vez mais terríveis. Uma nota de dois mil-réis, surrupiada da bacia das almas, a de metal barato, constrói e destrói, na bacia das almas, a financeira e a alegórica, as fortunas e as lideranças políticas brasileiras, todas espertalhonas e fraudulentas. Ao contrário do que afirmam os notáveis especialistas em século XVIII francês, o Eldorado existe. Existe, sim, mas em capítulo de *Esaú e Jacó*. Basta ler o de número 78 do romance brasileiro.

O Eldorado é aqui, como, aliás, cantam outros, o Haiti.

Não tem fronteiras geográficas estreitas o sorriso sedutor da prosa cética do escritor brasileiro descendente de povo escravizado. Não é por acaso que a arrogância iluminista de Pangloss ganha lugar e sentido — anacrônicos e críticos — no fim do século XIX brasileiro e republicano. A arrogância panglossiana, transformada em falsa demanda nacionalista, está comprometida com a crescente *especulação financeira* pelo capital (ainda) colonizador e/ou colonizado. Notável é que o irmão das almas, ao retornar tardiamente à trama do romance na pele do capitalista Nóbrega, seja flagrado ao exibir a luxuosa carruagem no cais Pharoux. O romancista não disfarça o sorriso crítico e sedutor. Cito-o: "Casos há [...] em que a impassibilidade do cocheiro na boleia contrasta com a agitação do dono no interior da carruagem, fazendo crer que é o patrão que, por desfastio, trepou à boleia e leva o cocheiro a passear".

O capitalista Nóbrega, na boleia, leva o irmão das almas a passear.

Os gregos tinham uma noção de tempo, *aion*, que demonstrava como o passado e o futuro insistem ou subsistem no tempo presente. Em lugar de acreditar num presente que reabsorve o passado e alimenta o futuro para significar como dimensão totalitária, solitariamente, os gregos instituíram uma reflexão sobre o tempo em que o futuro e o passado, a cada instante do presente, o dividem e o atomizam. Atomizam-no a fim de que o eterno presente do acontecimento passe por processo infinito de subdivisões em direções opostas, ao passado e ao futuro. Essa noção acronológica e simultânea das três dimensões do tempo é que alicerça a *lógica do sentido*, segundo Gilles Deleuze. Ela, por sua vez, nos ajuda a *desconstruir* o modo soberano como o presente, em literaturas nacionais, tem sido o momento solitário, único e *privilegiado* para a observação e para a análise do fato socioeconômico e político.

Aion deixa sobressair uma perspectiva de resistência sociopolítica e econômica que é artística e ética e tem a ver com a formação da *memória* verdadeiramente universal da cultura. Por inibir a expansão da continuidade, proposta pelo tempo linear e pelo espaço ininterrupto, a qualidade desconstrutora da obra de arte (no caso) machadiana é, ao mesmo tempo, cronológica e acronológica, espacial e não espacial. Já que o ato de resistência se encena e se dá a ler no palco da dramaturgia e da reflexão ética, ela não é só política, é também desconstrutora das narrativas escritas em estilo realista-naturalista, que presentificam o presente.

As obras literárias que privilegiamos — em *suplemento*, deixemos em itálico — se reforçam na intimidade de uma escrita artística *comum* e *coletiva*, que é ao mesmo tempo "de" fulano *e* "de" sicrano, e daí a razão que a leva a ganhar o alto som de megafone ético-político. Tomado à história sociopolítica e econômica, o instrumental objetivo e científico da leitura realista-naturalista não dá conta das implicações e ressonâncias simbólicas e alegóricas de sentido que alicerçam os valores oferecidos pela dimensão atomizada em milímetros do tempo, anunciada desde os gregos por *aion*, e pelo espaço dividido em hemisférios da colonização/autonomia, instaurada pelas grandes "descobertas" marítimas no Renascimento.

Transformemos em trio a dupla de artistas — o paulista e o carioca — até agora em foco. Entra um pernambucano.

A tomada de posição político-literária do jovem poeta Mário de Andrade e do velho escritor Machado de Assis não é tão diferente da assumida em *Minha formação* pelo advogado e ativista político Joaquim Nabuco. Por ter tido desde cedo acesso à vida cosmopolita, o provinciano Nabuco deprecia o fato socioeconômico e político pós-colonial por uma *formação* cultural singular. Inicialmente, o conhecimento adquirido em terras europeias se afiança como superior e vale tanto ou mais que a atuação de seu próprio corpo físico nos muitos e diferentes embates que ele enfrenta no Brasil escravocrata.

Nabuco, o advogado e ativista político, quando sai de casa, pisa a biblioteca do Museu Britânico. Pesquisa e escreve *O abolicionismo*, publicado em 1883.

Nabuco não faz arte. *Minha formação*, suas memórias, põe em circulação, entre os contemporâneos e os pósteros, o próprio corpo politizado do cidadão brasileiro comprometido com o fim da escravidão. O corpo de Nabuco está dividido em hemisférios como o mapa-múndi que lhe serve de contexto. Ele é "coração" e é "inteligência". Estão em cena sua atuação pública no Brasil e sua formação intelectual cosmopolita. Assemelha-se ele, se me permitem nova e ousada comparação, a cantores contemporâneos nossos, como Caetano Veloso ou Milton Nascimento, de pé no palco da ditadura militar de 1964. A música e a fala desses dois artistas brasileiros politizados são relativamente menos alarmantes que o perigo que os respectivos corpos físicos correm quando se expõem ao público em palco ou palanque.

Ao associar coração e inteligência, o corpo politizado torna-se também o reservatório cultural onde se elabora a fala de advogado em país escravocrata e a atuação de artista na cena ditatorial. No quarto capítulo de *Minha formação*, intitulado "Atração do mundo", o cidadão politizado é inicialmente obediente à clave cosmopolita de análise da cena brasileira; muda de opinião páginas adiante. Primeiro, afirma que a pátria que fascina o coração não ilude a cabeça, visto que é o "grande espetáculo" do mundo, que "prende e domina a inteligência".

A mudança de *hemisfério* não demora. Se há uma lei da inteligência cosmopolita superior à lei do coração, há também uma lei do coração superior à lei da inteligência. A quebra de expectativa do corpo politizado de Nabuco depende menos da situação do mundo e mais da governança que se responsabiliza pelo destino da pátria. Eis o nó diabólico. Nabuco o desata a favor da nação brasileira. Em política — escreve ele em postura semelhante à que muitos de nós tomamos em nossos dias —, a "lei do coração" só é forte e dominadora no momento em que a inteligência é desclassificada (1) pela idade avançada do cidadão ou (2) pela infelicidade da pátria.

Em meados da década de 1930, o escritor e político Graciliano Ramos nos oferece também um exemplo notável da superioridade da lei do coração sobre a lei da inteligência. A pátria estava infeliz. Relembre-se Camões: "O favor com que mais se acende o engenho/ Não no dá a pátria, não, que está metida/ No gosto da cubiça e na rudeza/ D'ua austera, apagada e vil tristeza" (*Os lusíadas*, x, 145).

No cárcere da capital federal, Graciliano não é capaz de escrever o diário aguardado por todos à sua saída. A prática da escrita literária exige excitantes prazerosos que são confiscados pelos carcereiros da inteligência, já torturada pelo confinamento em cárcere de criminosos.

A profetizar o Estado Novo, sua experiência no cárcere só será escrita pelo exercício da memória no início da década de 1950. O tempo presente, em sua brutalidade, em sua culminância, só é bom conselheiro do coração. Na publicação póstuma das *Memórias do cárcere* é que se evidenciará o modo como a lei da inteligência foi anestesiada pela lei do coração no corpo do ativista. É por efeito desse paradoxo que se lê nas memórias o fracasso "literário" de 1936: "A minha decisão de traçar um diário [no cárcere] encolhia-se, bambeava, sem nenhum estímulo fora ou dentro. Os fatos, repisados, banalizavam-se. [...] saíam naturalmente apagados, chatos — e irremediáveis. Prosa de noticiarista vagabundo".

Retomo o fio da meada, reforçada agora pelos versos de Camões e por experiência narrada nas *Memórias do cárcere*. Eles se abriram parenteticamente em minha leitura do trio de artistas e intelectuais. Nabuco enuncia a lei singular do *coração* em momento tardio da vida do cidadão e trágico da história nacional. Em suas memórias se lê: "A verdade é que sinto cada dia mais forte o arrocho do berço: cada vez sou mais servo da gleba brasileira, por essa lei singular do coração que prende o homem à pátria com tanto mais força quanto mais infeliz ela é e quanto maiores são os riscos e incertezas que ele mesmo corre".

Nas crises nacionais, a razão cosmopolita se transforma numa ilusão e o corpo está a perder suas irrigações sanguíneas e vitais.

Diante de uma situação socioeconômica e política desordenada, aflitiva e à beira do absurdo, a lei singular do coração de cidadão politizado se faz ouvir mais forte. A sensibilidade, de natural doentia em corpo de artista ou de ativista, se torna hipersensível e explosiva frente ao achincalhe demagógico de suas ideias e ideais. Basta ler as cartas escritas por Mário de Andrade em fins de 1932, por ocasião da revolta paulista contra o governo provisório de Getúlio Vargas, e em 1938, quando é acusado injustamente de peculato. Decide deixar São Paulo e, com a ajuda de Rodrigo Melo Franco de Andrade, se autoexila na capital federal.

Já o romancista negro Machado de Assis se torna um adulto (será ele "cidadão"?) cético no Brasil monárquico e escravocrata. O ceticismo se evidencia a partir de 1881, quando publica *Memórias póstumas de Brás Cubas*, e se acentua publicamente nos anos de 1888 e de 1889, anos presentificados pela história nacional como legitimamente progressistas.

José do Patrocínio não consegue, ou não pode, compreender o cidadão negro politizado que esboça *em silêncio e artisticamente* a obra-prima *Esaú e Jacó*, que será afinal escrita no século seguinte e publicada em 1904. Seu coração ferve em 1888-9 e sua inteligência conspira. Patrocínio, sem dó nem piedade, condena Machado de Assis:

> O país inteiro estremece; um fluido novo e forte, capaz de arrebatar a alma nacional, atravessa os sertões, entra pelas cidades, abala as consciências... Só um homem, em todo o Brasil e fora dele, passa indiferente por todo esse clamor e essa tempestade. Esse ho-

mem é o sr. Machado de Assis. Odeiem-no porque é mau; odeiem-no porque odeia a sua raça, a sua pátria, o seu povo.

Machado de Assis, o escritor politizado. Esses silêncios passageiros, envolvidos em profundo ceticismo, sempre me intrigaram em sua personalidade, e mais me intrigavam por um detalhe em particular, demasiadamente humano e contraditório, de sua prosa artística. Até há pouco o detalhe a destacar permanecia misterioso até para mim. Intrigava-me a frase literária sorridente e sedutora que o escritor preto inventa para recobrir o ceticismo dramatizado na trama de suas melhores narrativas.

Quando o ceticismo do descendente de escravizados ganha capítulos inesquecíveis, ele vem escrito com entusiasmos e a robustez corajosa de alegria interior.

Ceticismo e frase literária sorridente, embora sejam ambos manifestação de um só corpo, são dois designs tão antípodas quanto, respectivamente, a inteligência e o coração de Joaquim Nabuco.

A *disparidade* entre o ceticismo tumular da intriga de Brás Cubas e o sorriso encantador (e até sedutor pelo quase cinismo que desperta) das frases que compõem o romance — para simplificar o raciocínio e a análise prosseguir — sempre me intrigou e eu nunca conseguia encontrar maneira de compreender a incógnita, a não ser que eu espichasse minha imaginação crítica, à semelhança de muitos críticos nacionais e estrangeiros, até a obra — e dou um exemplo possível — de grandes romancistas ingleses como Henry Fielding, célebre por seu *Tom Jones*.

Logo descartava a *ironia* dos ingleses e a dos franceses lidos pelo romancista brasileiro. Lembrava o corrosivo jogo de palavras de René Étiemble: "*Comparaison n'est pas raison*". No design da escrita literária dos britânicos e gauleses eu percebia o peso do romance picaresco espanhol, que falta à frase de Brás Cubas e à de

Quincas Borba. O bem-conceituado estilo ibérico nada tinha a ver com o tom sorridente, contrastante do ceticismo (embora comprometido pelo quase cinismo) que o romance machadiano entrega ao leitor. O ceticismo machadiano não deságua no deboche ou no escárnio, embora esse recurso se encontre num e noutro exemplo de sua obra. O estilo machadiano me parecia a expressão singular de uma ousada e estranha forma de espiritualidade, a pairar como nuvem benfazeja acima da miséria terrena que ele sentia na carne e, com notável sabedoria, apreendia literariamente.

A comparação com os ingleses e franceses tem suas razões que não quero desconhecer. Esclareço meu descaso relativo pelo estilo irônico europeu. Não achava justo compreender o sorriso lunático da composição de "O alienista" pela escrita em estilo de chalaça do conto "Teoria do medalhão". Leia-se este curto trecho da teoria do medalhão, revelador do que é a *exceção* picaresca na melhor prosa cética-e-sorridente de Machado: "a chalaça, a nossa boa chalaça amiga, gorducha, redonda, franca, sem biocos, nem véus, que se mete pela cara dos outros, estala como uma palmada, faz pular o sangue nas veias, e arrebentar de riso os suspensórios". Nada a ver com a graça espiritual da grande e sublime prosa machadiana, a pairar sobre o ceticismo do narrador e da trama.

A incógnita permanecia. A dúvida pairava sobre ela. O ceticismo é a razão de ser do artista, um homem adulto descendente da diáspora africana, praticamente autodidata (no sentido socrático: ensina-te a ti mesmo), encravado num país colonial e escravocrata. A diáspora, a catequese e a conversão, a escravidão e o preconceito pesam na história de família e na formação artística e cultural de Machado de Assis.

Se não for de natural inglês nem espanhol, o sorriso que Machado sobrepõe à prosa cética, seria ele *autenticamente* nacional? Continuo a ter minhas dúvidas. Há que se embrenhar em questão nova e delicada. Literariamente, Machado de Assis *des*coincide da originária e original ancestralidade europeia. *Des*coincide também da originária e original ancestralidade indígena. Sua ancestralidade está para ser construída a partir de uma *fratura* na constituição do ser "brasileiro". Nem europeu nem indígena.

Antes de ser motivação para a luta diária, o ceticismo machadiano é produto da sensibilidade humana do escritor e, como tal, é imobilizador da personalidade. Aparece pela primeira vez em 1875, como Manassés, pseudônimo (ou heterônimo) de que se vale para assinar o conto "A chinela turca" na revista dirigida por Joaquim Nabuco. (Manassés, lembre-se da passagem no Pentateuco, é o primogênito preterido pelo avô Jacó em favor do neto mais novo, Efraim.) O detalhe requer alguma reflexão. A paralisia cidadã vem arraigada à imagem de caminhante que acaba por sempre dar em beco sem saída. O pícaro se desenvolve bem na vida, é jovem e saudável e tem espírito de trambiqueiro. Sempre encontra uma saída satisfatória e favorável em beco aparentemente sem saída. Para se safar, o pícaro está sempre a exercitar a esperteza natural ou o jeitinho, como se diz no português do Brasil.[4] Para continuar a falar brasileiro, o pícaro faz das tripas coração e se vira como jacaré para não virar bolsa.

Ao caminhar pela capital federal em 1881, Brás Cubas sabe de antemão que a terrível experiência da doença crônica sempre o levará a esbarrar em beco sem saída, ou a se agarrar em poste para não ir ao chão. Em sociedade preconceituosa, o corpo do artista — semelhante ao do bêbado — guarda a possibilidade de se exibir em vexame na poltrona da Livraria Garnier. Há anotação do próprio punho de Machado.[5] Ou no banco público do cais Pharoux. Há foto de Augusto Malta. O esperma, que o fecunda, entra no labirinto do corpo e à saída, na maturidade, não fecunda novo corpo. A esterilidade humana. Seu saldo de vida é uma série de negativas. "Não tive filhos, não transmiti a nenhuma criatura o legado da nossa miséria" — assim terminam as *Memórias póstumas de Brás Cubas*.

Imobilizado em sociedade escravocrata, ele associa a escravidão à paralisação de sua personalidade africana e encontra refúgio na leitura constante de livros bíblicos, e só reganha a negatividade absoluta com a doença crônica que o singulariza entre os mortais — seu "pecado original", como dirá em carta tardia a Mário de Alencar. Refugia-se numa dimensão outra. O trabalho da imaginação artística se impõe ao adulto e ele produz os quatro primeiros romances que publica. Não são o suficiente e, principalmente, não chegam a impressionar a crítica literária de então. Há algo de falso na alta qualidade pós-colonial e romântica dos quatro primeiros romances. Hoje, a falsidade escancara o fato de que são bons, mas arremedos de narrativas da época romântica. O ceticismo machadiano não vem só da época em que vive e do clima sociopolítico dominante. Vem-lhe também da diáspora africana e do berço humilde dos pais.

Fecha-se o círculo da imobilidade social do descendente de escravizado e da mobilidade social dita progressista em momento em que o Estado brasileiro se torna soberano e a ser imaginado e formatado pelos cidadãos e artistas, embora ele ainda relegue grande parte de seus habitantes à escravidão. A inapetência de Machado de Assis para o tratamento literário da simbologia indígena — autenticamente nacional em tempos de José de Alencar e Gonçalves Dias — é salientada por ele próprio e por todos. Não há prosa mais desesperançada e brutal que a de Machado de Assis na época em que os vitoriosos se dão as mãos e brindam as novidades.

Gonçalves Dias é notável patriota, mas viaja à Europa graças ao favor financeiro do imperador. Corresponde-se com d. Pedro II. É genuíno ao escrever o poema "Canção do exílio", o elogio do lá, o Brasil, se comparado ao cá, Portugal, onde está. Ao sair de casa, Gonçalves Dias pensa na viagem de volta. A recente autonomia da nação colonial e o otimismo dominante nos meios políticos e intelectuais clamam pelo talentoso e múltiplo José de Alencar. Ele se volta para o presente e enxerga o futuro na divisão em regiões compatíveis com a diferença ambiental. Volta-se também para o passado da colônia e, no romance *Ubirajara*, se arrisca na dramatização da ancestralidade indígena da nação, embora seu modelo seja o antagonista Alexandre Herculano.

Cada obra de Alencar recobre uma região do jovem país ou uma dimensão do tempo histórico, valores que são comungados por todas e todos os colonizadores ou colonizados. Para Alencar não há beco sem saída na jovem nação. Ainda hoje, o brasileiro da gema não pode tomar caminho sem ver o pé de Alencar impresso na poeira que encarde a roupa ou no asfalto que pisa. Até nos cartórios sua presença se tornou obrigatória. Inventa prenomes para o povo soberano e só os presidentes norte-americanos e Hollywood lhe disputarão o trono junto aos tabeliães. Iracema e Peri versus Washington e Marlon.

José de Alencar é o nosso escritor que seria cem por cento endossado por Benedict Anderson, autor do livro *Comunidades imaginadas*.[6] Que belo o trabalho civilizatório de José de Alencar. Ele imaginou em aberto todas as possibilidades de organização comunitária no Brasil e as pôs em escrita literária para todo o sempre. Tem algo de profeta caboclo, sebastianista de boa cepa, como Ariano Suassuna. Machado de Assis é cético.

Mas sua prosa é sorridente e pede licença para não sair irônica ou picarescamente do beco sem saída em que caminha seu inventor.

Para retomar com licença poética a terminologia de Anderson, a "comunidade imaginada" pelo primeiro grande romance de Machado de Assis é a de um corpo doente e estéril, encerrado num túmulo do cemitério São João Batista. O corpo já é cadáver e está sendo roído pelos vermes, a quem as memórias são dedicadas.

Capistrano de Abreu é certeiro na resenha do romance de 1881: "O autor é o primeiro a reconhecê-lo [a filosofia triste], e por isso põe-na nas elucubrações de um defunto, que nada tendo a perder, nada tendo a ganhar, pode despejar até as fezes tudo quanto se contém nas suas recordações".

Lembro a definição de Renan para nação: "Ora, a essência de uma nação é que todos os indivíduos tenham muitas coisas em comum, e que todos também tenham esquecido muitas coisas". Embora nada esqueça, Machado *des*coincide do comum aos conterrâneos e contemporâneos. Nada tem a perder, nada tem a ganhar, despeja até as fezes tudo quanto se contém nas suas recordações.

Há um capítulo de *Memórias póstumas de Brás Cubas*, "Notas", que poderia ter sido escrito por Graciliano Ramos quando na prisão. A prisão política não inspira naturalmente a escrita literária, tampouco a sensação de beco sem saída no país em que se nasce, cresce e vive. O capítulo "Notas" é um mero inventário de situações diferentes que se sucedem e terminam por esta frase: "Isto que parece um simples inventário, eram notas que eu havia tomado para um capítulo triste e vulgar que não escrevo".

Escrevem-se notas para um capítulo que não existirá. Ele não existe nas *Memórias póstumas de Brás Cubas* como não existe "prosa de noticiarista vagabundo" nas *Memórias do cárcere*, do escritor alagoano.

Permanece a incógnita. O sorriso malicioso e sedutor da prosa cética machadiana.

Algo sobre ele me foi revelado há poucos anos. Assistia às apresentações do geógrafo Milton Santos na TVE (Rio de Janeiro). Na época, o canal contava com bons intelectuais. Artur da Távola e Cláudio Bojunga, por exemplo. Milton Santos não trazia no rosto a tristeza ou a seriedade do tópico desenvolvido em fala e imagem, e me lembrava a leitura da prosa machadiana informada pelo crítico José Veríssimo. Veríssimo cita o Eclesiastes para se compreender

Machado: "A vida é boa, mas com a condição de não a tomarmos muito a sério". Ao discorrer sobre o medo que toma a todos, Milton inchava as bochechas. Achinesava os olhos. Seus lábios se abriam em sorriso. E o que dizia o sorriso de Milton Santos? Cito um exemplo, ipsis litteris: "Jamais houve na história um período em que o medo fosse tão generalizado e alcançasse todas as áreas da nossa vida: medo do desemprego, medo da fome, medo da violência, medo do outro".[7]

O rosto negro na telinha é único e cativa. Em atitude de espera, guarda o sorriso que se expandirá em fala. A razão de ser da alegria, que derruba o medo sofrido nas entranhas do corpo e até na pele, seria a produção e difusão do saber? Admitamos que é mais fácil o matemático Poincaré sorrir ao falar da concisão e clareza de um teorema resolvido. Que também o diga a imagem de Einstein, apropriada pelos Rolling Stones. É muito mais difícil sorrir ao descrever as atrocidades cometidas em nome do que há de pior na raça e no mundo dito humanos.

O geógrafo está de bem com a vida? Ou estaria de bem com o saber que ministra?

"Qohélet", o homem que sabe. A incógnita que a prosa machadiana esconde escapa às minhas parcas noções de docência e reencontra os escritos do "homem que sabe" na cabeceira da cama de Machado de Assis. Quem sabe se são Julião, o Hospitaleiro, lembrado e dramatizado por Gustave Flaubert em conto, ao acolher o leproso em sua casa e cama não se distancia espiritualmente de tudo que lhe causa horror na miséria humana para dispensar maior eficiência à cura do medo e da vergonha que toma a todas e a todos mortais?[8]

Algo de mais fascinante e complementar me foi revelado no mês de maio de 2021. Assisti simultaneamente a dois documentários sobre rock and roll. O primeiro deles: *1971: The Year that Music Changed Everything*, produção da Apple. O segundo: *"What's*

Going On": *Marvin Gaye's Anthem for the Ages*, produção do canal CNN Internacional, dirigido pelo âncora Don Lemon.

O primeiro vídeo quer inserir o LP *What's Going On*, de Marvin Gaye, no contexto da época em que a nação está avivada pela questão racial, pela política de *gender*, pelo uso generalizado de drogas entre os jovens e pela guerra no Vietnã. O segundo documentário aprecia a gravação de 1971 em seu cinquentenário. O LP é pedra fundamental no alicerce de movimento político atual, de caráter doméstico mas que ganha o mundo, o Black Lives Matter. Em suas canções, Marvin Gaye dramatiza admiravelmente os graves problemas por que a sociedade norte-americana e o mundo ocidental passam na década de 1970 e nos dias de hoje.

Atenho-me à busca de sentido para a incógnita machadiana. Milton Santos e Marvin Gaye. O compositor e intérprete norte-americano senta-se ao piano. Está vestido impecavelmente e tranquilo. Mais a letra da canção caminha pelos ouvidos dos espectadores, mais ela ganha o movimento de corpos dançarinos e mais ela se despe do lamento solidário que a canção significa. O intérprete se veste impecavelmente e está nu diante do público. Seu sorriso cresce em ritmo dançante e jubilatório. O rosto se ilumina e encanta, e a boca se abre em saber e espiritualidade pura. "Qohélet".

Marvin Gaye é legítimo herdeiro da alegria esfuziante, contagiosa e inconveniente que os versículos sofridos do *negro spiritual* incorporam ao ganhar intérpretes múltiplos e espalhafatosos, em ambientação comunitária. Os temíveis ensinamentos bíblicos se espiritualizam em corpos inebriados e inebriantes e em corações dançarinos e fogosos. Na letra da canção "What's Going On", dolorida e tristíssima, Marvin lamenta a perda do irmão na Guerra do Vietnã. Eis a principal motivação para o LP. Lamenta também suas irmãs e seus irmãos em piquetes, a carregar cartazes que clamam por liberdade. Não punam a eles e a mim com brutalidade, diz a canção. Cito dois de seus versos:

Picket lines and picket signs
Don't punish me with brutality.

Arrisco a hipótese que muitos julgarão absurda. Não há por que trair minha memória crítica. Sinto necessidade de expô-la na medida em que traduz a solução (artificial, ou não) a que cheguei ao refletir sobre o mistério da prosa sorridente de um grande e sensível escritor negro brasileiro que nasce e vive em nação colonial, de regime escravocrata. O jovem Machado de Assis não cursou faculdade e não tem diploma de ensino superior. Somos todos autodidatas em matéria artística, mas muitos têm formação numa das faculdades tradicionais, direito, medicina e engenharia. Há no menino introspectivo, morador do morro do Livramento, uma vontade ingênua de saber, que os pequeno-burgueses desconhecemos. Sabemos que, na idade madura, ele tem como livro de cabeceira o Eclesiastes.

Sempre se corre um risco ao falar de e sobre o arisco Machado de Assis. Ao querer aproximar sua prosa cética e sorridente da *spiritual song*, produto dos escravizados negros norte-americanos convertidos ao protestantismo, de que o cantor Marvin Gaye é exemplo em 1971, tenho algumas salvaguardas. A principal delas diz que Machado não foi sensível à ancestralidade indígena que motiva Gonçalves Dias e José de Alencar e motivaria, depois de 1924, ao Mário de Andrade de *Macunaíma* e ao Oswald de Andrade do *Manifesto antropófago*. Insensível à ancestralidade indígena, como atesta o "Instinto de nacionalidade", Machado foi sempre sensível à ancestralidade judaico-cristã, e já lembramos o heterônimo Manassés, o romance *Esaú e Jacó* e seu livro de cabeceira. Outros exemplos não faltariam.

Numa primeira definição, ancestralidade seria um princípio identitário remoto no tempo. Coletivo e impessoal, se institucionalizado por sistema pedagógico-escolar. Pessoal, e até íntimo, se eleito exclusivamente por indivíduo. Na forma impessoal e pessoal, a ancestralidade é sempre passível de ser transferida a um grupo de indivíduos ou transplantada a qualquer comunidade que a eleja, desde que os tempos sejam democráticos. (A atual presidência da Fundação Palmares evidencia a necessidade de liberdade democrática para a discussão de ancestralidade no Brasil. O que fazer numa biblioteca que sofre o expurgo de livros essenciais, as ferramentas de trabalho e de reflexão?)

No início dos anos 1980 é que me ocorreu o princípio de ancestralidade, a ser aplicado no estudo da formação pedagógica-escolar de um bom número de comunidades brasileiras. O conceito aparecia em conversas com Lélia Gonzalez, nossa colega e amiga na PUC-Rio. Anos depois, pude citá-la textualmente em ensaio, "A democratização no Brasil (1979-1981)", publicado em 1998 e hoje no livro *O cosmopolitismo do pobre*.[9] Tinha à mão a entrevista que Lélia havia concedido a Heloísa Buarque de Hollanda e Carlos Alberto Messeder Pereira, incluída no livro *Patrulhas ideológicas*, de 1980.[10]

Permitam-me que busque a citação de Lélia naquele ensaio. De início, ela denuncia o processo de embranquecimento por que passa o negro quando submisso ao sistema pedagógico-escolar brasileiro, anunciando a futura batalha do multiculturalismo contra o cânone ocidental. Continuo a usar as palavras dela, agora reproduzindo-as ipsis litteris: "e passei por aquele processo que eu chamo de lavagem cerebral dado pelo discurso pedagógico brasileiro, porque, na medida em que eu aprofundava meus conhecimentos, eu rejeitava cada vez mais a minha condição de negra".

Em década de democratização no Brasil, Lélia continua com sorriso machadiano. Cito-a: "Veja, por exemplo, a noção de democracia. Se você chegar num candomblé, onde você, pra falar com a mãe de santo, tem de botar o joelho no chão e beijar a mão dela e pedir licença, você vai falar em democracia!? Dança tudo".

Seria exagerado dizer que Machado tivesse sido mais sensível à ancestralidade judaico-cristã que à tradição pedagógico-escolar que nos torna afins à identidade oferecida pelos princípios identitários greco-romanos? Talvez exagere na pergunta, mas ela não é de todo injustificada. Em matéria restrita à literatura, uma preferência é detalhe definitivo e Machado a compartilha com Voltaire. Os dois mais famosos poemas épicos da tradição ocidental, assinados por Homero, não são do agrado deles. Machado prefere os enredos domésticos e os grandes dramas comunitários que enriquecem as narrativas bíblicas. O ser humano conhece e reconhece sua dimensão culposa do mando e a escorregadia e faltosa da obediência, algo que Samuel Beckett dignificará na peça *Fim de jogo*. Nenhum dos dois artistas, nenhum dos três se enreda na arrogância (húbris).

A "vaidade", levantada pelo Eclesiastes, tem sido a boa vacina contra os poderosos.

Novo exemplo. *Esaú e Jacó* teria sido intitulado originalmente *Ab ovo*, em alusão à passagem da *Arte poética*, de Horácio, e à narrativa típica de poema homérico.[11] No prefácio do romance, é o próprio autor, Machado, que intervém e afirma ter mudado o título original para se referir aos gêmeos do Pentateuco. Voltaire não esconde seu enfado com Homero no capítulo xxv do conto *Cândido, ou O otimismo*. Cito Voltaire:

> Cândido, ao ver um Homero magnificamente encadernado, louvou o ilustríssimo por seu bom gosto. "Aí está um livro", disse ele, "que fazia as delícias do grande Pangloss, o melhor filósofo da Alemanha." [...] "fizeram-me acreditar outrora que eu teria prazer em lê-lo; mas essa repetição contínua de combates que são todos parecidos, esses deuses que agem sempre para nada fazer de decisivo, essa Helena que é um motivo de guerra e que é apenas uma atriz da peça; essa Troia que se assedia e que não se toma, tudo isso me causava o mais mortal dos tédios."

A discrepância entre o ceticismo machadiano e sua prosa sorridente e sedutora tem como par uma ancestralidade comum à da *spiritual song* — canção em tom melódico, com passagem bíblica como tema. Se cantada em ambiente coletivo, a *spiritual song* contamina o ouvinte e a plateia. Ganha um tom alegre, que anuncia a felicidade futura no presente. Em auditório e em templo, a expressão comunitária é a de júbilo que se entremeia com a temeridade proposta à meditação de todos sobre o viver na Terra. A canção de lamento pessoal ou coletivo, cuja ancestralidade passa por caracterização judaico-cristã, é motivo para a reflexão e a alegria espiritual.

Ou será que a discrepância singular, sob a forma de incógnita, teria sempre como par a "Canção de amor de J. Albert Prufrock", de T.S. Eliot?

Tempo haverá, tempo haverá
Para moldar um rosto com que enfrentar
Os rostos que encontrares;
Tempo para matar e criar,
E tempo para todos os trabalhos e os dias em que mãos
Sobre teu prato erguem, mas depois deixam cair uma questão;
Tempo para ti e tempo para mim,
E tempo ainda para uma centena de indecisões,
E uma centena de visões e revisões,
Antes do chá com torradas.[12]

Agosto, 2021

À mesa, o lugar está posto. A cadeira está vazia (Divagação sobre a gênese de *Menino sem passado*)

> [...] *A memória, que é apenas um dos modos do pensamento, embora dos mais importantes, é impotente [helpless] fora de um quadro de referência preestabelecido, e somente em raríssimas ocasiões a mente humana é capaz de reter algo inteiramente desconexo.* [...] *O [verso] "Nossa herança nos foi deixada sem testamento algum", de [René] Char, soa qual uma variante de "Desde que o passado deixou de lançar sua luz sobre o futuro, a mente do homem vagueia em trevas", de [Alexis de] Tocqueville.*
>
> Hannah Arendt, "Prefácio: A quebra [*gap*] entre o passado e o futuro", *Entre o passado e o futuro*

1.

Quando me aventuro por livro alheio, sempre tomo as devidas precauções bibliográficas. Hoje, opto por uma imprudente estratégia de leitura. Com finalidade a ser questionada por especialistas, dirijo os olhos para as poucas páginas de "O vão entre o passado e o futuro", prefácio escrito pela filósofa Hannah Arendt para os ensaios que ela reúne no livro *Entre o passado e o futuro*.[1] Sou incentivado por recente leitura do prefácio, leitura singular e precisa. Abriguei naquelas páginas meu corpo-vida e me entreguei ao trabalho insano de compor e redigir *Menino sem passado*,[2] uma prosa autobiográfica de intenção memorialista. Experiência até então inédita.

Durante uns três anos eu me apliquei a *interiorizar* a argumentação sucinta e explosiva, exposta pela filósofa num "vão" aberto entre o passado e o futuro na história da Segunda Guerra Mundial. A interiorização da análise tinha finalidade subjetiva e egoísta. Eu visava, então, a secundar e a favorecer minhas lembranças da infância em cidade provinciana de Minas Gerais. Meu desejo, pois é disso que se trata, era o de dignificar a *exteriorização* em escrita literária de argumentos alheios. O *vão* entre o passado e o futuro nos seria confluente.

As lembranças da infância brotavam e fluíam espontaneamente e se impunham à minha atenção. Queria proporcionar-lhes a autonomia de escrita literária. Faltava-lhes o "quadro de referência preestabelecido", que Hannah Arendt estaria a me oferecer. Ao se tornar cristalina a generosidade do empréstimo, o esforço de interiorização torna-se insondável. Disciplinadamente, movimenta a redação concomitante do manuscrito a ser composto por lembranças provincianas. Minha memória acoplava o acesso ao curto texto de Hannah Arendt à singularidade da imaginação literária. Desenvolviam ambos e expandiam a medíocre e complexa vida do menino provinciano, tão bem adjetivado pelo poeta Murilo Mendes como "sem passado". Cito os versos em epígrafe do livro:

Fiquei sem tradição sem costumes nem lendas
Estou diante do mundo

Deitado na rede mole
Que todos os países embalançam[3]

A memória de meu corpo ainda em vida — um dos modos de pensamento, como se sabe — estava sendo trabalhada por seu lado de fora pela filosofia e pela literatura. Se as lembranças da infância abdicassem do apoio argumentativo alheio, não estaria eu a me dedicar a trabalho em "modo de pensamento" fundamentalmente modesto e dispensável? Os dados da infância se me oferecem aos borbotões. São gratuitos e generosos. Numerosos e soltos. Desconexos e disparatados. Frágeis e descosidos. Não mereciam o direito à autonomia em escrita literária.

A interiorização da argumentação exposta por Hannah Arendt em prefácio e a exteriorização subjetiva em manuscrito das lembranças da infância, ou seja, a *extroversão* indireta da especulação filosófica alheia e a singular escrita memorialista começaram a fluir em harmonia num manuscrito que avançava aos trancos e barrancos. O manuscrito do menino sem passado se formatava literariamente num universo filosófico original.

Ao esmiuçar o experimento cristalino e insondável da redação e composição do *Menino sem passado*, falo de um manuscrito que se concretiza em movimento e ritmo de gangorra. O sujeito sentado no assento da gangorra depende de força imponderável — do galeio que impulsiona o balanço para a frente e para trás. Em linguajar apropriado ao movimento da porta de duas abas em saloon de filme faroeste, falo do movimento de vaivém de porta, ou, para ficar com a prata da casa, falo da ginga e do requebro do brasileiro que escreve.

Na compreensão anônima, oportuna e programática de suas lembranças da infância na velhice, as poucas páginas escritas por Hannah Arendt beneficiam, e muito, o autor de *Menino sem passado*. São mais determinantes ainda: beneficiam anonimamente (mais adiante veremos a razão para a insistência no anonimato) a composição e a redação das memórias. As poucas páginas de autoria de Hannah Arendt — lidas e relidas, imaginadas e reimaginadas pelo escritor mineiro — se metamorfoseiam adequadamente no "quadro de referência" que falta às lembranças da vida na província brasileira.

Os gratuitos e generosos componentes vitais, numerosos e soltos, desconexos e disparatados e frágeis e descosidos, todos eles arquivados em bricabraque na memória infantil, podem ser formatados em pensamento coeso e em escrita literária balanceada.

No dia de hoje, quando o livro já está nas mãos de interessados, a releitura[4] do prefácio escrito por Hannah ganhará uma dimensão artificiosa e concreta, passível de ser investigada e examinada pelo leitor de *Menino sem passado*. O prefácio se transformou em *substância* compatível e indispensável na representação dos argumentos narrativos que afligiam a mim, desejoso de abordar literariamente a *herança* patriarcal mineira, que me chega *sem testamento* na infância. Afligiam-me e, ao mesmo tempo, me entusiasmavam. Sim, meu lugar estava posto à mesa do patriarca mineiro, mas uma das cadeiras permanecia vazia.

Competia ao velho representado criança tomar assento e redigir o manuscrito de *Menino sem passado*.

O prefácio escrito por Hannah Arendt inspira, motiva e prescreve a composição e a redação de meu testamento. Deu contornos lógicos às lembranças vitais que não conseguiam reter, de maneira coesa, real, simbólica e significativa, algo e muito do vivido em devir na infância. Jorrados aos borbotões, eu tinha em mãos os dados atípicos do vivido. Tinha-os, mas desprovidos, insisto, de um quadro de referência preestabelecido. Já velho, o narrador percebe que chega a sobreviver na província mineira porque lutou no campo de batalha da Segunda Guerra Mundial.

Entre, *preposição*. Um pé pisa aqui e o outro lá. Em ângulo aberto, minhas pernas pisam em vão que se abre, por sua vez, entre o passado e o futuro.

Entre, *verbo*. Meu corpo está aberto pelo luto (luto, *substantivo*, luto, *verbo*), dilacerado, e transita pelo cotidiano sugado para o infinito da criação artística.

A memória de meu corpo ainda em vida se deixa preencher de inesperada experiência humana alheia e, ao mesmo tempo, auspiciosa e fatal.

A imaginação criadora do escritor tira partido do vão preenchido pela Resistência durante o colapso sofrido pela França na Segunda Guerra Mundial. O narrador provinciano é apoiado por apropriação inesperada, auspiciosa e fatal. Na escrita literária, somos todas e todos fatalmente *alegorizados* pelos valores históricos e sociais que significam a emergência do Novo Mundo colonial na civilização ocidental. Valores históricos e sociais percebidos com acuidade — anota a própria Hannah Arendt — pelo europeu Alexis de Tocqueville.

Ao visitar o Novo Mundo no século XIX e ao querer compreender a possível novidade de sua autonomia em nações jovens, Tocqueville se dá conta de que falta à América um quadro de referência preestabelecido. *Recebemos uma herança sem testamento*. No século XXI, minha memória de velho crescido na província mineira ainda vagueia nas trevas da colonização europeia dos trópicos.

Acresce um mistério maior. O nome da filósofa Hannah Arendt e o do poeta analisado por ela, o francês René Char (bom amigo de Albert Camus), passam batidos e anônimos nas muitas páginas do *Menino sem passado*, que, no entanto, são sensíveis ao estilo ensaístico em ficção. Arendt e Char, funcionais e indispensáveis na composição e redação do manuscrito, só são mencionados uma única vez em todo o livro. Discretamente mencionados.

Os dois assinam o ponto na *epígrafe* de *Menino sem passado* e desaparecem para sempre. (São precedidos por versos do poeta brasileiro Murilo Mendes, já citados, a que devem ser acoplados.) Transcrevo a epígrafe em que aparecem os dois nomes em pauta:

> *Nossa herança não é precedida de testamento algum.*
> René Char, *Feuilletts d'Hypnos*,
> aforismo citado por Hannah Arendt

A epígrafe reproduz o verso de René Char, que abre o prefácio escrito pela filósofa. Verso de um e sua leitura por outrem passam a alavancar os principais argumentos críticos interiorizados por mim. O aforismo de Char circunscreve a relevância solitária da disparatada, adequada e vitoriosa função exercida pelo resistente francês durante a Segunda Guerra. A epígrafe encoraja, pois, e direciona a imaginação criativa entregue a lembranças da infância. Pelo oco (ou pelas alucinações) de minha memória, o verso do poeta francês, tal como lido pela filósofa, parte em minha companhia. Nós três caminhamos e aceleramos o passo em obediência ao rigor de trilhos dispostos na planície para uma locomotiva que teria partido sem destino — e nunca chegará a ele.

A emancipação tardia que concedo aos dois autores europeus significa a vontade de o sujeito da escrita perder, no dia de hoje, sua autonomia e escancarar para todo e qualquer leitor a porta de entrada de *Menino sem passado*. Eu tomo assento numa cadeira vazia. A desconexa trinca de autores se propõe a algo mais. A transformar o leitor em *coparticipante* na aproximação e apreciação de detalhes da composição e da redação da prosa autobiográfica, de intenção memorialista.

No miolo de *Menino sem passado*, o verso de René Char e as palavras de Hannah Arendt não são citados nominalmente nem comentados. Se um quarto a ser invocado, leitor ou crítico literário, julgar impertinente a tardia emancipação dos dois nomes europeus, talvez já tenhamos todos, em mãos, a garantia de que a *evidência*, reclamada nesta digressão pelo autor, nunca será ajuizada verdadeira.

Uma pergunta se impõe. Toda essa lenga-lenga genética não passa de capricho vazio de escritor? Uma segunda pergunta também se impõe. Toda essa lenga-lenga serviria para dissecar a gênese dos argumentos formadores do pensamento crítico e criativo do autor formiguense? Nesta digressão, as duas perguntas se complementam sob a forma de resposta necessariamente ambígua. Faço parecer aos contemporâneos meus que a revelação tardia dos nomes de Arendt e de Char seja pertinente e imprescindível na leitura de *Menino sem passado*. Bidu ou não Bidu, eis a questão.

O revólver que me força à digressão confessional teria sido o que está na mão do crítico Harold Bloom, que trouxe à baila o prazer deplorável da "ansiedade da influência"? Sou egoisticamente explícito e tão centralizador dos olhares alheios como, no filme *Gilda*, o esperado e sensual striptease de Rita Hayworth, a explodir na tela dos cinemas? Teria ocultado os dois notáveis autores europeus para nalgum dia futuro realçá-los em nudez, ao desvestir a mim?

Até agora imprudente, me reassumo impertinente.

O prazer/desagradável, causado pela ansiedade da influência, reafirma o interesse e o valor de falar sobre o manuscrito literário, embora o autor saiba que não cabe a ele a palavra final sobre a *pertinência* ou a *impertinência* em nomear os alavancadores anônimos de texto artístico. A tradição erudita da crítica ocidental afirma que a palavra final sobre a pertinência de uma leitura de Hannah Arendt, paralela à do *Menino sem passado*, é da competência das guardiãs e dos guardiões da obra filosófica de Hannah e dos poemas de René Char.

O autor pode acertar no que vê e lê. E errar no que escreve. Acontece.

Em palavras simples, nunca coube ao autor julgar a pertinência — a legitimidade da pertinência — de obra alheia no ato de compor sua obra artística. O paratexto é da ordem do leitor e do crítico literário. São eles que se dedicam a nomear, em *close reading* do texto, as obras alheias que foram ocultadas intencionalmente, ou não, pelo escritor. De repente, pela análise intertextual, evidenciam-se na pena do crítico as obras que são imprescindíveis na compreensão da inspiração e da motivação da obra artística em estudo.

Esmiuçado o experimento, caminho para o relato da experiência.

2.

> [...] *se as coisas, que são por natureza, vierem a ser não apenas por natureza, mas também por técnica, é plausível que venham a ser do mesmo modo pelo qual surgem por natureza.*
> [...] *Em geral, a técnica perfaz certas coisas que a natureza é incapaz de elaborar e a imita* [grifos meus].
>
> Aristóteles, *Física*

Livro de memórias, *Menino sem passado* é prosa literária experimental, motivada por lembranças soltas e fragmentadas do autor que, por sua vez, saem em busca de forma que lhes dê a indispensável coerência e firmeza textual. De índole solitária e sonâmbula, a criança provinciana é *afinada* pelo aparelho laminador da família e pela *absorção* compensatória de gibis e de filmes hollywoodianos que dramatizam os eventos que se destacam no transcorrer da Segunda Guerra Mundial. A experiência lhe abre os olhos para a vida familiar e comunitária e, ao mesmo tempo, para a compreensão do acontecimento histórico mundial que, durante as décadas de 1930 e 1940, norteia o Ocidente.

Hannah Arendt torna os "vasos" provincianos, que contêm os materiais do *experimento*, em "comunicantes" e universais, para usar a expressão "vasos comunicantes" no sentido proposto e desenvolvido por André Breton na estética surrealista e em seu sentido propriamente hidráulico.[5]

Machucada pela perda prematura da mãe, a criança *mimetiza* os super-heróis aliados. Na verdade, o velho narrador leva a si, criança órfã de mãe, a *mimetizar* a experiência única do resistente francês, dramatizada por René Char em livro de poemas, *Les Feuillets d'Hypnos*,[6] desenredado com simpatia e perícia por Hannah Arendt em "O vão entre o passado e o futuro".

O *experimento mimético* é formal e exige dois vasos comunicantes e, pelo efeito de desterritorialização que une e separa, é singular e se pretende o tom a ser alcançado por escrita alegórica. A prosa experimental das memórias não se enquadra no gênero *autoficção*, já trabalhado pelo autor em livros anteriores. Apresenta-se como um constructo autobiográfico e ensaístico, *sucedâneo em literatura* de *experiência* que se realiza em laboratório científico — tópico que está sendo prefigurado agora e que continuará a ser desenvolvido no decorrer da digressão.

Em prosa autobiográfica e memorialista, o escritor leva o personagem infantil a mimetizar (1) o sujeito poético que se engaja na Resistência, depois do colapso da França durante a guerra, e escreve o verso "Nossa herança não é precedida de testamento algum", e (2) o sujeito filosófico que, ao revisitar a experiência humana desconexa do fluxo histórico do resistente francês, se entrega a minúcias analíticas e interpretativas reveladoras da "essência [*Gist*]" — e cito o prefácio de Arendt — "do que vieram a significar quatro anos na Résistance para toda uma geração de escritores e homens de letras europeus".

No constructo literário, a noção de *liberdade* de escrita é restrita e se apoia em definição dada por Graciliano Ramos nas *Memórias do cárcere*.[7] Tanto nos limites da experiência vital como nos limites da liberdade linguística, a escrita fonética pode "se mexer" e transubstanciar em escrita literária o corpo infantil ferido. No *devir* da criança, cuja sensibilidade está sendo machucada pelos fatos mórbidos que a violentam e a redimem, a *metamorfose* ganha páginas e mais páginas de reenergização vital e garante a constituição da *subjetividade de resistente* no ultramar. Dentro dos vasos comunicantes, põe-se em experiência o devir de menino enraizado em província mineira na América Latina, que, por sua vez, se funda realística e alegoricamente no "colapso" das tropas francesas e aliadas durante a Segunda Guerra.

Ao ter a experiência de infância esvaziada pela fatalidade, o menino é *pressionado* por uma herança europeia e universal pouco saliente, que ganha espaço e o significa provincianamente. Motivado pelo que o possui além-mar e o significa singularmente, a criança enfrenta — entra em guerra com — as pressões familiares, educacionais e comunitárias, fragmentadas e reais. Elas são automaticamente despossuídas da forma autoritária de "testamento", cujas "leis" deveriam ser cumpridas ao pé da letra pelo menino. Ao pressionar e tomar possessão do corpo-vida do menino machucado sentimentalmente, o dom inesperado de um passado artificial busca legitimar-se. Pouco a pouco sua voz ganha eco. Só se cala aqui e ali, sem interromper o trabalho que a alta densidade da pressão que se produz no interior do vaso comunicante. O tear da vida infantil continua a fiar aleatoriamente os encadeamentos que, no interior do vão provinciano, inspiram ou suscitam a indispensável reenergização vital.

A *herança* não se efetiva enquanto mandamentos (leis) a ser cumpridos pelo herdeiro. O *testamento* referente à herança patriarcal não se oferece, portanto, como *texto*. Requer novo texto.

Este visa a mimetizar os valores absolutos e universais expostos ao herdeiro pela Resistência durante a Segunda Guerra. O desejo de sobreviver em família e na província mineira readquire a real vitalidade do velho no trabalho de redação do manuscrito pelo exercício da memória. É facultado ao menino, enquanto sujeito da escrita, "um quadro de referência preestabelecido", legitimamente atestado e confirmado por herança sem testamento.

Essa herança, em si, é ativada na máquina da vida futura. Está sempre presente no passado e no futuro, mas sempre em recuo. Embora estável, existe em falta. É entregue como insuficiente ao leitor pela falta de palavras que instrumentalizem a criança para a compreensão do dom possessivo que a constrói. O dom não programado por testamento é absorvido pela sensibilidade infantil, é até assimilado por sua imaginação. Mas está lá — na infância — na condição de pneu sobressalente, guardado no porta-malas do carro. Sua presença futura — sua "utilidade" — se realiza em avanço espacial e recuo temporal. A herança é expulsa da realidade provinciana e sobrevive em mente sonâmbula que a divulgará ao outro pela dor da perda materna.

A herança sem testamento possui o menino provinciano a contragosto do ambiente provinciano que o molda. Por pressão, ela esvazia o conteúdo do cenário familiar mineiro para absorvê-lo. Não se lhe oferece o testamento em palavra, embora ele fortaleça a constituição física do corpo infantil. Não se lhe oferece como algo de palpável e prático que o direcione. Tampouco ela se lhe oferece como instrumento de ação. No cotidiano infantil, a essência (*Gist*) da ação participante não tem causa, já que é efeito de invenção subjetiva e diária. A experiência da criança se desenrola em tempo e espaço estabilizados pela inércia da vida cotidiana e, por isso mesmo, menores em sua representatividade pela imaginação artística.

Sem causa eficiente, a não ser a invenção, a ação participante do menino "é" *consentimento* ao dom possessivo da herança. É *assentimento* — um sim dado à morte (a dor da perda) e à vida (que nasce e renasce a cada manhã). A ação participante surge e cresce num tempo e espaço em "colapso" (das tropas francesas e aliadas). Ganha essência sob a forma de *adesão* a um duplo *sim*,[8] ou seja, à forma/conteúdo de *Resistência* que se figura ao herdeiro como o único recurso a ser assumido dentro do *vão* que se lhe abre *entre* o passado e o futuro e o suga para o tempo/espaço em que cresce a cada minuto.

O presente da criança se efetiva e toma assento no oco ocasionado pela morte prematura da mãe, preenchido pela resistência à província mineira.

Um exemplo. Menino órfão, invento minha resistência na experiência simultânea e/ou sucessiva de múltiplas *substituições* maternas (a cuidadora Sofia, a irmã mais velha, a madrasta). Reinvento-as simultânea e sucessivamente na ordem do "imaginário" (para retomar a categoria de Jacques Lacan). Numa das vezes, vou além do corpo humano materno. Em obediência ao pai, substituirei a falha do seio e a falta do leite humano por *sucedâneo* animal. Alimento-me com o leite de vaca e, depois, com o de cabra, intermediados pela cozinheira Etelvina. O corpo infantil fragilizado engendra, pela invenção, a força vital que resiste e se arquiteta por materiais *artificiais* que, no entanto, arredam concretamente do caminho a pulsão de morte, reimpulsionada pela entrada iminente do órfão na ordem do "simbólico".

No vazio inaugural das trevas coloniais, sou *possuído* na passagem da década de 1930 para a de 1940 pela herança europeia da Resistência. Pela força da *resistência*, reinvento a incorporação da "essência" da possessão europeia de meu corpo em vida numa então distante província ultramarina.

Há equivalência alegórica entre as duas situações históricas — o colapso e a emergência de afirmação subjetiva. Ao deixar de lançar sua luz sobre as várias colônias europeias em processo de autonomia nas Américas, o passado levou e ainda leva o corpo e a mente latino-americana a vaguear em trevas no (vão do) presente.

Não é por testamento patriarcal que recebo *orientação* — uma bússola — na batalha contra a pulsão de morte. A autodestruição. De maneira programática e excessiva, tenho de consentir e de assentir em ser herdeiro sem testamento patriarcal. O órfão não tem motivação para (re)inventar a herança patriarcal. A força de resistência (ao luto) que se lhe é inculcada de fora sob a forma de possessão do corpo e da mente infantil é um peso interposto entre a falta do afeto materno e o infinito pleno, aberto à experiência vital. Relato a metamorfose. O velho narrador redescobre a infância e, já assumido o quadro de referência preestabelecido pelos gibis e pelos filmes hollywoodianos, sobrevive na condição de menino *sonâmbulo*.

O tempo e espaço de vida do velho é a lembrança de ter sido criança sonâmbula. O tempo e o espaço do menino é o presente da memória, ou seja, é vida em sono (*hypnos*). O velho sobrevive na criança que *mimetiza* a si mesma nas sucessivas imagens que, a meia-luz da leitura de gibi e de filmes, lhe são franqueadas pelos olhos curiosos e investigativos. Outros materiais concretos entram em experiência nos vasos comunicantes. O navio de guerra, torpedeado e afundado no Atlântico Norte — evidente no miolo do livro —, não é truque narrativo. Naufraga o navio em direção a Stalingrado, perde-se em chamas o lar provinciano. Tampouco as páginas "falsas" de gibi — evidentes no miolo do livro — são truque narrativo. A simpatia pelo labor diário das formigas na horta da casa paterna e o desejo de salvá-las da máquina fumigadora de enxofre — evidentes no miolo do livro — não são truque narrativo. Tudo é expressão realista e material do experimento sonâmbulo.

Numa palavra, tudo é expressão do *formigamento* europeu na mente imaginosa do sonâmbulo. O luto pessoal é resistência coletiva. "Ele" — o protagonista da narrativa memorialista — traz no corpo em vida a marca das feridas reais e das feridas da sobrevivência, engendradas em silêncio e em indulto pelas leituras infantis. "Ele" exibe os machucados, como se os exibisse a médicos e enfermeiras no campo de batalha.

Na densa matéria histórica e ideológica da Segunda Guerra Mundial, o escritor *será* — e, na verdade, o *é* plenamente — na trama autobiográfica de *Menino sem passado*. Sou tão programático, oportuno e anônimo *na* escrita *resistente* provinciana quanto toda uma geração de escritores e homens de letras europeus o é *no* verso de René Char e na interpretação filosófica de Hannah Arendt.

Cito outros vasos comunicantes. Fora do miolo do livro, sua capa — um desenho de Jean Cocteau — se soma à epígrafe de René Char em lugar semelhante ao dela. Capa e epígrafe, por sua vez, orientam o leitor na leitura das páginas de gibi desenhadas em nanquim. Capa, epígrafe e quadrinhos garantem que não há solução de continuidade na composição do livro. Não há fraude na herança porque não há fraude na letra ausente do testamento que, no entanto, está sendo escrito. De concreto, resulta um constructo experimental, escrita de um testamento não enunciado por herança recebida. Ao ganhar redação literária, a invenção do testamento vira legado aos pósteros por prosa no gênero memorialista.

Todo o constructo artístico se passa num vão — o laboratório da literatura escrita em língua portuguesa no Brasil. Passa-se em vasos comunicantes. Passa-se entre o real e, como observa Aristóteles em epígrafe, sua reinvenção pela técnica (e não pela natureza).

Nos detalhes levantados, os sujeitos envolvidos no processo mimético — o órfão latino-americano e os *resistentes* europeus —

mantêm posições concorrentes e contrárias, e até mesmo contraditórias. Por isso, eles serão e são representados num mapa-múndi em que as respectivas localizações planetárias são intencional e inevitavelmente concorrentes, invertidas e contrárias à lógica milenar da representação do mundo pelos povos colonizadores. Impõe-se a imagem de mapa-múndi diferente, cartografado pelos povos originários do Novo Mundo e, na realidade do século XX, por Torres-García, artista plástico uruguaio (ver figura 1 do caderno de imagens).

Em *Menino sem passado*, a dupla fatalidade da vida numa província latino-americana é tão concreta e real quanto a dupla fatalidade experimentada pela agulha magnética numa bússola civilizacional. É novo material em experiência nos vasos comunicantes da infância provinciana. Os polos opostos da Terra e os polos representados na bússola se atraem. Os polos geográficos e os polos magnéticos da Terra são inversos. O polo Sul magnético positivo da Terra atrai o polo Norte negativo da bússola. O polo Norte negativo da bússola atrai o polo Sul magnético positivo da Terra. É por fatalidade que a agulha magnética da bússola aponta para o Norte geográfico do planeta.

Sobrevivente, a memória provinciana leva o narrador, magneticamente, ao desejo de *mimetizar* a experiência simultânea e diferente do europeu colonizador. Embora fatal, a experiência é alheia. Será que o sobrevivente saberia de antemão que perde tempo se reganhar a referência geográfica concreta da Resistência francesa e, ainda, seu contexto histórico real? Quem perde ganha — ao contrário do que acontece nos jogos de azar.

Tradicionalmente, referência geográfica concreta e contexto histórico real só são *legitimados* pelos estudiosos e especialistas na Segunda Guerra — os historiadores e cientistas sociais. A estes *compete* o estudo e a análise da Resistência francesa. Mas só o ensaio filosófico de Hannah Arendt e o *experimento* poético da prosa autobiográfica *garantem* o significado e o valor universalmente lacunar do tempo presente, recalcado nas análises científicas. Mesmo desprovido de referência geográfica concreta e de contexto histórico real, será que o sujeito resistente provinciano tem, autenticadas pelos historiadores e cientistas sociais, a geografia e a história de sua prosa autobiográfica, inventada no vão do presente europeu?

Na velhice, *compete* a mim — e não aos historiadores e cientistas sociais — acusar o recebimento de uma herança inesperada e redigir meu *testamento* de vida. Responsabilizo-me por uma infância em escrita experimental, a servir talvez de fundamento lógico para outra parábola de vocabulário abstrato, semelhante à parábola de Franz Kafka que é levantada e analisada por Hannah Arendt no prefácio em leitura. Num detalhe estamos de acordo. A meu testamento faltará sempre o *carimbo de autenticidade*, só passível de ser aposto a documento que se quer de valor público e oficial pelos zelosos tabeliães da história social do Ocidente.

Trata-se, pois, de testamento redigido com significado e valor provinciano, subjetivo, singular, sonâmbulo e imantado. No entanto, um testamento de trânsito transcontinental. Por ter sido inventado absurdamente, por ter sido singularmente redigido e assinado pela *memória resistente* de menino órfão de mãe, seu valor é altamente questionável nas instâncias acadêmicas e superiores do saber.

O menino cresce durante a Segunda Guerra numa província ultramarina chamada Formiga, município desprovido de qualquer importância em qualquer mapa-múndi de responsabilidade da École des Chartes, localizada no Palais de la Sorbonne, onde "ele" defenderá tese de doutorado em abril de 1968, poucas semanas antes dos acontecimentos de maio, quando o edifício inaugurado no século XIII se tranca por dentro para evitar a revolução *intramuros*.

A cidade de Formiga e o menino da rua Barão de Pium-i são a priori desprovidos de qualquer importância coletiva. Sua importância coletiva advém de mimetização. Mimetização do sujeito poético francês e do sujeito filosófico germânico no "vão" (na "quebra", de acordo com o tradutor brasileiro do prefácio) que significa o espaço/tempo concreto e real da Resistência francesa. O menino sonâmbulo sobrevive no tempo/espaço em que seu corpo em vida se abre e floresce *entre* o passado e o futuro da América Latina. O espaço e o tempo presente da infância se transformam — no texto de Hannah Arendt — em "tesouro", "fogo-fátuo", "miragem" e "espectro".

Para dar significado preciso à enumeração acima, aparentemente caótica, copio a filósofa que os redige:

> A história das revoluções [...] que decifram politicamente a estória mais recôndita da idade moderna, poderia ser narrada *alegoricamente como a lenda de um antigo tesouro*, que, sob as circunstâncias mais várias, surge de modo abrupto e inesperado, para de novo desaparecer qual *fogo-fátuo*, sob diferentes condições misteriosas. Existem, na verdade, muito boas razões para acreditar que o tesouro nunca foi uma realidade, e sim uma *miragem*; que não lidamos aqui com nada de substancial, mas com um *espectro*; e a melhor dessas razões é ter o tesouro permanecido até hoje sem nome [grifos meus].

Situada no interior do Brasil, Formiga fica muito aquém da "paisagem" que guarda os "eventos revolucionários" que se desenrolaram, na passagem da década de 1930 para a de 1940, além e bem acima do nosso Atlântico Sul. Ao deixar minha escrita memorialista caminhar pela plataforma da infância sonâmbula, me dou conta de que, para pôr o pé no piso do vagão que parte em direção ao futuro, tenho de estar atento e forte.

Mind the gap — como nas estações de metrô.

O "vácuo" posto em movimento pela Resistência "suga" magneticamente o vão oposto e semelhante de meu corpo. O corpo em aberto entre o chão da plataforma e o piso do vagão.

O corpo fica em aberto no momento em que um dos pés se firma na plataforma de cimento e o outro se lança no ar para transpor a porta do trem de ferro e se apoiar no piso do vagão. Abrem-me as pernas num ângulo de noventa graus, em correspondência e semelhança ao ângulo de noventa graus que se abre entre o passado e o futuro, que esvazia e suga o resistente. Os dois vetores, que partem em ângulo semelhante, se complementam na figura de um "paralelogramo de forças" revolucionário, anota Hannah Arendt. Tesouro, fogo-fátuo, miragem e espectro se deixam configurar retilineamente pelo tempo/espaço interior do paralelogramo de forças.

Impõe-se outra e longa citação de Hannah Arendt:

> Existe algo, não no espaço sideral, mas no mundo e nos negócios dos homens na Terra, que nem ao menos tenha um nome? *Unicórnios e fadas-madrinhas parecem possuir mais realidade que o tesouro perdido, das revoluções.* [...] O século XVIII, em ambos os lados do Atlântico, possuiu um nome para esse tesouro, desde então esquecido e perdido — quase o diríamos — antes mesmo que o próprio tesouro desaparecesse. O nome, na América, foi "felicidade pública", que com suas conotações de "virtude" e "glória" entendemos tão pouco como a sua contrapartida francesa, "liberdade pública": a dificuldade para nós está em que, em ambos os casos, a ênfase recaía sobre "pública".

3.

> [os resistentes] *tinham descoberto que aquele que "aderira à Resistência, encontrara a si mesmo", deixara de estar "à procura*

> [de si mesmo] *desgovernadamente e com manifesta insatisfação", não mais se suspeitara de "hipocrisia" e de ser "um ator da vida resmungão e desconfiado", podendo permitir-se "desnudar-se".*
>
> Hannah Arendt, prefácio em pauta

A partir desse momento, o prefácio de Hannah Arendt perde a condição de referência à gênese de prosa memorialista e se flexiona a fim de se oferecer como notável contribuição à teoria literária em vigor. Em lance arriscado, embora imperioso, os argumentos críticos que fundamentam a leitura de poema engajado dos anos 1940 se suplementam por diferente e também fascinante leitura de texto curto, escrito e composto por enunciados abstratos. Abandona René Char. Franz Kafka entra em cena.

Na primeira parte do prefácio, a analista tem a intenção de desvendar o estreito relacionamento do poema de Char com o movimento revolucionário da Resistência durante a ocupação da França pelas tropas nazifascistas. Na segunda parte do prefácio, Arendt se arrisca e leva adiante a ferramenta de leitura sedimentada. Para surpresa e encanto de seu leitor, se entrega à leitura de uma parábola de Franz Kafka, de significado abstrato.

Concretiza-se a aparente irreconciliabilidade entre textos poéticos de fatura tão distinta e se reafirma a complexidade das intenções críticas oferecidas por Hannah Arendt em análise e interpretação de literatura. "O vão entre o passado e o futuro", curto ensaio sob forma de prefácio, já estava aparentemente completo com a leitura do livro de poemas de René Char e poderia ter sido fechado com brilho. O alcançado requer suplementação.

Arendt foca seus argumentos críticos pelo espelho retrovisor. Foca a "incompletude" (*"no willed continuity"*, nenhuma continuidade desejada) da situação humana e social que é indiciada pela leitura dos poemas de René Char. Tão forte é a força da incompletude que ela perde a condição de mero apêndice dos argumentos já expostos e deseja. A incompletude reclama e demanda a escolha de outro escritor e de outro texto que possa instruir a filósofa e seu leitor na compreensão de questão abandonada mas em aberto. A filósofa traz à cena do prefácio uma curta, enigmática e abstrata parábola de Kafka.[9] Estamos diante de *material* a ser posto em experiência em vasos comunicantes.

Estamos diante de duas substâncias poéticas heterogêneas, semelhantes à água e ao óleo que não se misturam num único recipiente. Hannah não nos permite a *frustração* no trato de substâncias literárias heterogêneas, que a tradição das ciências sociais e da teoria literária, disciplinares e disciplinadas, têm apadrinhado. Estas se protegem do heterogêneo no esconderijo dominado pelo "real". A teoria literária se ensimesma em *close reading*, recorrendo à boia salva-vidas da estética. Cada macaco fica no seu galho. O milagre da reconciliação entre heterogêneos em literatura se faz no *trânsito* do poema de Char para a parábola de Kafka. Pressionada, a água flui de um vaso ao outro e o óleo ainda preserva a gordura semântica em recipientes comuns.

Escrevi *milagre* e me corrijo. Água e óleo se misturam não por acidente divino, mas pela pressão ambiente exercida sobre o pensamento filosófico que se inventa a partir de um limite que ele próprio estabelece. O limite é instituído como outro e comum objeto de pesquisa.

Primeiro passo. Tomar o novo objeto — a parábola de Kafka — ao pé da letra. A analista o deseja tão nu quanto o resistente que se desnuda na incompletude que passa a ser objeto de interrogação filosófica. Arendt busca e trabalha a etimologia do vocábulo "parábola", gênero literário em que o texto a ser focado se inscreve. *Parabolé*, em grego, é vocábulo composto a partir da junção de *para*, que significa "ao lado", e *ballein*, que significa "atirar" ou "jogar". *Parabolé* guarda, em grego, o significado de "comparação entre duas ou mais coisas dispostas uma ao lado da outra". Se estão dispostas uma ao lado da outra num único vocábulo, devem se comunicar. *Parabolé* pode ser traduzido por "comparação".

A comparação vem requisitada como necessidade e imperativo do gênero literário eleito por Kafka. Falta-lhe algo ao lado.

É de tal modo original e arriscado o segundo movimento analítico do prefácio de Hannah Arendt que sou forçado a tornar didática a digressão confessional. Esqueço — ou melhor, jogo para o lado — minha digressão confessional, forçado que sou a copiar a argumentação da filósofa. Não há, pois, que recorrer a estratagema expositivo diferente da mera cópia de experimento alheio, que se dá em vasos comunicantes. Há, sim, que abençoar Hannah Arendt pela generosidade da novidade hermenêutica que oferece ao leitor de textos literários heterogêneos, em suspenso no ar da curiosidade intelectual e nu.

Hannah desenredou o aforismo engajado de Char e desnudou o sujeito político que por ele se exprime. Liberou-o de uma série de atributos psicológicos ("hipócrita", "resmungão" e "desconfiado" são os sentimentos nomeados), que negariam a potência da ação revolucionária da Resistência francesa. Os valores humanos negativos, embutidos e virtuais na ação revolucionária, inibem o resistente no pós-guerra, ou seja, no processo de reconstrução da antiga sociedade. Liberá-lo dos sentimentos negativos significa, pois, obrigá-lo a dar uma meia-volta. Ainda no contexto de batalha, tem de se desnudar a fim de se comprometer inteiramente na futura mobilização.

Na incompletude de sua tarefa, em sua nudez, o resistente assume o limite paradoxal da liberdade conquistada. Ela não se adéqua à tarefa que se lhe apresentará: a mobilização em política comunitária, devidamente afiançada pela proclamação da vitória pelas tropas aliadas.

A ação revolucionária do resistente se autoafirma no campo de batalha, mas só se deixa compreender pela *incompletude*. Desnudado, o corpo do resistente perde os sentimentos demasiadamente humanos (já mencionados). É memória e modo de pensamento. Deixa-se recobrir pelas palavras do desejo de refletir sobre a incompletude que o ressignifica na tradição da luta revolucionária nos tempos modernos.

O resistente perde os predicados demasiadamente humanos para ter acesso — ao lado — a abstrações, propícias, por exemplo, ao gênero *parábola* desenvolvido por Kafka. À beira do precipício, Hannah sabe a quem recorrer. René Char. Em lucidez filosófica, ela exibe o paradoxo da incompletude da luta pela liberdade que a ação do resistente carrega, ainda depois de proclamada a vitória sobre as forças do Eixo.

A ação política do resistente perde o antigo assento literário. Ela fica no ar, em suspenso, e se desnuda. Nua, revive em memória a experiência real de ocupar e de preencher o vão entre o passado e o futuro.

A ação política permanece entre a *herança* (a Resistência e sua vitória) e o *testamento* (o agir humano como eterna busca da liberdade). A descontinuidade entre *herança* e *testamento* se manifesta pela preposição *entre* valores absolutos. Entre passado e futuro. No vão.

Entre explode o núcleo sólido da ação revolucionária quando ela se torna vitória-e-impasse e requer reflexão.[10] O vitorioso prefere silenciar o *grand finale* a fim de transformá-lo em acabamento sem final feliz. Acabamento sem finalização. Incompletude. Herdar é questionar pela invenção de um testamento correspondente. Inacabada, a ação revolucionária, seu núcleo substantivo, se abstratiza para se tornar palpável ao pensamento.

O vão que o poema de Char abre entre o passado e o futuro retorna — para ser preciso, ao lado da parábola de Kafka, Hannah

Arendt metamorfoseia a questão literária em questão filosófica, sem menosprezar o apego dos três envolvidos à participação política revolucionária.

Releiamos Hannah Arendt:

> O incidente que esta parábola [de Kafka] relata e penetra segue, em sua lógica interna, os acontecimentos cuja essência encontramos contida no aforismo de René Char. De fato, ela começa precisamente no ponto onde o nosso aforismo inicial deixou a sequência *dos acontecimentos* [entre o passado e o futuro] como que suspensa no ar. A luta [encenada na parábola] de Kafka começa quando já transcorreu o curso da ação [revolucionária] e a estória que dela resulta aguarda ser completada "nas mentes que a herdam e questionam" [grifo meu].

Somos herdeiros a questionar a herança. Desprovidos de testamento, nos desnudamos saudavelmente e passamos a refletir *entrementes* no *intervalo* da infinita ação revolucionária. Estamos em suspenso no ar. A luta revolucionária é reencenada em *comparação* — numa parábola. Aposta ao testamento falso, a assinatura de Char é a razão de ser da reflexão de Kafka sobre a herança recebida. É a razão de ser da reflexão sobre a *incompletude* que os movimentos revolucionários entregam ao herdeiro. Herança ainda e sempre desacompanhada de testamento. A herança da Resistência é motivação para a (impossível) completude de seu significado por herdeiro.

4.

> *Graças à pura força de inteligência e imaginação espiritual,* [Kafka] *criou, a partir de um mínimo de experiência despoja-*

> *do e "abstrato", uma espécie de paisagem-pensamento que, sem perda de precisão, abriga todas as riquezas, variedades e elementos dramáticos característicos da vida "real".*
>
> Hannah Arendt, prefácio em pauta

Na leitura da parábola de Kafka, Hannah privilegia o sujeito do texto em lugar de focar o vão temático que o aforismo arquiteta, o papel revolucionário da Resistência francesa na história da Segunda Guerra Mundial. Dá destaque ao "ele" (sujeito tornado naturalmente anônimo) que passa pela experiência de estar sofrendo a pressão simultânea de dois adversários possessivos e autoritários, o passado e o futuro.

"Ele" luta de costas contra um e de frente com o outro, enquanto os dois lutam entre si.

"Ele" luta contra o adversário que representa *o que não é mais* (o passado) e contra o que representa *o que ainda não é* (o futuro). É posto contra as paredes externas do *entre*, que não mais o guarnecem, mas o fustigam. Tornado centro e espectador das lutas, "ele" não silencia. Tem de evitar que seu lugar original não seja deslocado pela pressão simultânea do passado e do presente. Não ganha movimento como corpo físico. Ganha movimento como subjetividade intercalar e abstrata. Motiva-se a refletir sobre o que acontece quando se luta sozinho entre forças inimigas. Anota Hannah: "o fato de chegar a haver alguma luta parece dever-se exclusivamente à presença do homem, sem o qual — 'suspeita-se' — as forças do passado e do futuro ter-se-iam de há muito neutralizado ou destruído mutuamente". O sujeito que participou da ação bélica era coletivo e se transforma em testemunha singular, de pronunciamento pessoal.

Com a ajuda de Kafka, Hannah Arendt garante a reorganização abstrata da cena de ação revolucionária. No prefácio em leitura, a viagem de volta de Kafka a Char não é acidental. Representa o que o aforismo do poeta francês aporta como indispensável — sine qua non — à leitura de uma parábola: "um quadro de referência preestabelecido".

A viagem de ida de Char a Kafka transforma o enunciado afirmativo do aforismo em pergunta: o que fazer depois de ter feito? Como representar o que não é mais? O sujeito das perguntas diz que não pretende carregar o "fardo" vida afora. Por que e para que se transformar em pessoa social e politicamente inconveniente? A terceira pergunta fundamenta as interrogações existenciais e aviva a chama do vivido com vistas ao que merece ser relatado, ou não, pelo sujeito. A parábola de Kafka garante novo significado ao sujeito *entre*. "Ele" não lamenta, não descansa nem se espreguiça. Assume o tempo da reflexão a que tem direito em virtude de estar se referindo a "um quadro de referência preestabelecido", a que foi desobediente.

O foco concedido pela intérprete ao sujeito não é meramente estratégico. Concede-lhe vitalidade para lutar contra a pressão daquilo que não é mais: a pressão de responsabilidade da ação já realizada. Indicia sua vitalidade pela condição de lutador. Luta contra os opostos simultâneos que o teriam imobilizado ou extinguido. Os opostos simultâneos impedem que a descontinuidade/contínua do vão deixe o futuro aflorar. Futuro a ser construído pelo sujeito-entre, e não pela herança oferecida como fardo a carregar às costas.

O futuro do sujeito resistente está na reflexão interminável[11] que constitui o desejo revolucionário de liberdade. Pelo enriquecimento reflexivo da trama sobre o acontecimento histórico e de sua retórica, a revitalização do sujeito da ação indicia que a literatura propõe uma forma semelhante-e-diferente de "viver". Essa forma se apoia tanto na dimensão "presente" do evento como em sua abstração, questionadora esta da perspectiva única de constituição de um sujeito autobiográfico.

O sujeito autobiográfico ganha, em primeira instância, o direito de tomar assento na tradição das narrativas pensamenteiras por ser herdeiro do aforismo de René Char. A reflexão subjetiva alcança alicerce concreto na leitura do aforismo de Char por Hannah Arendt que, a seu turno, almeja a abstração em parábola de Kafka.

A "paisagem-pensamento" da parábola de Kafka é o *locus terribilis*, eleito pelo sujeito que herda e questiona o dom recebido. A história intelectual do século XX pode ser também escrita, afirma Hannah Arendt, "como a biografia de uma única pessoa". Visa a "uma aproximação metafórica do que ocorreu efetivamente na consciência dos homens". E continua Hannah: "veríamos a mente dessa pessoa obrigada a dar uma reviravolta não uma, mas duas vezes: primeiro, ao escapar do pensamento para a ação, e a seguir, quando a ação, ou antes, o ter agido, forçou-a de volta ao pensamento".

O questionamento do dom que se herda é, pois, a dimensão subjetiva que contribui para que a lembrança individual (fundada na memória) se torne parte integrante da elaboração da memória coletiva que, por ricochete, se materializa, ou não, na razão de ser de narrativa literária autobiográfica e/ou memorialista. O gênero literário em destaque não se confunde com a ficção ou a autoficção. Confunde-se com a redação de um testamento singular, já que legado afônico ou ágrafo de herança nutrida por "paisagem real".

Para retomar o substantivo e o verbo privilegiados por Julien Benda em *La Trahison des clercs* (1927), o homem de espírito *trai* a si ao optar pela ação. Volta a *trair* a si do momento em que, finalizada a ação, se nutre da liberdade de pensar que tinha abandonado. Finalizada, mas não acabada, a ação permanece incompleta, ou seja, *interminável*, ainda que vinculada ao intervalo de seu momento real. O tempo evolutivo é apenas a ilusão reflexiva que formata a tradição (ou o passado) como se a conduzir o sujeito retilineamente ao futuro. Observa Hannah: "Kafka descreve como a inserção do homem quebra o fluxo unidirecional do tempo, mas, o que é bem estranho, não altera a imagem tradicional conforme a qual pensamos o tempo movendo-se em linha reta".

A ação no intervalo reganha a energia pensamenteira perdida na ação e explode sob a forma de espaço-tempo instigante e interrogante. A ação no intervalo se deixa recobrir pelas lembranças do sujeito. Ou por metáforas, na grafia do escritor. Para caminhar em direção ao futuro, o homem de espírito deu uma segunda meia-volta, agora em direção ao passado. A segunda meia-volta é desvio para caminhar em direção ao futuro.

O estilo realista-naturalista, que sustenta a narrativa no modo coletivo de agir, se suplementa pelo estilo metafórico (falta algo ao lado), que sustenta o modo subjetivo de refletir. No primeiro caso, afirma Hannah, a narrativa ganha "a forma de gerações consecutivas, onde o historiador deve ser literalmente fiel à sequência de teorias e atitudes". No segundo caso, como já salientado, a visada do pensador é "uma aproximação metafórica do que ocorreu efetivamente na consciência dos homens".

Retomo as palavras de Hannah Arendt: "Obviamente, o que falta à descrição kafkiana de um evento-pensamento é uma dimensão espacial em que o pensar se possa exercer sem que seja forçado a saltar completamente para fora do tempo humano". A parábola de Kafka deu meia-volta para recair no aforismo de Char e abiscoitá-lo. Hannah suplementa a parábola de Kafka com o aforismo de Char para nos oferecer uma concepção de espaço histórico que parece escapar ao sentido evolutivo e retilíneo do tempo mas que, na verdade, dele escapa apenas momentaneamente com o intento de reforçá-lo. Assegura-lhe a diversidade e a complexidade da "paisagem-pensamento". Só esta é digna de ganhar a segurança metodológica e a certeza conceitual que a história requer no seu próprio ato de se escrever.

Na parábola de Kafka, o ponto de vista abrangente, assumido pelo sujeito, avalia o vão da Resistência francesa não em sua continuidade horizontal de caminho evolutivo do passado para o futuro. De repente, essa pseudocontinuidade é esvaziada por circunstância inesperada, causada pelo colapso da França. A avaliação não é, pois, simples. O vão é avaliado como semelhante à configuração de dois triângulos que se casam para compor um único paralelogramo de forças.

O vetor de um dos triângulos suga o *evento* para o infinito de sua significação *événementielle*, enquanto o vetor do outro suga o *sujeito* para o infinito de sua potência existencial.

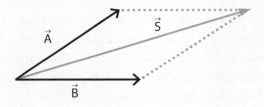

Explica-se Hannah:

Idealmente, a ação das duas forças que compõem o paralelogramo de forças onde o "ele" de Kafka encontrou seu campo de batalha deveria resultar em uma terceira força: a diagonal resultante que teria origem no ponto em que as forças se chocam e sobre o qual atuam. Essa força diagonal diferiria em um aspecto das duas outras de que é resultado. [...] A força diagonal [...] seria, porém, infinita quanto a seu término, visto resultar de duas forças cuja origem é o infinito. Essa força diagonal, cuja origem é conhecida, cuja direção é determinada pelo passado e pelo futuro, mas cujo eventual término jaz no infinito, é a metáfora perfeita para a atividade do pensamento.

Novembro de 2021

"Se lutas por alimentos, tens de estar com fome"

> *Se lutas pela liberdade, tens de estar preso, se lutas por alimentos, tens de estar com fome.*
>
> José Revueltas, em entrevista a Elena Poniatowska

1.

Não causou e não deverá causar surpresa a dedicatória a Pablo Neruda no livro *A gaiola* (*El apando*, 1969), de José Revueltas, traduzido e publicado em 2021 pela Editora 34.

A manifestação de simpatia e apreço é sincera e reconfirma a ascendência ideológica do autor mexicano, assumida quando ele, aos quinze anos de idade, se filia ao Partido Comunista Mexicano (PCM). Reconfirma também seu primeiro encarceramento político, ainda menor de idade, nas ilhas Marías, localizadas no Pacífico mexicano. E expressa gratidão pela carta que o poeta chileno endereça a Díaz Ordaz, presidente da República de 1964 a 1970, em favor de sua liberdade.

Não por casualidade, o presidente Díaz Ordaz é a autoridade mandante — o "macaco", no linguajar metafórico de *A gaiola* — do massacre dos estudantes mexicanos na praça das Três Culturas (conhecida por Tlatelolco), às vésperas das Olimpíadas realizadas na Cidade do México, em 1968.

Revueltas, ao se responsabilizar por inequívoca vontade própria pela revolta estudantil anterior aos jogos olímpicos, recebe a terceira ordem de prisão em vida. Ironias post mortem sempre salpicam o túmulo de intelectuais latino-americanos de seu porte. O presídio das ilhas Marías, conhecido como o "Paraíso", será fechado em 2019, no cinquentenário da terceira prisão de Revueltas, para se transformar, por decisão de López Obrador, então presidente do México, no Centro de Educación Ambiental y Cultural Muros de Agua — José Revueltas.

São poucos os dados biográficos enumerados, mas já se deduz que, para o escritor mexicano, o presídio político é menos uma *gaiola* e mais uma *arapuca*, onde se cai ou não por desejo próprio. Não é tão absurda a sugestão interpretativa do título da obra e do local onde transcorre a ação, já que, em mexicano coloquial, *apandar* significa "capturar". O verbo tem a ver com a atividade de caçador e de pescador, e o substantivo derivado, *apando*, com arapuca de pegar passarinho.

Informação fidedigna nos diz que, a dez dias da abertura dos jogos olímpicos, José Revueltas sobrevoa o alpiste lançado pelas forças militares repressivas e voluntariamente toma para si a revolta dos estudantes na praça das Três Culturas. Assume-a sozinho. O escritor será condenado pelos dez delitos confessados. Um dos jovens líderes do movimento estudantil, Roberto Escudero, afirmará em depoimento futuro que "o escritor decidiu judicialmente assumir a liderança do movimento porque acreditava que, dessa forma, ajudava os estudantes".

"Se lutas pela liberdade, tens de estar preso...", afirma Revueltas em entrevista à escritora Elena Poniatowska. Embutido na máxima, o "tu" retórico indicia, pela afirmação do desejo na luta política, que o autor de *A gaiola* não terá os estudantes revoltados como companheiros no cárcere. Nela o escritor político *trabalhará* literariamente os que lá já se encontram — os contraventores que caíram na armadilha armada pelo ato criminoso.

Talvez não haja correspondente na literatura brasileira da constante e autorreflexiva militância marxista de José Revueltas, insubmissa às concessões a serem feitas ao Partido Comunista Mexicano para que os correligionários se instalem ou permaneçam no poder. Mais próximo dele estaria o nosso Jorge Amado, mas sua militância política foi mais partidária que teórica. Revueltas é menos um comunista e mais um marxista, e talvez aí esteja a razão para o insólito de sua trajetória política em país latino-americano.

Seu ativismo político se traça por movimento de entra-sai-e-volta que, na maioria das vezes, é interpretado apressada e negativamente por alguns contemporâneos. À diferença dos militantes progressistas brasileiros que, desde os anos 1930, passam por diferentes formas de regime político, os mexicanos da geração de Revueltas sempre lutam contra um único partido, o Partido Revolucionário Institucional (entenda-se a contradição expressa no nome), detentor a priori, desde o final dos anos 1920, da cadeira da Presidência da República. Estabeleceu-se uma tradição monárquica, sem o atestado de sangue azul.

A carta de Pablo Neruda ao presidente Díaz Ordaz data de fevereiro de 1969. Traduz a simpatia do poeta pela família Revueltas, de onde provém o talento do escritor José, do artista plástico Fermín, da atriz Rosaura e do compositor clássico Silvestre. Revueltas, escreve Neruda, "tem a rebeldia do México e uma grandeza herdada de família". Em seguida ao elogio dos quatro irmãos, expoentes nas artes mexicanas, o poeta chileno adota o fraseado direto e inquestionável: "Sr. presidente Díaz Ordaz: Reivindico a liberdade de José Revueltas porque ele, entre outras coisas, é certamente inocente. E, além do mais, porque tem a genialidade dos Revueltas, e também porque o queremos muitíssimo".

Neruda tem razão, Revueltas é inocente e, no cinquentenário de sua terceira prisão, será reconhecido como herói republicano.

Na verdade, *A gaiola*, apesar de ter sido escrito por ativista político, enjaulado na prisão preventiva de Lecumberri, na Cidade do México, é um conto longo, atrevido e fulminante em que, por razão que já conhecemos, nenhum dos personagens é militante político no sentido estreito do termo. O relato de Revueltas sobre a experiência no cárcere em punição por ato revolucionário é tudo menos autobiográfico. Voltaremos à questão.

A gaiola foi escrito nos meses de fevereiro e março de 1969 e logo publicado. Recebeu boa acolhida por parte da crítica. A coincidência na data da redação da carta de Neruda e do longo conto diz, finalmente, que a primeira deve ter servido de estímulo para a segunda. Mas só em 1971 é que Revueltas será posto em liberdade. O responsável pelo "indulto" será o presidente Luis Echeverría Álvarez que, ao se cercar nos ministérios de intelectuais originários de Maio de 1968, se autodefine passageiramente como de esquerda.

2.

Não há como dar início à leitura do livro de Revueltas no Brasil sem lembrar as *Memórias do cárcere*, de Graciliano Ramos. Acentuem-se as diferenças.

Primeira: são livros de fatura estilística opostas e os acontecimentos se passam em décadas distintas.

O bloqueio das mãos de mestre Graça e a consequente inibição de sua mente baixam ao cárcere quando o escritor quer escrever seu *diário* com as folhas de papel que encomenda ao faxina. Uma longa citação das memórias nos serve para aproximar as opções opostas de escrita literária — diário, presente, e memórias, passado — oferecidas à redação da experiência em presídio brasileiro, no momento em que é politizado por Getúlio Vargas. Cito Graciliano Ramos:

> Sempre compusera lentamente: sucedia-me ficar diante da folha muitas horas, sem conseguir desvanecer a treva mental, buscando em vão agarrar algumas ideias, limpá-las, vesti-las; agora [na cadeia] tudo piorava, *findara até esse desejo de torturar-me para arrancar do interior nebuloso meia dúzia de linhas*. Sentia-me indiferente e murcho, incapaz de vencer uma preguiça enorme subitamente aparecida, a considerar baldos todos os esforços [grifo meu].

Restou-lhe a lembrança que, segundo Hannah Arendt, "é apenas uma das formas de pensamento, embora seja uma das mais importantes".

A gaiola, de José Revueltas, nada tem a ver (1) com o recurso às lembranças tardias do escritor encarcerado ou (2) com a pegada literária minimalista (ou construtivista) que enobrece, na América Latina, o estilo de Machado de Assis, Graciliano Ramos e João Cabral.

A escrita literária de Revueltas recolhe as andanças dos poetas hispano-americanos pela tradição europeia da "escrita automática surrealista", introduzida no México pelo poeta Octavio Paz. Revueltas alia a voz surrealista mexicana à figura retórica caprichosa, presente na poesia de Pablo Neruda e analisada pelo crítico Amado Alonso como "enumeração caótica". Finalmente, *A gaiola* se distancia da boa prosa de seus contemporâneos mexicanos, como Juan Rulfo e Carlos Fuentes. Desde os anos 1950, como provou o professor James Irby, o novo romance mexicano está voltado para o estilo direto, enxuto e descritivo de Ernest Hemingway, John Steinbeck e Scott Fitzgerald.

Por obra do acaso ou por Revueltas ser sensível à mudança de geração ocorrida no final dos anos 1970, a escrita de *A gaiola* vem a coincidir com a do mais talentoso dos escritores mexicanos surgidos nos anos 1960, José Agustín. Nascido em 1944, Agustín é quem, no México, entra primeiro em sintonia com a prosa larga e espontânea e a vida vagabunda e nômade da geração beat, entregue ao desvario psicodélico. Destaco o romance *On the Road* (1957), de Jack Kerouac. A explosão do então jovem José Agustín se dará em 1973 com o extraordinário romance *Se está haciendo tarde*, cuja leitura recomendo, apesar de ainda inédito em português.

Como adiantamos, assinale-se que, em *A gaiola*, não há personagem político, no sentido estreito. São todas e todos *flos sanctorum*, para usar a expressão cristã latina, que cabe bem aos personagens do romance *Nossa Senhora das Flores*, de Jean Genet, ou à atualidade mexicana da imagem de Nuestra Señora de la Buena Muerte,[1] que substitui a Virgem de Guadalupe na tradição mexicana. Prisioneiros, visitas, rábulas e, evidentemente, os próprios carcereiros chafurdam na miséria física e moral da prisão preventiva de Lecumberri, lugar no fundo redentor, como assinalou o filósofo Jean-Paul Sartre no longo ensaio *Saint Genet: Ator e mártir*.

Leitor brasileiro, imagine se Graciliano Ramos, em lugar de apreender o extraordinário e pungente panorama histórico-social da sua estada e dos *compagnons de route* na cadeia, tivesse negligenciado os arbítrios cometidos contra os militantes de esquerda no Brasil e focado apenas os eternos e medonhos moradores de presídio nacional. Imagine se mestre Graça tivesse escrito como suas memórias do cárcere apenas os episódios que se desenrolam na terceira parte da obra, intitulada "Colônia correcional". Imagine se ele tivesse restringido a ação às figuras ali dramatizadas. O leitor leria suas lembranças a partir do capítulo 10 da terceira parte, quando a máquina zero do barbeiro tosa a vasta cabeleira do escritor alagoano.

O ativista político passa a ser um igual a todos os demais *moradores* da colônia correcional.

Em pouco mais de vinte capítulos curtos, Graciliano traça o quadro infernal em que patinam os presos comuns, que tiveram de abrir lugar, na colônia correcional, aos militantes políticos recém-chegados. A prosa clara e nítida do mestre alagoano se torna fragmentada, obsessiva (repetitiva, esclareço) e irritadiça. Os rápidos e eletrizantes perfis de figuras mórbidas, que lhe parecem fantasmagóricas e asquerosas, se deixam entremear pelas frases assassinas que escuta impassível: "— Atenção. Vocês não vêm corrigir-se, estão ouvindo? Não vêm corrigir-se: vêm morrer".

Estavam todos perdendo os últimos traços humanos. A sensibilidade fina do autor de *Angústia* salta pelos ares, a saúde baqueia e o homem passa a se julgar, quando está entrando na casa dos quarenta, um velho de mais de sessenta anos.

Pouco a pouco, Graciliano muda de opinião sobre os companheiros desconhecidos. Aproxima-se de homens de físico decrépito e de comportamento intolerável (a seus olhos) e, no entanto, fascinantes. Tão fascinantes quanto o ladrão Gaúcho, que ganhará surpreendente papel nas memórias. Cito: "A firmeza, a ausência de hipocrisia, a coragem de afirmar, tudo [nele] revelava um caráter". Como se sabe, são poucos os protagonistas de caráter na obra literária de Graciliano Ramos. Em tempo de espera de *A gaiola*, retiro apenas um exemplo dos capítulos destacados das memórias políticas de Graciliano Ramos. Servirá (espero) para nos trazer de volta ao mexicano Revueltas:

À direita, perto da entrada, alojavam-se as criaturas mais doentes. Em cima de uma tábua um preto novo gemia grosso e arquejava, pedindo uma injeção de morfina. Perto da grade que dava para o curral um homem pálido e magro se consumia despejando hemoptises em duas bandas de lençol presas entre as coxas. Esses pedaços de pano agitavam-se como asas feridas; a criatura exangue suava, fechava os olhos e abria a boca, sem fôlego; a esteira da cama estava coberta de manchas vermelhas.

3.

Tanto a prosa de Revueltas, de poucas referências estilísticas autóctones, quanto o objeto da narrativa, um presídio que se aproxima dos descritos pelo maldito Jean Genet, tornam *A gaiola* uma experiência de leitura única na literatura latino-americana. Escritor e leitor não respiram. Sucedem-se frases caóticas e intermináveis, com alusões metafóricas e alegóricas apropriadíssimas, a reclamar de escritor e leitor o fôlego e o destemor de nadador transatlântico.

A prosa de *A gaiola* se recomenda pela audácia visual das metáforas inesperadas, pelo caráter em nada sigiloso (embora especializado) das alegorias e pelo único e interminável parágrafo que, de cabo a rabo, dá conta de todo o longo conto. São tão inesperados alguns achados retóricos que a editora brasileira resolveu por bem facilitar a vida do leitor patrício *grifando* as figurações simbólicas mais audaciosas, a começar pelos casais de guardas carcerários, digitalizados — na tradução — como *macaco* e *macaca*.

Aproveito a entrada em cena dos primatas para discordar da crítica mexicana que julga o texto de Revueltas um script cinematográfico. Julgo-o, antes, uma peça teatral de vanguarda, encenada no palco da literatura latino-americana na hora histórica correspondente. Julgo-a assim não só pelo fato de o espaço literário do conto ser constantemente geometrizado pela figura do cubo, um repetitivo "caixote" a dar conta do cenário fixo e imutável das várias celas, como também porque a narrativa se desenvolve a partir de sucessivos confrontos entre personagens, dois a dois na maioria das vezes, como se em "apartes", para usar a expressão teatral.

Se a representação do vigia carcerário como macaco me lembra as encenações do Teatro de Arena durante a ditadura militar, em que sobressai a interpretação impecável dos donos militares do poder pelo ator Lima Duarte, já o clima claustrofóbico da prisão preventiva de Lecumberri não se diferencia de outro e também notável inferno teatral durante a ocupação nazista de Paris, o da peça *Huis clos* (traduzida por *Entre quatro paredes*), de Jean-Paul Sartre. Condenados, vigias, visitas, rábulas etc. — o outro, em suma, é o inferno que, no mundo, se carrega às costas, e é por essa motivação mais ampla e universal que se luta pela liberdade.

Os personagens principais de *A gaiola* compõem um sexteto de vozes dissonantes. Apresentam-se organizados em dois trios. O trio masculino é composto pelo Polônio, pelo Albino e pelo Caralho. E o feminino, pela Chata, pela Meche e por uma velha senhora. As duas primeiras, a Chata e a Meche, são as amantes respectivas do Polônio e do Albino, e a velha senhora é a mãe do Caralho. Esta é a mais assombrosa e tenebrosa das figuras trágicas.

Mal afinado, o trio masculino é responsável pelo tráfico de drogas na prisão de Lecumberri e, com a ajuda das três mulheres a que está associado, planeja um pequeno e intrincado golpe. Teriam em mãos a droga necessária e rentável e sacrificariam, ao mesmo tempo, o mais intolerável dos amigos, o Caralho.

No conjunto dos prédios, destaca-se a "torre de guarda — um elevado polígono de ferro, construído para dominar do alto cada canto da prisão". O clima de atenção panóptica é dominante no conto. Todos os personagens são plateia uns dos outros, como na instalação — ainda hoje sob a forma de maquete e planta — que Hélio Oiticica elaborou para ser erguida em 1971 no Central Park, de Manhattan. Cada um e todos são *olhos*, ainda que os tenham perdido em embate ou que tenham nascido cegos. Os macacos de plantão vigiam os presos que, por sua vez, semelhantes à imagem de são João Batista com a cabeça cortada nas bandejas que são os postigos das celas, vigiam os macacos de plantão. Vigiam uns aos outros como aviões de caça. O mundo é o alvo do olho.

 O leitor brasileiro — note-se mais esta diferença — está distante da reconhecível fauna de marginais pé de chinelo das *Memórias do cárcere*, onde sobressaem punguistas orgulhosos, achacadores frustrados, falsários de merrecas, mas que não demonstram o agir profissional na prisão, a não ser para anunciar fugas ou dar pequenos e mesquinhos golpes nos companheiros.

 Em *A gaiola* o leitor é transportado a jato dos anos 1960 para os presídios ainda mais empobrecidos do terceiro milênio mexicano e latino-americano. Hoje, domina a ferocidade nas guerras entre facções inimigas, embora a mercadoria necessária e rentável tenha feito multimilionários com as transações secretas internacionais, que ganham as manchetes dos jornais, o interesse das agências internacionais de vigilância e a sedução dos paraísos fiscais.

 Em *A gaiola* o destaque de personagens mais sofridos vai para as figuras do Caralho e de sua mãe. O Caralho tinha o costume "de cortar as veias cada vez que o punham na gaiola". Seus antebraços, continua o texto, "ficavam cobertos de cicatrizes escalonadas, uma depois da outra, feito o braço de um violão". Não é por masoquismo que inflige a dor a si mesmo. Inflige e suporta a dor pelo desejo de ser levado à enfermaria, onde receberá de graça a droga que deseja. Sua mãe é "assombrosamente tão feia quanto o filho, com a marca de uma navalhada que lhe ia da sobrancelha à ponta do queixo". A mãe do Caralho vive de rancor e repressão:

sabe Deus em que circunstâncias sórdidas e abjetas ela teria ido para a cama, e com quem, para engendrar aquele filho, e talvez a recordação daquele feito distante e tétrico a atormentasse de novo a cada vez. Fato é que, de tanto em tanto, soltava um suspiro espesso e rouco. "A culpa não é de ninguéns, é toda minha, por ter tido você."

O grande enigma de *A gaiola* não são os personagens, trágicos e miseráveis, postos a descoberto de forma singular e rara na literatura latino-americana. Empinam-se na arapuca pelo desejo desabrido de conseguir algum e de satisfazer o indomesticável desejo. A trama tampouco é o grande enigma de *A gaiola*.

Polônio, o mais sabido e sexualizado dos três, bola o plano para contrabandear a droga para dentro do presídio. Plano rebuscado e fescenino. O pó chegaria camuflado na xoxota de uma das três mulheres, como se fosse um contraceptivo popular na época. "Tratava-se — dizia Polônio — de uns tampões de gaze com um fio de um palmo e pouco, mais ou menos, cuja extremidade ficava para fora, uma pontinha para puxar e tirar depois que tudo estivesse terminado." E continua: "aí ficavam detidos os espermatozoides condenados à morte, loucos furiosos diante do tampão, batendo na porta como os guardas da prisão".

Polônio acaba por escolher a velhota como mula. Das três é a única que não seria posta, no dia da visita, em "posição ginecológica". Não seria manuseada pela macaca, de nítido perfil sapatão. Se a droga tivesse sido escondida no corpo da bela Meche, o Polônio imagina, ou crê imaginar, que sofreria apalpadelas longas e carinhosas da vigia. Abre-se um longo parêntese na narrativa e temos um belíssimo jogo entre duas imagens fortes e terríveis: as partes íntimas do corpo da Meche sendo apalpadas pela vigia e a sensação erótica que lhe invade, avivando a noite em que fora possuída pela primeira vez por Polônio.

Outra citação longa também se impõe:

> as próprias coisas se convertiam em seu próprio e hermético disfarce. Arqueologia das paixões, dos sentimentos e do pecado, em que as armas, as ferramentas, os órgãos abstratos do desejo — a tendência de cada fato imperfeito a buscar sua consanguinidade e sua realização em seu próprio gêmeo, por mais incestuoso que pareça — se aproximam de seu objeto por meio de uma longa, insistente e incansável aventura de superposições.

O grande enigma de *A gaiola* é um só: a invenção de um narrador, singular na literatura latino-americana. O grande enigma é, portanto, o narrador (de) José Revueltas — guarde-se a ambiguidade — e essa prosa literária a escarafunchar o abismo dos seres despossuídos de qualquer sentido de humanidade. Aparentemente, o narrador (semelhante ao Graciliano destacado em parágrafos acima) abdica do nome próprio, do corpo e da alma. Abdica da própria longa e acidentada vida. É pura e apaixonada percepção de tudo o que lhe escapa do humano. Na prisão preventiva de Lecumberri, Revueltas não é apenas um destemido militante político de esquerda. É um notável e corajoso escritor. O narrador (de) José Revueltas escancara e abre, como se fosse uma ferida ou uma xoxota, o que o substantivo "proletariado" esconde dos olhos do teórico marxista e do observador literário.

Entre nós, brasileiros, o narrador mexicano talvez se aproxime, por um lado, do João Antônio dos "Lambões de caçarola" e, por outro, do João Gilberto Noll de *A fúria do corpo*.

Na prisão preventiva Revueltas se dedica a escrever, durante dois meses, o que talvez tenha querido escrever durante toda a vida se tivesse tido modelos humanos nus por fora e nus por dentro. Aproxima-se de romancistas malditos como Jean Genet, de pensadores entregues à ficção como Georges Bataille e de dramaturgos como Tennessee Williams, e anuncia cineastas como Pedro

Almodóvar. Nada tem a ver com o Arthur Miller às voltas com o panorama visto da ponte, em que dramatiza as vicissitudes de caixeiro-viajante, ou com o depois da queda, em que põe em cena sua paixão pela estrela pop Marilyn Monroe. Nada tem a ver, finalmente, com os romancistas contemporâneos nossos, que se contentam com a descrição objetiva e fria, monossilábica, do comportamento humano violento, herança terceiro-mundista dos romances policiais gringos.

Embora seja insensível aos sentimentos de piedade e de compaixão, o narrador de *A gaiola* — e evidentemente (este) seu leitor — se cola aos personagens como a tarântula, de que o conto fala com conhecimento de causa:

> feito uma tarântula maligna, com a mesma sensação que invade os sentidos quando a aranha, sob efeito de um ácido, encrespa-se, encolhe-se em si mesma — enquanto produz, por outro lado, um ruído furioso e impotente —, enreda-se em suas próprias patas, enlouquecida, e contudo não morre, não morre, e quem olha tem vontade de esmagá-la, mas tampouco tem forças para tanto, não se atreve, sente-se tão incapaz que quase começa a chorar.

Tomado pelo ácido, o narrador/tarântula agride por fora e por dentro, primeiro a si e depois os personagens. Agride-se e agride de maneira viciosa e, na maioria das vezes, de maneira demolidora e irreversível. Não há retorno, não há cura. *Ninguéns* (cito o neologismo criado por Revueltas, para melhor compreendê-lo), *ninguéns* escapa ou escapará de seu jugo narrativo. O final do longo conto não poderia ter sido diferente: "A única coisa clara para eles [os membros do sexteto] era que a mãe não tinha podido entregar a droga para o filho nem para *ninguéns*, como ela dizia. Pensavam, ao mesmo tempo, que não era mais o caso de matar o filho aleijado. Para quê?".

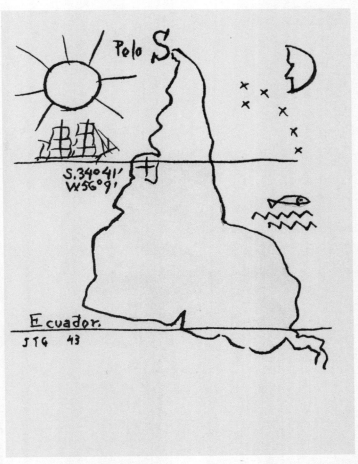

1. *América invertida* [Upside down map], de Joaquín Torres-García, 1943.

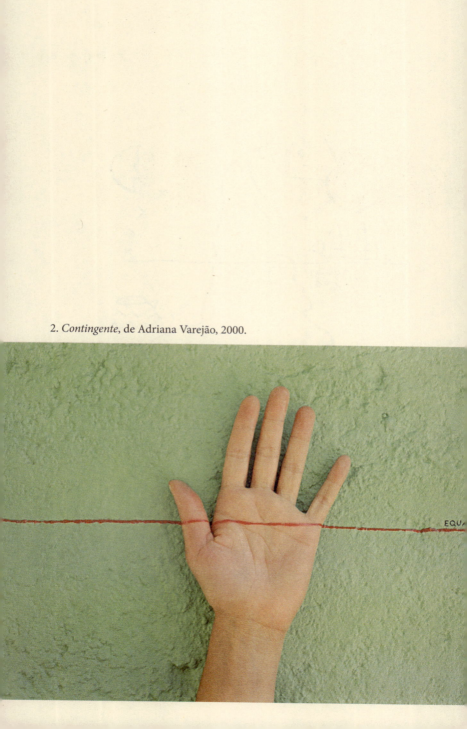

2. *Contingente*, de Adriana Varejão, 2000.

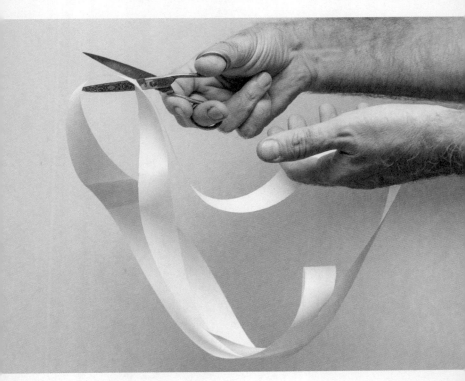

3. *Caminhando*, de Lygia Clark, 1963.

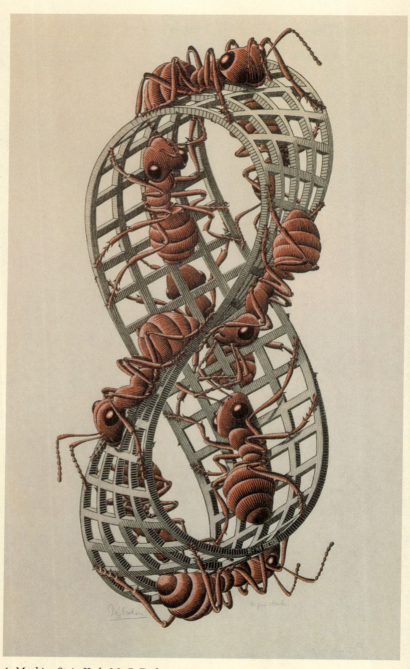

4. *Moebius Strip II*, de M. C. Escher, 1963.

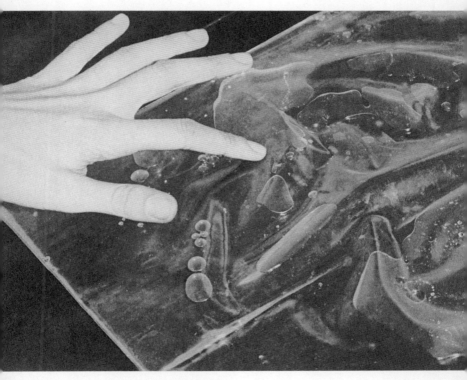

5. *Desenhe com o dedo*, de Lygia Clark, 1966.

6. *Pavilhão do Distrito Federal*, foto de Augusto Malta, 1908.

7. *Romains de la décadence*, de Thomas Couture, 1847.

8. *A morte de Germânico*, de Nicolas Poussin, 1627.

9. *O suicídio de Lucrécia*, de Albrecht Dürer, 151

Jornalismo cultural norte-americano, Joan Didion

Durante os anos 1960, o jornalismo especializado em cultura e comportamento, hoje denominado "Estilos", passa por grande transformação na imprensa norte-americana. O profissional escolhe a personalidade ou o acontecimento das artes e os tem aprovado pelo redator-chefe. Responsabiliza-se pelo modo narrativo e pela linguagem e os assume como seus. O estilo jornalístico ganha nome próprio e copyright.

A mudança na rotina talvez tenha decorrido da formação universitária (fortemente ancorada nas letras e nas artes) dos jovens contratados. Foram possivelmente seduzidos pelo sucesso da inquieta jornalista Lillian Ross e da sofisticada revista *New Yorker*. Lillian se grudou ao romancista Ernest Hemingway, com o consentimento dele, durante dois dias de 1950. Ela tem a intenção de traçar o perfil da grande figura no seu cotidiano. Longe da câmera dos paparazzi, transgressores da privacidade. Escreve um ensaio inédito e admirável.

Em livro de 1952, *Picture* (Filme), a mesma jornalista relata as restrições ou censuras sofridas pelo diretor John Huston no set de filmagem de *A glória de um covarde* (*The Red Badge of Courage*), filme produzido por Dore Schary, então na MGM, e lançado em setembro de 1951. John Huston escolhe para o elenco um autêntico herói da Segunda Guerra Mundial, o ator Audie Murphy, e está às voltas com a politiquice barata de Hollywood, então francamente favorável aos confederados na Guerra Civil. O filme de guerra dirigido por John Huston incomoda ainda mais a indústria californiana porque dá sequência ao sucesso de bilheteria e o Oscar recebido por *O preço da glória* (*Battleground*, 1949), do mesmo produtor, mas dirigido por William Wellman. *Battleground* é a primeira grande produção de Hollywood que, segundo os historiadores do cinema gringo, mostra os soldados como vulneráveis e humanos. A escolha pelo produtor (ou por Huston) do romance clássico de Hart Crane e a de Audie Murphy como protagonista não tinham sido gratuitas.

São dados importantes para a compreensão dos filmes de guerra a ser dirigidos por dois gênios do cinema norte-americano, Robert Aldrich e Stanley Kubrick.

O Novo Jornalismo, se associado a romances como *On the Road* (1957), de Jack Kerouac, acaba por ter grande impacto na literatura a ser escrita nas décadas seguintes. No Brasil, o Novo Jornalismo — ou *the faction* (mistura de fato e ficção) — é conhecido por três autores de best-sellers: Gay Talese, Tom Wolfe e Truman Capote. Com a publicação, em 2021, de *Rastejando até Belém* (1968),[1] é justo acrescentar aos três Joan Didion, que, em virtude de ainda ter poucos livros traduzidos no Brasil, não aparece associada ao grupo.

Os novos jornalistas buscam estilo próprio, diferente do dominante nas melhores redações, e o assumem sem constrangimento e solitariamente. Amaneirados e desenvoltos, desconstroem a transcrição objetiva do fato, que costuma ser narrado por frase impessoal, curta e direta. Antes de mais, eles se interessam pelo desenho de *personalidades* (já estabelecidas na praça ou com direito à glória por um parágrafo), em atitude de transgressão às regras sociais vigentes, ou em atividade inédita de grupo participante ou ativista. Na verdade, desconstroem o estilo enxuto e de vocabulário mínimo imposto por John Steinbeck, responsável pela sugestão de que a Bíblia deveria ter sido escrita com seiscentos vocábulos. Não têm medo de neologismos ou de aberrações linguísticas (é o caso do primeiro livro de Tom Wolfe, intitulado *The Kandy-Kolored Tangerine-Flake Streamline Baby*, de 1965).

A mistura entre o estilo erudito e o pop carreia o desejo de nova cadência para a frase em inglês castiço. Às vezes ela se alonga e se torna complexa. Outras vezes são os vocábulos que caminham em câmera lenta pela linha horizontal. Muitas vezes é a personalidade detalhista ou bizarra do jornalista (lembre-se o dandismo de Wolfe e o comportamento queer de Capote) que se intromete no texto para direcioná-lo a segundas ou terceiras intenções. Uns versos de Cazuza me ocorrem: "Pra que usar de tanta educação/ Pra destilar terceiras intenções". De modo geral, a matéria jornalística se escreve por uma "voz interior", como sob o efeito de alguma substância.

À semelhança de Lillian Ross, o novo jornalista se interessa mais pela vida familiar, comunitária e cultural do que pela leitura de obras artísticas. Apesar de os dois Relatórios Kinsey (1938 e 1953) já terem escancarado a vida sexual desregrada dos gringos, a vida privada continuava *sem* os nomes dados na pia batismal. Estatísticas e mais estatísticas. Leia-se o romance *A sangue frio* (1965), de Truman Capote, recentemente filmado. O comportamento íntimo de dois criminosos na cadeia ganha nome próprio. Também se descreve em detalhes perturbadores o comportamento do jornalista e de sua amiga, dos hospedeiros provincianos e pequeno-burgueses.

A vida íntima da cidadã e do cidadão norte-americano — seu estilo de vida bizarro, *odd* e *strange*, para usar vocábulos da época — ulula na década de 1960. Leia-se, ainda, o primeiro texto de Didion em *Rastejando até Belém*, "Sonhadores do sono dourado". A jornalista foca a conduta sentimental e criminosa de uma esposa californiana, Lucille Miller, para distendê-la como se nas páginas de cobertura policial.

O poeta W. B. Yeats dá de presente a Joan Didion o título do livro. Diz ela que o poema sobre o segundo advento do Cristo, de Yeats, parecia ter sido "implantado cirurgicamente" em seus ouvidos. Obsessão pouca é café-pequeno entre os novos jornalistas. Didion tem o poema como guia para compreender as teorias apocalípticas e/ou espiritualistas que estão sendo reveladas e difundidas na cidade de San Francisco pela juventude, inspirada pelos movimentos beat e hippie. Seu paradigma foi — confessa Didion recitando Yeats — "o falcão que não escuta ao falconeiro". Ou, em termos vulgares, a desobediência dos jovens às normas sociais que, a seu turno, eles radicalizam. A revolta como norma, Albert Camus *dixit*.

A jornalista mal poderia ter imaginado que, com o tempo e à sua revelia, suas narrativas curtas se metamorfoseariam em falsas teorias salvacionistas ou em violentas teorias conspiratórias, a ganhar o atual (des)governo da nação ao norte. No dia 6 de janeiro de 2022, o medo e a paranoia baixariam ao planeta no Capitólio. "As coisas desmoronam", descobre Didion em 1968 e anota. Daí a atualidade de *Rastejando até Belém*. Podemos rever o berço onde nasceu há 53 anos o bebê de Rosemary. Ele está em apartamento do edifício Dakota, onde John Lennon será assassinado.

Inicialmente, os novos jornalistas foram tidos como intelectuais frívolos. Décadas mais tarde, ao me aproximar de meu vizinho Tim Lopes, repórter policial de *O Globo*, vim a compreendê-los melhor. Ao cobrir a criminalidade nas comunidades carentes cariocas, derivada do tráfico de drogas, Tim Lopes expunha seu corpo físico como uma espécie de cobaia em laboratório. A subjetividade em perigo é indispensável para o bom conhecimento do assunto que ocupa espaço na imprensa. Associei Joan Didion também à condição de cobaia (com suicídio assistido) em experimento científico, lembrando-me do ensaio dela sobre o ator John Wayne, enfermo e irritadiço no set de filmagem na Cidade do México.

Didion o viu pela primeira vez em 1943 (na tela) e se apaixonou. Agora, o galã símbolo da masculinidade gringa é assunto. Filma no México e está doente. A jornalista decide intrometer seu corpo íntimo e sentimental em experiência ao vivo. Sua vida matrimonial está — sempre esteve? — a perigo. No ensaio anterior, sobre a esposa assassina, Didion já tinha anotado: "O casamento parecia ter chegado àquela trégua tradicional, o ponto em que muitos se resignam a reduzir tanto as perdas quanto as esperanças". Tim Lopes expõe o corpo físico como cobaia; Joan Didion, a sanidade mental. Sua sobrevivência sentimental é posta à prova em restaurante do parque de Chapultepec, onde se celebra o fim das filmagens no México, depois de semanas de baixo-astral. O ator, já saudável, e a jornalista estão felizes.

No final, durante o jantar, uma única frase revela o motivo para a escolha de John Wayne para a entrevista e o modo como a intimidade entre a jornalista e o ator esteve sendo camuflada. "Bebemos muito e eu perdi a sensação de que aquele rosto do outro lado da mesa era, em certos sentidos, mais familiar do que o do meu marido." Os músicos se aproximam da mesa festiva, brindes são levantados, o ator saúda a esposa. Conclui Didion: "me dei conta do que eles estavam tocando: [...] 'The Red River Valley' e toda a trilha de *Um fio de esperança*. Não acertaram bem o ritmo, mas ainda hoje posso ouvi-los, em outro país e tanto tempo depois, enquanto conto isso para vocês". Só é eterno o amor de uma fã adolescente. Há que se agarrar a ele como a uma boia salva-vidas.

(Como *Um fio de esperança* é filme pouco conhecido, transcrevo o essencial da trama. John Wayne é um experiente piloto que sofreu um grande trauma e hoje atua abaixo de sua capacidade. Durante mais um voo comercial, ele, no posto de copiloto, assume o controle e tenta salvar os passageiros após a aeronave apresentar uma falha mecânica sobre o Pacífico. É sua segunda chance.)

Nos anos 1960, a propagação viral do cinema hollywoodiano já tinha provocado um "comunismo dos afetos, menos revolucionário que revelatório", para retomar expressões de Paul Virilio, o filósofo polivalente francês. Didion apreende e revela como, em comunidade de afetos instantâneos e fatalmente duradouros, é saudável perder por um momento a sensação do real para reganhar o prazer de viver. Título do ensaio: "John Wayne: Uma canção de amor". O Novo Jornalismo inaugura na imprensa a possibilidade de uma história das sensibilidades (aquém ou além da história das mentalidades). Em poema, Elizabeth Bishop tinha alertado: "A arte de perder não é nenhum mistério".

Não esqueçamos que os anos 1960 se abrem em 1962 com um livro então revolucionário, *A outra América*. Michael Harrington, seu autor, dá adeus ao "sonho americano" e anuncia a entrada na pobreza de 25% da população da nação mais rica do mundo. À maneira do taxista do filme *Colateral*, interpretado por Jamie Foxx, Didion quadricula em bairros o mapa da cidade de San Francisco, dando preferência ao distrito de Haight-Ashbury, que se transforma em quarteirões que abrigam, em condições miseráveis, uma gente jovem que vive drogada e sem se alimentar.

Depois do dia de trabalho, as *highways* passam por cima do local tradicional e conduzem a burguesia às elegantes e bem fornidas residências nos *suburbia*. A preferência pelos Haight possibilita que Didion construa personagens que têm a intimidade singularizada pelo nome próprio e que ganham, simultaneamente, o peso sentimental e social da coletividade. São singulares e ao mesmo tempo coletivos.

Didion pincela na página em branco os prenúncios de uma guerra surda, necessariamente subterrânea. A fraternidade universal, de origem protestante, vai sendo matizada por seitas religiosas de nomes bizarros e radicais, por desentendimentos espirituais e por estilos de vida libertários e/ou conservadores, que não se cruzam e entram em choque nas comunidades setorizadas e nas metrópoles, nas delegacias e na Justiça. A juventude — ainda sem a discriminação precisa de raça e de classe, discriminação a ser ganha no Novo Jornalismo com Tom Wolfe ao narrar o jantar que, em 1970, o maestro Leonard Bernstein oferece aos Panteras Negras — busca sua segunda chance fora do torrão natal. Em constante migração, os grupos de jovens se valem do ônibus Greyhound ou do automóvel no início. O trailer vem em seguida. A van ou a casa móvel dominam finalmente. Nem *downtown* nem *suburbia*. Foi-se a época em que o romance *Por quem os sinos dobram*, de Hemingway, endossou o verso de John Donne: "Nenhum homem é uma ilha". Agora, a época tem epígrafe do visionário poeta John Keats.

Não é, pois, gratuito o título do livro de Joan Didion. Os dois parágrafos iniciais do ensaio "Rastejando até Belém" são trabalhados como que pela superposição de duas tomadas panorâmicas de filme. A câmera de Didion filma primeiro uma multidão uniforme de jovens "desaparecidos" (o adjetivo é repetitivo no parágrafo e será repetitivo durante o texto), que moram no bairro de Haight-Ashbury, e em seguida de famílias de classe média, que moram nos bairros suburbanos. As famílias se nutrem "do mercado [...] estável, [do] PIB alto e havia muita gente articulada que parecia comprometida com as questões sociais".

Escrito sob a forma de poema, Didion destaca um aviso colado em poste. À semelhança da família que espera resgatar o animal de estimação que foge de casa, comenta Didion, Marla Pence, moradora de Portland, procura em Haight-Ashbury o amado desaparecido. Transcreve o que se lê no aviso: "Meu Christopher Robinson se foi de casa./ Ele ligou no dia 10 de abril/ Mas depois disso sumiu". Por que foge? O script do filme *Um fio de esperança* é obsessivo. Será que ele busca "uma segunda chance", agora por insatisfação e tédio?

Logo adiante, Didion nos responde à pergunta, apresentando outro personagem do ensaio, Max. Sua técnica habitual para combater o tédio é fugir de casa. Já Debbie, de quinze anos, e Jeff, de dezesseis, saíram de casa há doze dias, fugindo da escola numa manhã com um total de cem dólares. A lista dos desaparecidos — falcões a desprezar os falconeiros, para retomar o poeta Yeats, citado — é infinita. Em voos rasantes e quase suicidas, eles transformam Haight-Ashbury e a nação norte-americana, criando enclaves de alienados, ressentidos e miseráveis, que seguem o destino gestado na Califórnia. A segunda chance nunca chega e, se chegar, não se realizará. Profetizou Yeats no poema sobre o dia do julgamento final: "As coisas vão abaixo; o centro cede;/ Mera anarquia é solta sobre o mundo".

Hoje, o filme *Nomadland* ("Terra de nômades", tradução literal), premiado no Oscar de 2021, traduz a curiosidade intelectual e sentimental que levou Michael Harrington a escrever há meio século *A outra América* e Joan Didion, *Rastejando até Belém*. Há uma grande diferença: o filme atual perde o pessimismo visceral dos anos 1960 para revelar a inocência e o otimismo dos nômades contemporâneos. Traçam o destino do indivíduo pelo amor ao trabalho. São legítimos descendentes dos fundadores/pioneiros da nação norte-americana. E do mito de Robinson Crusoé.

Finalmente, é importante assinalar que nesta resenha e também no livro estão algumas generalizações sobre a nação norte-americana que são feitas a partir de visão exclusivamente californiana.

Dois anos depois de publicado seu livro, Joan Didion foi sensível ao parti pris assumido em 1968, mas só em 2017 apresentará ao leitor sua revisão. Nesse ano é que publica pela editora Knopf trechos de anotações escritas durante a viagem com o marido ao *Deep South* em 1970. Título do novo livro: *Sul e Oeste*. Dele retiramos esta importante autocrítica:

> o Sul do país, profundo na apreensão do passado, é um lugar onde muitas pessoas estão investidas em manter as antigas prerrogativas de raça e de classe; e a Califórnia, que insiste em só focar o futuro e o horizonte, é um lugar onde a única tradição real é a aversão do éthos de fronteira às raízes.

Eis um importante suplemento a *Rastejando até Belém*.

Das inconveniências do corpo como resistência política

Para Daniel Link e Mario Cámara, em agradecimento

> *Experiência com... antes que engajamento em...*
> Michel Foucault, "Para uma moral do desconforto", *Ditos e escritos*

> *Lembro a definição que Méral me dava da amizade: "um amigo", dizia ele, "é alguém com quem a gente se sente feliz numa parada arriscada".*
> André Gide, *Diário dos moedeiros falsos*

1.

Adio e, ao mesmo tempo, preanuncio a discussão histórica e teórica sobre o desempenho inconveniente do corpo do cantor popular brasileiro[1] em performance apresentada em lugar público. Adio a discussão histórica e teórica sobre inconveniência do corpo, para iniciar esta fala, estabelecendo as balizas cronológicas e estreitas que delimitam, no panorama geral da cultura brasileira, um importante e curto período no decorrer da ditadura militar de 1964, a ser analisado.

Julgo que a leitura do protagonismo inconveniente do performer no palco é um ato de resistência política, paralelo aos atos de resistência propriamente ideológico-partidários ao golpe militar. A análise e interpretação do ato político *artístico* está ausente das melhores leituras históricas e sociológicas do período de exceção por que passa a nação durante as décadas de 1960 e 1970. A finalidade deste trabalho sobre a cultura pop brasileira é a de integrá-la à bibliografia das lutas libertárias, acentuando as dificuldades disciplinares que uma integração artística implica.

Eis a originalidade da análise de caso a ser feita e da discussão histórica teórica que a acompanha. Em suma, eis o sentido da interpretação da performance inconveniente do artista em cena aberta, a ser proposta ao leitor.

Em evento público e sempre concorrido, o corpo inconveniente e libertário do cantor é o objeto específico de análise que, a sua vez, requer uma moldura teórica que reenquadre o evento pop como acontecimento político-cultural nas teorias estéticas sobre a representação teatral no Ocidente desde os tempos greco-romanos.

Primeiro, considero o objeto específico de análise — a apresentação pública do cantor pop — pelo seu rabicho teórico. Por mais de dois milênios, as sucessivas *poéticas* clássicas se calam e reprimem tanto o autor do texto, o dramaturgo, quanto os responsáveis pela mise en scène e pela performance, o diretor e o ator, respectivamente. A arte poética canônica exige de toda a equipe envolvida que abuse da fala palavrosa e poupe a imagem. Exige que o texto e a mise en scène apenas *aludam* à exposição de *cena julgada como indecorosa pela censura prévia* (não há como evitar a expressão, mesmo em se tratando de arte poética). Em público, ou seja, diante de espectadores sentados na escadaria semicircular de arena ou em poltronas confortáveis de teatro aristocrático ou burguês, dramaturgo, diretor e ator devem obedecer às regras coercitivas do *decoro*.

As poéticas teatrais canônicas desprezam a imagem indecorosa e ao vivo dos atores no palco a fim de favorecer o *texto* dito por ator, que passa a ter uma função dramática inesperada: a de *escamotear* a ação censurada do olhar dos espectadores, descrevendo-a com palavras.

Uma imagem (ao vivo) vale mais que mil palavras? *Who's Afraid of Confucius* — estou me referindo, claro, ao autor chinês do bordão que encantou os publicitários modernos até o momento em que o fantasma nosso contemporâneo do #MeToo bate à porta da Justiça, exigindo reparação de dano à mulher ofendida no outdoor ou na vida profissional. O filósofo Aristóteles (384 a.C.-322 a.C.), o poeta Horácio (65 a.C.-8 a.C.) e o crítico francês Boileau (1636-1711) — para citar três exemplos canônicos — têm medo do bordão inventado pelo sábio chinês. Por isso é que os invoco primeiro para tecer o elogio da inconveniência, virando o decoro pelo seu *avesso*.

Só pelo avesso das *poéticas* clássicas do teatro é que melhor se avalia a exposição inconveniente em espaço público do corpo do cantor popular brasileiro como ato transgressor aos costumes em vigor, postos em destaque pela ditadura militar de 1964.

Contemplemos o corpo do cantor Ney Matogrosso no ano de 1973, em performance no estádio repleto do Maracanã e na telinha da TV Tupi. Ele interpreta a canção "Sangue latino", de João Ricardo e Paulinho Mendonça.[2]

Apesar de não ter sido prevista por ideário ideológico nem programada por partido político da oposição, a imagem ao vivo do corpo inconveniente de Ney Matogrosso no palco alcança as gerações contemporâneas e futuras de jovens, e as seduz. O poder da imagem ao vivo do cantor pop — diante da plateia em delírio do Maracanã ou do rosto do jovem espectador sozinho no quarto de dormir — é tão intenso que redunda numa conquista de participação política indireta e popular que, já na fase de "abertura" do processo de democratização da nação brasileira, se transforma em projeto sociopolítico identitário da juventude brasileira, que mais e mais se afiança por inesperadas vitórias na luta dos grupos sociais marginalizados, ou sem voz ativa.

Em 2019, as primeiras vitórias da cidadania civil, datadas de meados do século anterior, já se apresentam como enraizadas e em vias de ser absorvidas pelos poderes Legislativo e Judiciário; em suma, pela sociedade brasileira como um todo constitucional. No entanto, a reação conservadora levada a cabo pelo governo Jair Bolsonaro julga que, na condução do processo político democrático brasileiro, as conquistas dos grupos sociais marginalizados, ou sem voz ativa, têm de ser erradicadas das leis dos direitos humanos em virtude de ser tão *indecorosas* quanto o gestual público de inconveniência do corpo do artista pop durante a ditadura de 1964.

Na verdade, hoje se percebe melhor como, no palco da arte e no palco da vida, o gestual de inconveniência do cantor pop e dos espectadores jovens foi e continua sendo formas paralelas de resistência política a autoritarismos e a perseguições tradicionalmente preconceituosas, acentuadas desde o golpe militar de 1964.[3]

O curto e complexo núcleo histórico em análise será alegorizado pela *figuração* no palco dos cantores e das cantoras que definem dois movimentos culturais que se sucedem na segunda metade do século XX — a Bossa Nova (*c.* 1958) e a Tropicália (*c.* 1967).

Embora estejam interligados pelos historiadores da MPB, os cantores de um e do outro grupo não transitam necessariamente de um para o outro movimento. A performance artística estacionária do cantor bossa-nova no palco é rompida pelo surgimento da imagem inconveniente do cantor tropicalista diante do espectador. Interessa-me menos a *comparação* entre os cantores da Bossa Nova e da Tropicália; interessa-me mais o *contraste* radical entre a atuação dos *corpos*. Justifico-me: a perspectiva teórica em discussão não requer a análise per se do mérito da execução instrumental e da letra das canções. Foco o momento histórico em que, no palco e diante da galera, o corpo do cantor torna-se inconveniente. É mutante e significa. Ele significa tanto quanto a letra da canção ou as qualidades propriamente artísticas do(s) intérprete(s).

Num primeiro momento, contrastarei o comportamento dos respectivos corpos em cena, ou seja, contrastarei a performance do cantor bossa-nova e do cantor tropicalista. Por exemplo, Vinicius de Moraes de um lado e Ney Matogrosso do outro. Em seguida, extrairei do contraste o surgimento da noção *teatral* de inconveniência, tomada esta no sentido dicionarizado em língua portuguesa. Contrastarei o comportamento compenetrado, comedido e palavroso do cantor bossa-nova, Vinicius, com o comportamento expresso por corpo fantasiado e maquiado, de gestual ousado, do cantor tropicalista, Ney.

Num segundo momento, deslocarei meu olhar crítico-teórico para a plateia, onde está o jovem e anônimo espectador de shows de música popular nos anos travados pelo imobilismo ditatorial e desesperançados. Sensível ao impacto causado pelo fenômeno da espetacularização da cultura, cujo fundamento remonta ao sucesso extraordinário do filme hollywoodiano nas metrópoles e nas cidades interioranas, o jovem espectador de shows musicais passa por processo em que sua personalidade privada e pública, em fase de formação, se mediatizada pela figura irreverente do cantor, ressurge mais autêntica e se torna *resistente*.

Apesar de singular e anônimo, o jovem espectador quer atuar também para ser mais feliz na vida. Quer atuar em sua própria vida em liberdade plena. Na plateia, no seu quarto de dormir ou nos espaços públicos por onde circula, quer ser semelhante ao artista que performa no palco.

E será semelhante ao artista na dita vida real.

No ambiente público em que vive o dia a dia, o jovem repete a atuação em cena aberta do cantor tropicalista, prolongando-a ao infinito. Torna-a coletiva. À semelhança de Caetano Veloso ou de Ney Matogrosso, o jovem passa a ser a imagem viva do *hoje* que rompe radicalmente com o *ontem*.[4] Sua performance cotidiana não se encontra mais condicionada pelo comportamento convencional, o de estudioso e ajuizado jovem pequeno-burguês; é inspirada pelo comportamento endiabrado e alucinado do cantor no Maracanã. A performance do artista se lhe acopla de jeito imprevisto e de maneira emotiva no cotidiano.

No processo de reconfiguração da nova identidade, o enriquecimento semântico do sujeito — sua rebeldia e sua resistência — não é mera capa epidérmica e passageira, embora muitas vezes o dia a dia venha revigorado por alucinógeno. Ao assumir o *hoje* (ver nota 4 deste capítulo) da sua identidade, o espectador põe em xeque as diversas ordens disciplinares e camadas comportamentais do sistema político militarizado e repressivo. Sofre muitas represálias, muitas delas seríssimas e assassinas. Na maioria, são anônimas.

Epigramaticamente, posso afirmar que, naqueles poucos anos da ditadura militar no poder, não é só o gay quem sai do armário. De modo coletivo e em ritmo imprevisto, a maioria dos jovens brasileiros começa a sair dos respectivos e próprios armários onde se guardam e se enclausuram *as variadas e múltiplas formas da vergonha de ser e de estar em público*. As novas identidades partem de atitude única na história do comportamento social do jovem brasileiro, embora tenham de ser diferenciadas por uma razão simples. No movimento sociopolítico que leva à generalização do princípio do *armário*, a inconveniência também desenquadra da moldura social e política ditatorial formas variadas e simpáticas, motivadoras de bom comportamento.

Por mais lógica que nossa leitura possa parecer, o comportamento inconveniente da juventude terá de se apresentar aos olhos crítico no modo contraditório. O jovem vive o cotidiano tão mais artificialmente quanto mais se conforma à sua paisagem íntima. O anonimato singular e rebelde torna-se uniformidade coletiva revolucionária.[5]

Ainda que a sinceridade singular do jovem ou a autenticidade coletiva do indivíduo se apresentem aos olhos da sociedade como inconvenientemente fantasiosas, elas se tornam moeda corrente e valiosa no processo de *ajuntamento* em diferentes grupos de ação (ainda que só fornidos de um saber do *hoje*, apud Foucault) dos associados. Recordem-se as duas expressões que Foucault grafa em separado para configurar a "moral do desconforto": "Experiência com... antes que engajamento em...". A experiência transitiva, *amiga*, conflita com o engajamento político-partidário tradicional, embora, de modo paralelo, o apoie, visto que a visualização dos novos grupos de rebeldes jovens se destaca, em período histórico ditatorial, pela inconveniência no comportamento cotidiano.

Dados descritivos preciosos são oferecidos à análise da inconveniência pela vestimenta colorida e de padrão indiano e pela ausência de corte de cabelo, ou pelo cabelo sem pente e pelo gestual exagerado ou afetado ou, finalmente, pelo simples palavreado. Também serão fornecidos por novas atitudes existenciais, recobertas por vocabulário sem significado semântico dicionarizado, como "desbunde", "curtição" etc.

Com o correr das décadas e a chegada da idade madura, a lenta e difícil adequação da vida "prazerosa" juvenil à vida "profissional" adulta pode ter epílogo cômico, aburguesado, sofrido, trágico ou feliz. Depende do indivíduo e, se a conquista juvenil não for definitivamente ceifada pela atual política de governo, será matéria para outro capítulo, o do *envelhecimento* em comunidades fraternas, devidamente direcionado por Eros e Tânatos. Esqueça-se Ney Matogrosso e pense-se, como exemplo, no Caetano Veloso atual.

2.

Tal como proposto no primeiro parágrafo, o estabelecimento preliminar de balizas cronológicas estreitas só se justificará teoricamente pelo fastidioso voo pelas artes poéticas canônicas, que se lhes sucede. A nave teórica que *cala* autor e ator na trama teatral decola nos tempos greco-romanos. Decola na apologia do "decoro" que se desenvolve no capítulo xiv da *Poética*, de Aristóteles. Sobrevoa o conselho horaciano de "manter longe da vista do espectador" tanto a metamorfose de Procne em pássaro quanto a de Cadmo e sua esposa em serpente.[6] Aterrissa em pleno século xvii na França, quando a lei clássica da *bienséance* é imposta à escrita e à mise en scène da peça de teatro de três gigantes: Corneille, Molière e Racine.

Resumo a fastidiosa viagem teórica com dois versos retirados da *Arte poética* (1674) do francês Boileau. Destaco: "Mas há objetos que a arte judiciosa/ Deve oferecer às orelhas e distanciar dos olhos".[7] Caso nosso leitor vire pelo avesso o decoro pregado pela "arte judiciosa", chegará à seguinte conclusão: a inconveniência no palco vem distanciada dos olhos por imagem que só chega às orelhas, descrita por um dos atores em palavras. Em contrapartida, a imagem distanciada dos olhos só chegará a ser iluminada pelo avesso do cânone da arte judiciosa, por exemplo, na figuração do corpo do cantor Ney Matogrosso no palco do Maracanã.

As balizas que delimitam o núcleo histórico central desta leitura levam o leitor ou o ouvinte a focar primordialmente o objeto de análise — o corpo sem decoro, desobediente à *bienséance*. Isso evita que a atenção crítica se esgarce pela longa digressão teórica antes de bem apreender o objeto de estudo, que é a razão de ser desta proposta de leitura contrastiva do cantor da Bossa Nova e do cantor da Tropicália. A composição de nossa fala pelo lado do avesso das poéticas clássicas inventa uma nova ordem dos fatores sociopolíticos, à espera de que o produto não seja alterado. A transformação do espectador se dá em cena aberta, no momento da performance do corpo do cantor. Ocorre durante o show ao vivo ou gravado. Por isso, a imagem inconveniente do corpo do cantor vai extrapolar os limites estreitos do palco e da sala de espetáculos e irá além dos limites da telinha e do ambiente doméstico, se transmitida ou, posteriormente, reproduzida em vídeo. Na era da reprodutibilidade técnica da arte, para retomar o ensaio precursor de Walter Benjamin, a performance ao vivo e em cores pode intervir de modo ameaçador e sedutor, amigável numa só palavra, na vivência cotidiana da juventude de classe média brasileira. A experiência do corpo inconveniente será acoplada ao corpo do espectador jovem em pílulas homeopáticas. De maneira lenta e orgânica, talvez definitiva.

Na experiência semântica do espetáculo inconveniente, a letra da canção, recheada com frases críticas, ferinas ou ostensivamente satíricas, é jogada para o segundo plano pelo jovem espectador apaixonado. Não há que acender, como nos programas de auditório, um aviso premonitório: atente-se mais para o corpo e menos para a letra. A atenção do espectador é produto da paixão do corpo pelo corpo alheio. E pelas novas e arriscadas exigências do ser e estar no *hoje*. Embora a nação brasileira estivesse sendo tomada por um dos mais sombrios períodos pelos quais passou uma população jovem, muitos vivem alegremente o dia a dia daqueles anos. Durante os 365 dias do ano, sobrevivem e revivem desrespeitosa e alegremente os três dias do Carnaval.

Nocauteia-se o bordão clássico de Tom Jobim e Vinicius de Moraes sobre o dia em que termina o Carnaval, bordão que discretamente endossa os valores religiosos de "Ash-Wednesday", poema clássico de T.S. Eliot.[8] "Tristeza não tem fim/ Felicidade sim." Felicidade não tem fim, tristeza sim.[9]

Em tempos de chumbo, ao se abrirem diferentes direções ao comportamento tradicional e às metamorfoses impensadas para o corpo do jovem em formação, opera-se uma remodelação do sujeito de classe média, de fundo teatral. Reafirma-se um complexo processo de "ressubjetivação", para retomar Michel Foucault e Gilles Deleuze.[10]

Não voltemos a cair em equívoco fomentado pela sociologia da época e apenas desacreditado por algum antropólogo antenado com o *hoje*. Em virtude das intrincadas consequências sociais na difusão do espetáculo cultural em escala nacional, as artes da inconveniência do cantor no palco se igualam às artes da metamorfose do ator nos filmes e se acoplam também tanto aos jovens metropolitanos das classes populares quanto aos corpos dos jovens interioranos, e atingem a todas e a todos em cheio. Tal ocorre em virtude de também coexistir em todas as pessoas jovens o desejo de se adaptar mimeticamente ao *hoje* e à esperança de melhores dias, sem compromisso com os constrangimentos familiares e os preconceitos sociopolíticos que padecem na carne. Retomo o exemplo da peça *Hoje é dia de rock* (ver nota 5 deste capítulo). A juventude interiorana e a das classes populares metropolitanas passam também por uma espécie confusa de *bricolage* cultural e *em tudo* e *em nada* artificial. O paradoxo é de praxe em sociedade latino-americana.

Acrescente-se que a televisão é bandeira forte na difusão livre da propaganda oficial e o é, ainda, nos espetáculos da contracultura jovem, ainda que reprimida e censurada pelos organismos governamentais. Para iluminar a dubiedade, tome-se como farol o verso da letra da canção "Jorge Maravilha" (1974), assinada por Chico Buarque com o pseudônimo de Julinho da Adelaide: "Você não gosta de mim/ Mas sua filha gosta" (1970). Refere-se a exemplo que se tornou paradigmático, à censura de responsabilidade do general Ernesto Geisel e ao gosto artístico rebelde de sua filha, a historiadora Amália Lucy Geisel.

O aparato tecnológico visual e ambivalente da televisão e da reprodução em vídeo aviva e agiganta tanto a palavra poética quanto o corpo do cantor. Palavras inconvenientes de Chico Buarque, corpos inconvenientes de Caetano Veloso e de Hélio Oiticica. As pessoas, escreve Ney Matogrosso no livro de título ambíguo, *Vira-lata de raça*, publicado em 2018, "quando me viam no palco, maquiado, com bigode e uma grinalda na cabeça, requebrando como um ser híbrido, ficavam ainda mais confusas".

(Abro parêntese para complementar o resumo proporcionado pela citação de dois versos de Boileau e explicar, pela etimologia, o significado da lei de *bienséance* que evita a cena inconveniente — na verdade, a censura — na dramaturgia francesa no século XVII. *Séance* vem do verbo latino *sedere*, "sentar-se". Portanto, o prefixo *bien* se refere à necessidade de o ator deixar o espectador bem sentado e confortável no espaço da poltrona. O corpo do ator no palco não deve agir de modo a perturbar o bem-estar atento e autorreflexivo do corpo que assiste ao show, ao programa de televisão ou ao vídeo. Visa a não deixar o híbrido da performance, para retomar Ney, confundir a mente do espectador, daí a recomendação greco-latina de decoro, a facultar apenas às orelhas a imagem indecorosa, escondendo-a dos olhos.)

Julgo que no pós-68 da ditadura militar estabelecida em 1964 é que se dá uma nova *formação em coletividades* (insisto no plural de "coletividade") de boa parte da juventude brasileira. Formação em coletividades irreverente, escandalosa e irredutível. Repito uma das epígrafes e a ela acrescento uma segunda. Retomo:

"Experiência com... antes de engajamento em...". Acrescento a outra: "Lembro a definição que Méral me dava da amizade: 'um amigo', dizia ele, 'é alguém com quem a gente se sente feliz numa parada arriscada'".

Faço o resumo: a experiência transitiva é o fundamento da amizade feliz entre corpos inconvenientes.

Permitam-me, pois, que acrescente duas palavras pessoais sobre a expressão "formação em coletividades". É importante distinguir esse processo de *formação* dos três principais processos tradicionais de formação positiva do jovem — a formação familiar, a religiosa e a educacional. Às três formações homogeneizadoras e castradoras se opõe a experiência até então inédita em show de música popular para jovens.[11] Ela desviará o adolescente do aprendizado oferecido pelo constrangimento familiar, religioso e educacional, delegando-lhe a total responsabilidade pelo modo como se encaminha alegre e rigorosamente para a nova e emancipatória identidade privada e pública. A rebeldia não se dá apenas no espaço dito público, mas também e sobretudo no espaço escolar.

Vejo aqueles poucos anos de duas décadas como os que preparam e sub-repticiamente fomentam a criação de futuras e idôneas categorias de pensamento crítico que vão além das teses clássicas do filósofo Louis Althusser sobre os aparelhos ideológicos. Refiro-me aos "dispositivos",[12] para valer-me uma vez mais do linguajar de Michel Foucault.

São os *dispositivos* postos ao alcance dos jovens pelo cantor inconveniente que movimentam os sujeitos a novas identidades emancipatórias e a estratégias diferentes de combate à ditadura militar. No presente caso, movimentam as estratégias de resistência política que coexistem *em paralelo* à história oficial e à história a contrapelo dos anos 1970, ambas de fundo ideológico-partidário. Por todo o Brasil, surgem novos agrupamentos sociais de rebeldia jovem, com propostas revolucionárias variadas, singulares e originais. Pouco importa se alguns discursos dominantes as deixaram escapar pelas brechas dos estudos. Precisamos recuperá-las no seu tempo e espaço para melhor entender o presente.

Novos e diferentes coletivos de jovens se afirmam e se cristalizam em dispositivos com *interesse amplo* e *reivindicações emancipatórias comuns*, e não mais se significam por palavra de ordem partidária ou autoritária. Ao se manifestar em diferentes e coexistentes formulações sociopolíticas e ações revolucionárias, a juventude se manifesta coletivamente. Formulações e ações empurram o sujeito jovem a se emancipar menos em direção ao campo da ideologia e mais em direção ao campo do presente compartilhado e inventado. (Metaforicamente, o sujeito jovem passa a ser e a estar no mundo da política pelas cosquinhas que faz na pele da história e da sociologia.) A configuração concreta da utopia está muitas vezes no "paraíso artificial", para retomar Charles Baudelaire, porque não há fuga ao real conservador que distancie o corpo em formação do viver o *hoje* em sua plenitude. Sem a palavra de autoridade vinda do passado, os olhos jovens se voltam para onde têm de se voltar inevitavelmente — para o presente. E, ao mesmo tempo, para o futuro, a ser inventado pela frágil e apaixonada experiência do hoje. São menos lavradores do pensamento crítico tradicional e mais marinheiros em alto-mar, com vistas a outros portos de circulação livre e genuinamente igualitária.

Fato notável é que são esses *dispositivos* sociopolíticos e emancipatórios que serão mais contra-atacados no terceiro milênio, que nos toca viver. Estão sendo contra-atacados por imposição de regras religiosas e de ideário tacanho e populista sobre governo, regras e ideário nitidamente *negativistas e repressivos*. Refiro-me à atual perseguição (para usar palavra ainda branda) aos novos conjuntos de jovens e adultos emancipatórios e libertários — pertencentes a "classe social" plural, ou indefinida — que inauguraram e, no momento, fortalecem novas formas de congraçamento pela cumplicidade subjetiva na identidade étnica e na identidade sexual.

As manifestações de rebeldia, de luta e de pleitos das cidadãs e dos cidadãos junto aos três poderes voltam a pipocar no panorama nacional e se transformam em reivindicações mais agressivas e, evidentemente, mais perigosas.

Dissociemos passageiramente os três poderes. A Assembleia Legislativa da nação e de cada estado e as Câmaras de Vereadores ganham e ocupam o lugar do antigo palco onde se exibiu o corpo do cantor durante o período da ditadura militar de 1964. Os novos mediadores da emancipação libertária são hoje eleitos como "representantes do povo", para usar o apelativo clássico, e são nomeados no Congresso Nacional pelo nome próprio. Marielle Franco e Jean Wyllys, por exemplo.

Defendem causas políticas que já ganharam nome e têm tradição. Saem em busca de torná-las entendidas e aceitas pelas leis da cidadania civil. E, no entanto, estão sendo mais e mais implicadas pela repressão e pela censura e, ainda, pela intolerância constitucional. Em pleno Congresso Nacional, tais são a violência da linguagem e dos atos repressivos de muitos dos nossos representantes oficiais que os parlamentares dissidentes são levados a resistir na tradição da inconveniência em público do cantor pop nos anos de chumbo. Assim agem sob as lentes dos jornalistas. Passam pelo perigo de padecer algo além da tortura mental. Suas vidas estão em perigo.

Chega o momento de dedicar-me mais cuidadosamente aos dois movimentos de música pop elencados: Bossa Nova e Tropicália. De ampla configuração cultural, eles sucedem um ao outro, gerando, entre os jovens espectadores e entre os fãs em geral, a revolução emancipatória no comportamento adolescente e juvenil a que venho me referindo. A postura libertária do jovem, julgo, não pode ser separada — a não ser em perspectiva de análise disciplinar, ou em postura ideológica estreita, como é o caso já clássico dos estudos pelo historiador José Ramos Tinhorão[13] — e ser analisada separadamente das manifestações de *resistência política* à ditadura militar, então exteriorizadas publicamente pelas formas de atuação que se apresentam tradicionalmente como passeata pelas ruas da cidade e concentração e comício em praça pública. No período em questão nesta leitura, a atuação tradicional se radicalizou no Brasil sob a forma de movimentos de guerrilha urbana e rural.

Julgo, pois, que a revolução comportamental insuflada pela *inconveniência* na representação do corpo do cantor pop em local público — repito: paralela aos variados e tradicionais movimentos de resistência propriamente político-partidária — entusiasma a juventude desejosa de participação coletiva contra o status quo e rende frutos rebeldes e transformantes da sociedade brasileira no decorrer das décadas seguintes. Na época — recordo-me —, apresentou-se orgulhosamente como germe de "sociedade alternativa", projeto adubado pelas letras de alguns compositores e, em particular, pela voz do cantor Raul Seixas.

Com a ajuda de mãos amigas, Raul Seixas escreve um manifesto de caráter esotérico, baseado nos escritos de Aleister Crowley, que é distribuído ao público sob a forma de folheto em show no ano de 1973. Posteriormente, os folhetos são recolhidos pela Polícia Federal e queimados como "material subversivo". Raul foi preso e torturado pelo Dops e "convidado" a se retirar do país. Saliento detalhes para mostrar como o poder ditatorial *macro* também contamina, pela censura, pela repressão e pela tortura, personalidades artísticas *micro*, em destaque no palco de teatro ou no palco da telinha.

O aparelho repressor adivinha com maior perspicácia que os partidos de esquerda o peso e o valor da resistência oferecida pelo corpo nas performances inconvenientes do cantor pop e de seus jovens seguidores.

Com o apoio de dois *exemplos* sucessivos, personifico por fim as balizas cronológicas da Bossa Nova e da Tropicália. Armemos as duas cenas, nas décadas de 1950 e de 1970, respectivamente.

A primeira cena abre a comparação contrastiva em que está em jogo o comportamento do corpo do artista em público. Lembre-se de uma apresentação típica de João Gilberto ou de Vinicius de Moraes, em teatro ou televisão.[14] Optemos pelo segundo. O poeta, letrista e cantor carioca se faz acompanhar de Toquinho, seu violonista preferido. Vinicius permanece sentado durante todo o show e mantém o corpo imóvel e sedutor diante do microfone. Numa mesinha ao lado, repousam a garrafa de uísque e um copo. De vez em quando, o embaixador brasileiro — a ser cassado pelo AI-5 em 1969 — bica um gole de uísque.

A cena contrastante é encontrada anos depois, numa apresentação do músico, letrista e cantor Caetano Veloso. Ele raramente toma assento. Permanece de pé e seu corpo se expressa por movimentos inesperados. No palco, lança a luso-brasileira Carmen Miranda[15] como modelo de atuação e dela rouba, para a alegria dos espectadores e fãs, alguns requebros e gingados, enquanto as mãos retraçam no espaço teatral gestos típicos da Brazilian Bombshell. No palco, o corpo do cantor dança à semelhança do corpo de Carmen Miranda nos filmes de sucesso internacional, corpo que seguia os passos ditados pelo coreógrafo Busby Berkeley, como em *Entre a loura e a morena* (*The Gang's All Here*, 1943). Lembre-se também dos shows ao vivo ou gravados do grupo Secos & Molhados, de que faz parte o cantor Ney Matogrosso.[16] De maneira mais discreta mas não menos certeira, estou me referindo à entrada dos sujeitos — cantor e/ou espectador — em diferentes paraísos artificiais. Num momento, é a embriaguez causada pelo consumo do álcool e, no outro, a sensação provocada pelo efeito das drogas ditas alucinógenas. Estou me referindo, ainda, a uma abertura à discussão do comportamento sexual tradicional, de que será modelo, na época, o que se chamou, em termos da gíria norte-americana aqui aclimatada, de "saída do armário", e que chega aos dias de hoje como possibilidade de uma sociedade não binária, transgênero, com identidades étnicas precisas e com acessibilidade regularizada por lei à maconha.

A decadência humana e suas elegâncias

> *Se o estupro e o veneno, se o incêndio e o punhal*
> *Não bordaram ainda com traços ferinos*
> *O esboço chão de nossos indignos destinos,*
> *É que a audácia de nossa alma não é total.*
>
> Charles Baudelaire, "Ao leitor",
> *As flores do mal*

1.

A nova tradução ao português de *Satíricon*[1] — romance (ou protorromance) escrito pelo cortesão Petrônio nos tempos do imperador Nero — leva-me a fazer uma pergunta que julgo pertinente sobre o autor de literatura no Brasil moderno. Por que o nosso romancista está mais inclinado a dramatizar a vida alheia na rua do que a vida no interior do grupo social a que pertence por direito de família ou de conquista pessoal?

Desdobro a pergunta. Por que o olhar artístico do romancista brasileiro sai da área em que, familiar e comunitariamente, vive e sobrevive, e se desloca para área urbana distinta, onde, aos trancos e barrancos, vive e sobrevive — ou não — seu outro? Por que o olhar crítico do artista se desapossa da condição de "árbitro da elegância" de sua coletividade, para dissecar, como legislador ideológico ou espiritual, as comunidades miseráveis e muitas vezes decadentes?

Refraseio a pergunta inicial.

Por que razão o escritor brasileiro não se envolve subjetivamente com sua experiência de vida, a fim de implicá-la em e compromissá-la com linguagem artística? Por que não se deixa arrastar por imprevistos que enfrentou e enfrenta, ou pela rotina que desfruta sorridente ou triste no grupo familiar e social a que, na condição de cidadã ou cidadão, pertence? Deleta a experiência de vida como se argamassa imprópria para a elaboração da obra artística. Ao subtrair a expressão literária de sua vivência concreta, sobrepõe-lhe — com maior ou menor felicidade — vidas paralelas e subalternas que, na maioria das vezes, estão excluídas de seu círculo social, ou são por ele discreta ou ambiguamente estigmatizadas.

Vidas alheias e subalternas que o escritor observa e cujo comportamento, em muitos casos, apenas adivinha.

Vidas alheias e subalternas que se representam a seus olhos em "doloroso espetáculo" (adianto-me à citação que virá), interpretado por seres humanos mal-aventurados, desafortunados ou miseráveis, a sobreviver nas ruas, nos pardieiros, nos bordéis e nos cárceres da cidade.

Nesse sentido, *Satíricon* (60 d.C.?) pode ser *lido* — esta proposta se apresenta ainda em termos toscos — através de obra semelhante da literatura moderna brasileira, *A alma encantadora das ruas*, publicada em 1908 por João do Rio (pseudônimo de Paulo Barreto, membro da Academia Brasileira de Letras). Deveríamos estar comemorando em 2021 o centenário de morte do escritor carioca. Estamos? João Carlos Rodrigues, biógrafo do autor e da obra, me diz que não. Então, comemoremos o centenário cercando o nome do escritor carioca de mil e um outros que estão sempre a prestar homenagem e respeito ao protorromancista romano.

No livro do moderno dândi carioca, destaco os extraordinários capítulos finais. Ofereço dois títulos ao leitor, "Três aspectos da miséria" e "Onde às vezes termina a rua", e lhe peço que se refira também à notável arte poética que o livro nos oferece em capítulo — "A musa das ruas". Trata-se de arte poética corajosa que, no entanto, será recusada — exagero, será matizada pequeno-burguesamente — pela narrativa literária adotada. A arte poética irá ganhar perspectiva parisiense e antiburguesa nas partes do livro dedicadas ao flâneur (mero andarilho nas metrópoles modernas).[2]

Nos dois capítulos em destaque, a presença em ação de um "guia" faz o leitor crer que o autor se encontra desapossado da vivência dos miseráveis entregues ao ópio ou empilhados nos pardieiros que ele — na condição de autor/narrador/protagonista — está a "visitar". As três figuras retóricas da narrativa se desapossam da própria vivência para se entregar ao gozo do espetáculo tétrico, a fim de facultá-lo à quarta figura retórica da narrativa, a cidadã e o cidadão letrado brasileiro.

Quem está de fora é de fora, continua de fora, nunca será de dentro.

Durante a *visita*, uma parede de vidro permite o olhar, mas separa e impede o contágio. Artisticamente falando, o pardieiro carioca é semelhante a um ambiente hospitalar. O autor/narrador de *A alma encantadora das ruas* está sendo *guiado* por um profissional a quem é franqueado o direito de entrada, embora seja também estranho ao meio. O guia (nos dias de hoje estaria filiado à ABGTUR, Associação Brasileira dos Guias de Turismo) ganha a vida abrindo e garantindo o caminho a terceiros, assim como o autor/narrador ganha os direitos autorais facultando a descrição literária ao leitor. João do Rio e seu narrador deixam o pardieiro como quem diz "trago as mãos limpas" — que não nos ouça Jean-Paul Sartre, autor da peça *Com as mãos sujas*.

O dândi carioca leva seu leitor a crer que o autor/narrador é semelhante ao turista estrangeiro que visita o país. É curioso, quer satisfazer sua curiosidade (perversa?), mas, na verdade, não é um *assíduo* (sinônimo de "freguês", como se diz) no canto mal-afamado da cidade.

Anoto um primeiro detalhe contrastivo entre as duas obras em análise. Em *A alma encantadora das ruas*, o autor/narrador se *presentifica* como "visita" nos capítulos cujos personagens descritos oferecem semelhança com os da narrativa de Petrônio. Cito um exemplo: o delegado de polícia carioca. Ele *se faz de guia* de três burgueses, entre eles o próprio escritor, à prisão da cidade: "E eu, [mais] o adido [de embaixada], o bacharel, o delegado amável *estávamos a gozar dessa gente o doloroso espetáculo!*" (grifo meu).

A função do amável e autoritário guia, que faculta a presença de "três burgueses" em espetáculo angustiante e protege a boa reputação dos visitantes, está desenvolvida em três momentos de um dos mais decisivos capítulos do livro, "Visões de ópio". Valho-me de citações para evitar a redundância.

Primeiro momento: "Venha abrir [a porta], brada o meu guia com autoridade". Segundo momento: "Arrasto o guia, fujo ao horror do quadro". No terceiro momento, o viciado de dentro pergunta quem está à porta e, mesmo assim, o guia adentra sem cerimônia: "— Quem está aí? O guia suspende a cortina e nós entramos numa sala quadrada, em que cerca de dez chins, reclinados em esteirinhas diante das lâmpadas acesas, se narcotizam com o veneno das dormideiras". A visita teve acesso a um *quadro dantesco*, no popular. Por interpostos usuários, o guia e seus clientes gozam da estimulante experiência de estar fisicamente num inferno terrestre.

Graças às visitas que faz, graças ao texto que escreve e ao objeto-livro que publica, João do Rio, a seu turno, faz as vezes de um guia invulgar. Exibe à cidadã e ao cidadão brasileiro letrados um canto do mundo urbano carioca a que nós, os que tivemos direito a uma boa formação familiar e educacional, não pertencemos e onde — pelas múltiplas e diferentes razões que podem ser invocadas — não pomos o pé sozinhos. Costumamos também julgar esse *locus infernalis* como desprezível em termos de interesse literário. Contraditoriamente, do momento em que nós, leitores, tiramos imaginariamente o pé solitário do canto do mundo citadino de boa reputação social a que pertencemos, adiantam-se no Distrito Federal os *loci infernalis* e ganham estatuto literário. São espetáculos à procura de script.[3]

O principal propósito de comparar *A alma encantadora das ruas*, de autoria de dândi carioca, ao protorromance *Satíricon*, escrito por cortesão romano,[4] não seria o de compreender a coação direcionada pelo espetáculo dos miseráveis aos bem assentados na vida? Ou a coação que lhe é direcionada pelo espetáculo da própria miserabilidade? Não creio que esse movimento deva ser lido no sentido jurídico de *coação*, "violência física ou moral imposta a alguém". Julgo que podemos aprender algo sobre esse movimento de coação com o fazendeiro às voltas com seu gado. Na linguagem do campo brasileiro, "coação" significa "apartação, ou separação do gado numa malhada". Essa apartação é necessária quando "há muito gado alheio numa fazenda". Talvez seja esse — o interesse pelo próprio gado ou pelo gado que não lhe pertence — o sentido que eu dê ao verbo "coagir" no prólogo de *O azul do céu*, de Georges Bataille, livro que homenageio aqui. Cito o prólogo: "Como nos deter em livros aos quais, sensivelmente, o autor não foi *coagido*? Quis formular esse princípio. Renuncio a justificá-lo". Como ele não formulou o princípio, vai aqui uma achega que, em lugar de justificar, tenta abonar o princípio por seu encaixe singular em algo tão vasto quanto a literatura universal.

Nova pergunta. O instrumental analítico da crítica literária brasileira não poderia se afinar pela comparação entre obras, que venho propondo? Será que nossas ferramentas analíticas não se afinam todas as vezes em que a crítica nacional é levada a abandonar estrategicamente o mundo artístico doméstico (e o analítico correspondente) e a se aventurar, abrindo caminhos insuspeitos por outros tempos e espaços literários e artísticos estrangeiros? Quem sabe se, ao fechar as páginas de *A alma encantadora das ruas*, seu inquieto leitor cosmopolita — *quieto animal da esquina*, para retomar João Gilberto Noll — não estaria mais atento a personagens pouco salientes do livro, como a apaziguadora "figura de bondade da irmã Paula"?

Na prisão miserável, "a coifa alva [da irmã Paula] parecia uma grande borboleta branca". A representar valores religiosos nobres, o personagem e sua metáfora tomam de assalto o estilo decadente de João do Rio e celebram, em horripilante recinto carcerário, a redenção da "alma" das ruas, recompensando-a com o potencial de resgatar espiritualmente a própria dignidade perdida e, sobretudo, com o adjetivo "encantadora". A irmã Paula é como que comparada à pomba do Espírito Santo, que baixa sobre os criminosos e ilumina o leitor solitário. E algum poeta atrevido, admirador de João do Rio, talvez tivesse se lembrado da Pomba da Paz, a pairar sobre um *bellum situm*, tal como desenhada por Picasso no final da Segunda Grande Guerra.

De uma forma ou de outra, o arremate religioso e espiritual do espetáculo *infernalis* é avançado pelo próprio dândi: "E assim, tocado pela sua presença [da irmã Paula], a mim me pareceu que o doloroso canto do jardim do crime se transformava no horto das rosas de que fala são Tomás de Kempis...".

O leitor pula da miséria humana à sua redenção pela devoção ao ser misericordioso e divino, Jesus Cristo, que se apieda do sofredor. A metamorfose do "doloroso canto do jardim do crime" em "horto das rosas" (ou seria em "horto das oliveiras"?) se apoia nos ensinamentos contidos no livro *Imitação de Cristo*.

Por séculos, os ensinamentos de são Tomás de Kempis (1380-1471) têm alimentado a vida espiritual dos cristãos. Detalhe mais fascinante na prosa do dândi carioca: a doutrina cristã vem devidamente *diferençada em diferentes denominações religiosas* por João do Rio. Ele é excludente. Não aceita como justa toda religião cristã. Para lembrar André Gide, os moedeiros falsos se encontram por toda parte. Ao lado da irmã Paula, João do Rio registra o caso de uma "missionária protestante". Ela é mal recebida e hostilizada pelos (judiciosos?) detentos. Eles "sopravam-lhe nos olhos pimenta em pó, através das grades do cubículo. Ela continuava, impassível, a distribuir folhetos da religião, que o pessoal transforma em baralhos". As boas intenções da alma luterana são achincalhadas e a missionária passa por sofrimento físico tão terrível quanto os padecidos pelos próprios detentos.

Alonguemos a digressão pela vida espiritual, agora pelo seu avesso: a entrega do *corpo* das ruas ao satanismo. No momento em que João do Rio agiganta a tatuagem na pele do corpo humano, a coifa branca da irmã Paula desaparece de sua escrita. Pela *usança* (palavra de João do Rio) da tatuagem, os seres humanos das classes baixas se sujeitam ao próprio destino. Com pigmentos escuros ou coloridos, se imprime na pele humana uma imagem sentimental que já significa a predisposição ao mal do corpo desfavorecido pela fortuna ou, segundo as regras morais e sociais da ciência, amaldiçoado pelo mau comportamento.

De repente, são Tomás de Kempis vê se desfazer a metamorfose que a imitação de Cristo desperta. João do Rio coloca frente a frente o doutrinador cristão e o criminólogo italiano Cesare Lombroso (1835-1909).

Cito frase de *A alma encantadora das ruas*: "Lombroso diz que a religião, a imitação, o ócio, a vontade, o espírito de corpo ou de seita, as paixões nobres, as paixões eróticas e o atavismo são as causas mantenedoras dessa usança [a tatuagem]". Pergunta o leitor: que plantas urbanas são essas que, independentemente da causa, crescem no "doloroso canto do jardim do crime" lombrosiano? Responde o carioca: "Hoje toda a classe baixa da cidade é tatuada — tatuam-se marinheiros, e em alguns corpos há o romance imageográfico de inversões dramáticas; tatuam-se soldados, vagabundos, criminosos, barregãs [...]". Será que o leitor pequeno-burguês entende o que se quer dizer por "inversões dramáticas"? Na pele tatuada do corpo, a vida humana já se fez miserável e aprisionada à fatalidade. Lá está em imagem a figura do "carrasco de si mesmo", a que se refere Charles Baudelaire: "Eu sou o rosto e a bofetada". Na rua, o corpo do carioca *dá bandeira*, como diz a gíria em tempos de repressão às drogas, e ele se transforma automaticamente em alvo, a ser privilegiado pelas forças policiais, políticas e morais.

A alma humana — encantadora das ruas e, no frigir dos ovos, só das ruas cariocas — é tratada na escrita literária de João do Rio por fascinante polissemia, a avaliar de maneira um tanto isenta ou imune, mas com força subjetiva e atrevida, o comportamento do brasileiro.

O *Satíricon* foi escrito durante os primeiros anos da longa decadência do Império Romano; o livro de João do Rio, no momento em que as ruas do Distrito Federal, se comparadas às ruas de Paris e até das vizinhas Belo Horizonte e Buenos Aires, irão perder o encanto colonial. Em 1903, o perdem para acolher o prazer da decadência civilizacional proporcionado pelo transplante da Belle Époque parisiense nos trópicos. (Atualizem a imagem do "Rio de Janeiro se moderniza", visualizando os filmes de Wim Wenders, exibidos às vésperas do novo milênio, *O céu de Lisboa*, 1994, e *Buena Vista Social Club*, 1999.)

Depois do eficiente e terrível bota-abaixo comandado pelo prefeito Pereira Passos, a rua estreita carioca se faz larga avenida que, em rebuscados edifícios art nouveau, privilegia a imitação parisiense. Os prédios modernos passam a ornamentar e a enfeitiçar a bem iluminada avenida Central (hoje Rio Branco). Em matéria de data de publicação, *A alma encantadora das ruas* é coincidente — coincidência planejada pelo autor — com a inauguração, em 11 de agosto de 1908, no bairro da Urca, da Exposição Nacional Comemorativa do I Centenário da Abertura dos Portos do Brasil. Em páginas reproduzidas no livro *Cinematógrafo* (1909), a Exposição será coberta pelo cronista com elogios e sorrisos. Veja-se, na figura 6 do caderno de imagens, o conjunto de colunas que sustentam o belo edifício branco, contra o sopé do Pão de Açúcar, onde se representam as palavras da alma encantadora das ruas.

No caso de Petrônio, reafirma-se a decadência do poder imperial romano na decadência da vida humana na rua europeia. No caso de João do Rio, serve-se para desfazer a maquiagem (ou melhor, para emporcalhar) o rosto da urbe que, na avenida Central e no bairro da Urca, recobre a tomada de poder pelo alvissareiro poder republicano brasileiro. Em capítulos de *A alma encantadora das ruas*, a capital federal se desnuda em variados recintos públicos, verdadeiros pardieiros, tomados pela mais miserável das vidas humanas imaginadas pela civilização ocidental.

A descrição de grupos humanos com quem o autor brasileiro não convive, embora estejam magistralmente descritos em obra literária, poderia ter sido entregue à cidadã e ao cidadão letrado pelo seu lado de dentro, como em Petrônio,[5] mas será entregue pelo seu lado de espetáculo, no caso de João do Rio.

O lado de dentro em *Satíricon* se apresenta como o lado do espetáculo em *A alma encantadora das ruas*.

No lado de dentro, o nobre romano leva seu protagonista a se chafurdar no lamaçal humano — sem distinção prévia ou significativa de grupos sociais distintos — em que o Grande Império da Antiguidade se transforma. Ao observar o espetáculo carioca, o dândi brasileiro leva seu narrador/protagonista a autenticar — por sua presença em *locus infernalis*, a que não pertence e que aparentemente não frequenta — a alegoria dos rostos republicanos sem maquiagem. O lado de dentro de *Satíricon* se aventura em prosa ficcional no estilo realista/naturalista, que beira o escabroso e pode chegar ao cru, com ou sem cozimento literário. Já as observações sobre o miserável espetáculo humano carioca se autoafirmam, como temos exemplificado, por prosa em estilo poético (diríamos hoje em espanholismo: por prosa *testimonial*), próxima do devocional (ou do ideológico) e do alegórico.

Satíricon é uma série de retratos três por quatro da decadência romana. *A alma encantadora das ruas* é alegoria poética da precoce decadência brasileira. Petrônio dispensa o guia; João do Rio o requer. Evidentemente, o dândi carioca terá como modelo literário "o lirismo das modinhas!", fundamento de sua própria pergunta: "Como é possível na miséria da *urbs*, no pó, na secura, na sujeira das vielas sórdidas, nas escuras alcovas das hospedarias reles, vibrar tamanha luz de poesia?". João do Rio é contraditório por natureza, teríamos de avançar. É da cidade do Rio de Janeiro e é do carioca a condição *entre* — uma integridade física e moral rachada, *fêlée*. Leia-se o poema "O sino rachado", de *As flores do mal*, de Charles Baudelaire.

Em plena e efervescente Belle Époque brasileira, imaginem a curiosidade voyeuse da cidadã e do cidadão de bem carioca ao passar as páginas do livro, revejam os dois filmes de Wim Wenders recomendados, e entenderão o produto amassado e assado em perfídias que é vendido por João do Rio. Caro leitor, abra também o livro e visualize o que se passa na capital federal de nação sul-americana que, mal saída da escravidão dos povos africanos e do Segundo Reinado, se moderniza republicanamente pelo trabalho livre e pelo sufrágio universal. Contraditoriamente, nossa nação se moderniza em golpe militar e *à la française* e tem o Encilhamento como grande contratempo financeiro. Nosso autor acrescenta à bibliografia outro espetáculo. Diz ele: reenceno o espetáculo humano carioca e trago comigo diferentes testemunhas oculares. Ao lado do escritor, o diplomata e o bacharel. Nós três, continua ele, nos deixamos guiar nos pardieiros pelo delegado de polícia. Saímos os quatro sãos e salvos, e experientes, dos vários espetáculos que lhes narro.

Talvez possa afirmar que o escritor brasileiro não sente prazer em alimentar sua escrita literária com a própria e única experiência de vida. Não é em causa própria que o escritor descreve os condenados pelos deuses antigos, ou os malditos pelo crime moderno e pela decadência física. A motivação para seu script tétrico transcende a situação de burguês bem-posto na vida, embora não haja como prescindir dela. Em capítulos do livro, diz o escritor, optei pela "alma" recalcada, subterrânea, escondida do nosso mundo cotidiano, que compartilho com vocês, leitores.

Mas a crítica não deve se distanciar da afirmativa que foca a subjetividade recôndita de João do Rio como se interditada por ele no exercício da literatura. É sempre bom ter a subjetividade autoral bem à vista dos olhos críticos e curiosos do leitor, e tratá-la com o cuidado que merece, sobretudo se se fala de uma literatura tão bem-comportada quanto a brasileira que, por sua vez, é sempre entregue ao leitor por *guias* zelosos de preservar a aparência de bem-estar coletivo.

Com a ajuda do próprio texto de João do Rio, ponhamos que a *subjetividade autoral* do escritor brasileiro não esteja interditada por ele. Permanece lá no alto dos estabelecimentos comerciais, grafada em "tabuleta".

Não invento a metáfora. O moderno suporte publicitário de loja do comércio — a tabuleta — é tomado de uma passagem de *A alma encantadora das ruas*. Cito: "hoje, na época em que o reclamo domina o asfalto, as tabuletas são como reflexos de almas, são todo um tratado de psicologia urbana. Que desejamos todos nós? Aparecer, vender, ganhar". E o autor acrescenta mais adiante: "Quanta coisa pensa a gente conhecendo o negócio e olhando a tabuleta!". Conheçamos a subjetividade recôndita da escritora e do escritor brasileiro como o *negócio* que se esclarece pelos dizeres de tabuleta.

Se se leva em conta a máxima atemporal da tabuleta, descobre-se que o *Satíricon não* poderia ter como semelhante, na literatura brasileira moderna, o desnorteante romance de Machado de Assis. Ele pouco aparece, pouco vende e pouco ganha. A experiência de vida do escritor preto carioca o inclinaria naturalmente para o lado de dentro da alma encantadora das ruas. Não é ele um descendente de povo escravizado na época em que a escravidão era uma instituição monárquica? Machado fez opção contrária e radical. De fora, decide enxergar o lado de fora das ruas. À inclinação natural, Machado contrapõe o interesse crescente pela dramatização literária da sociedade patriarcal, monárquica e/ou republicana, a que ele não pertence. O romancista é, contraditoriamente, o escritor brasileiro que mais perto quis chegar de *Em busca do tempo perdido* e do fidalgo Marcel Proust.

(E talvez tenha chegado o momento de perceber como o alter ego proustiano, Charles Swann, padece os terríveis ciúmes do alter ego machadiano, Dom Casmurro, e como os dois são requintados especialistas em análise psicológica do "verme" — para usar a metáfora machadiana — que corrói o amor. Odette de Crécy e Capitu são personagens femininos caracterizados por pinceladas relativamente semelhantes. Em retórica narrativa, Marcel opta por uma falsa primeira pessoa, é onisciente, enquanto Bentinho radicaliza a primeira pessoa, é subjetividade vingativa. Até hoje, pelo que eu saiba, nos falta a leitura contrastiva entre *Dom Casmurro* e *Um amor de Swann*. Adio-a. Daí, o recurso aos parênteses.)

Nascido e criado no morro do Livramento, praticamente um autodidata em conhecimento de línguas e das artes, Machado se torna, com sua produção literária e crítica, o árbitro da elegância da aristocracia colonial e da pequena burguesia republicana brasileira. Ainda de forma contraditória, torna-se fundador e primeiro presidente da Academia Brasileira de Letras. Já Proust é naturalmente inclinado a ser o árbitro da elegância da aristocracia e da burguesia cosmopolita francesa e, no entanto, vive a sobreviver na "*décadence avec élégance*". Cito o cantor Lobão:

E no final da madrugada
Perambulando pelos bordéis,
Décadence — é melhor viver
Dez anos a mil, do que mil anos a dez.[6]

Estou trazendo à baila — ainda que em termos escandalosos — o romancista afro-brasileiro antípoda de Petrônio e do *Satíricon*, para que melhor saliente a opção de seu olhar ficcional. Na condição de carioca nascido em 1839 e descendente de escravizado, ele visa ao grupo social a que *não* pertence. Machado não quer trazer seu olhar artístico focado nas ruelas do morro do Livramento, a que pertence. Escapa à inclinação natural que, do lado de fora de sua vivência, lhe é imposta pela aristocracia e pela pequena burguesia nacional. Será seu mais insólito e rude leitor.

Machado decide trazer o olhar literário focado na alta sociedade carioca, a que *não* pertence, repito. O lado do espetáculo pode ser também o melhor ponto de vista para se compreender o lado de dentro da elite nacional. O espetáculo não deixa de ser, também, o lado da crueza, independentemente da participação ponhamos política do romancista. Essa transposição no lado de observação tem sua razão de ser no ceticismo assumido e desenvolvido pelo romancista em suas obras mais representativas. Não está no ceticismo a participação política de Machado de Assis? Não seria ele mais um filósofo/romancista que um romancista/filósofo?

Montado em fardão acadêmico, devidamente paramentado, não teria sido Machado quem planta, no século XIX, o marco inicial da utopia afrofuturista do terceiro milênio?

Figure-se a transposição de comunidades incongruentes em romance em outra fascinante transposição: a dos lugares ocupados pelo cocheiro e seu patrão em carruagem da época. O cocheiro na boleia, o capitalista no assento do passageiro. Recorde-se o personagem irmão das almas nos capítulos iniciais de *Esaú e Jacó*. Um coletor de esmolas à porta de igreja consegue, no desenvolvimento do romance, vencer na vida e se autoafirmar como o capitalista Nóbrega. Sua riqueza soa tão falsa quanto o adjetivo *belle* a qualificar *époque* ou *nouveau* a qualificar *riche*. Em *Esaú e Jacó*, o romancista, descendente de povo escravizado, pode ser figurado na condição de cocheiro da magnífica carruagem do capitalista Nóbrega.

Leia-se, a nosso favor, a descrição feita por ele do comportamento do cocheiro e do *social climber* Nóbrega à saída do cais Pharoux: "Casos há [...] em que a impassibilidade do cocheiro na boleia contrasta com a agitação do dono no interior da carruagem, fazendo crer que é o patrão que, por desfastio, trepou à boleia e leva o cocheiro a passear".

Para bom entendedor uma metáfora basta. Machado *obriga* o enricado carioca a trepar na boleia da carruagem que possui e a levar a passear o pobre cocheiro que lhe presta obediência e serviço. Descendente de escravizado, o cocheiro é um trabalhador mal remunerado, impassível e estoico; a alta sociedade pós-colonial, recentemente republicana e a favor do trabalho livre, é agitada, tola e só administra em cifrões. Como em *A alma encantadora das ruas*, fantasias e valores do leitor existem para que sejam invertidos por um bom guia literário, no caso, o cocheiro.

Se minha pergunta inicial não treslê a obra-prima universal de Petrônio, que já foi pasto para mil e uma interpretações por eruditos e especialistas de porte, e agora se encontra em moderna e excelente tradução de Cláudio Aquati, acredito que a inclinação à esquizofrenia do romancista brasileiro também possa ser analisada — pela máxima da tabuleta, ou seja, como "tratado de psicologia urbana". Somemos à metáfora da *carruagem* a resenha do romance *O primo Basílio*, de Eça de Queirós, que o romancista escreve e publica.

Transcrevo, primeiro, a simples, certeira e aguda observação do crítico literário Machado de Assis sobre detalhe linguístico do romance realista-naturalista de Eça de Queirós:

> Quando o fato [visto/observado/narrado em *O primo Basílio*] lhe não parece bastante caracterizado com o termo *próprio*, o autor acrescenta-lhe outro *impróprio*. De uma carvoeira, à porta da loja, diz ele que apresentava a "gravidez bestial". Bestial por quê? Naturalmente, porque o adjetivo avoluma o substantivo [gravidez] e o autor não vê ali o sinal da maternidade humana; vê um fenômeno animal, nada mais [grifos meus].

No estilo de Eça, o adjetivo "bestial" é impróprio e deveria figurar em tabuleta de loja comercial. A animalidade da pobre mulher grávida é mero reforço preconceituoso. Apenas insiste no estilo da moda, o realista-naturalista. Ou, por que não?, denota o desconhecimento que o escritor burguês lisboeta tem dos verdadeiros sentimentos da "carvoeira". Ela está sendo observada de pincenê e preconceituosamente.

Moral de tabuleta: com o adjetivo "bestial", Eça quer "aparecer, vender, ganhar". Eça está a visar mais ao leitor (à espera do best-seller escrito no estilo em voga na França) que ao personagem de rua (uma senhora de profissão miserável e num estado feminino dito *interessante*, para usar adjetivo que, em sociedade burguesa, é mais *próprio* que "bestial"). O impróprio tornado próprio reforça o próprio tornado impróprio de Machado — eis não uma, mas duas tabuletas da década final do século XIX, colocadas à entrada da famosa Livraria Garnier, na rua do Ouvidor, nº 71.

Em ambas as tabuletas, a *subjetividade autoral* está recalcada pelo ponto de vista adotado por um e pelo outro. Isso não significa que o leitor não deva se interessar pelos jogos da subjetivação literária.

Será que a *carvoeira* lisboeta teria o direito de demonstrar na gravidez a impassibilidade do *cocheiro* de Machado? Será que o cocheiro carioca teria o direito de não se conformar à *animalidade* da carvoeira de Eça? Mulheres pobres podem ser só grávidas? Subalternos não podem ter lá suas fumaças de *ceticismo*?

João do Rio invoca pedigree diferente ao das glórias filosóficas emprestadas por Machado de Assis ao cocheiro. Seu tom é o de um cidadão carioca cuja imagem pública está sendo degradada e humilhada em caricaturas. Como Machado e muitos outros escritores, tem inclinação a descrever a sociedade a que não pertence. João do Rio, devidamente *guiado* pelas ruas cariocas, braceja nas águas das artes metafóricas de *turista*. *Visita* os pardieiros mais atrozes da cidade em que vive. Na literatura estrangeira, prefere o próprio-ao-dândi, o decadentismo, ao impróprio-do--naturalista, ou melhor, prefere o próprio da rua de alma *encantadora*, que ele desentranha em análise do comportamento impróprio (no sentido de injusto) da austera casa republicana. A rua carioca se apresenta ao turista travestido de dândi como se não fosse ele — será que ele é?, na expressão popular[7] — descendente da decadência romana, petroniana e britânica.

João do Rio não é ficcionista de titubeios. Sem pestanejar, entrega ao leitor a chave mestra que reabre todos os capítulos de seu livro. Invoca o sangue nobre europeu para nobilitar contraditoriamente suas visitas a local carioca degradado. E pontifica: "Lembrei-me que Oscar Wilde também visitara as hospedarias de má fama [de Londres] e que Jean Lorrain se fazia passar aos olhos dos ingênuos [parisienses] como tendo acompanhado os grão-duques russos nas peregrinações perigosas que Goron guiava". "*Anch'io sono pittore*", disse Correggio ao contemplar uma tela de Rafael. Eu também sou escritor, diz João do Rio ao ler Wilde e Lorrain.

Impõe-se, neste momento, a mais difícil das distinções. Relaciona-se ao adjetivo a ser aplicado ao substantivo "miséria", correlato natural de decadência. Em literatura orientada ideologicamente, a miséria descrita pelos escritores na cidade e no campo é passível de ser recuperada por significativas mudanças socioeconômicas e políticas na sociedade que a engendrou e a fomenta, e ainda a fomenta. Delega-se ao leitor do livro e cidadão uma tarefa exemplar e plasmadora, a ser levada a cabo nas urnas eleitorais pelas novas e próximas gerações. Cada um e todos devem corresponsabilizar-se pelas mudanças radicais nas regras de governança do território nacional descrito e dos grupos ou das classes sociais dramatizadas. Trate-se do Império Romano ou da nação republicana brasileira.

Esse estado de miséria — ideologicamente configurado, repito — pode ser adjetivado, no atual estágio da globalização, por sua localização geográfica — no campo ou em cidade, em nação ou em continente — no mapa-múndi do controle pelo capital, ou da riqueza das nações. Lembrem-se da Pomba da Paz, desenhada pelo pintor responsável pelo painel *Guernica*, ou da coifa branca da irmã Paula.

Mas, em *Satíricon*, outra forma de miséria se anuncia e se descreve como transcendendo a geografia e a condição particular de Roma. A descrição da decadência no século I de nossa era perdura por séculos afora. Durante o longuíssimo crepúsculo romano, a miséria congrega múltiplas vidas malditas e, sucessivamente, as associa pela disposição do corpo a se entregar à luxúria, à orgia e à esbórnia. A miséria serve para evidenciar a perda de poder futura para os chamados "povos bárbaros". No século XVIII, Montesquieu, na França, e Edward Gibbon, na Inglaterra, nos informaram sobre a interminável decadência. O ciclo só se fechará no dia 4 de setembro do ano 476, por uma coincidência fatal. O último imperador romano traz o mesmo nome de um dos gêmeos fundadores de Roma, Rômulo Augusto.

De modo alegórico e num primeiro movimento, essa outra miséria se deixa configurar pela localização geográfica, mas logo se esbarra na singularidade dos corpos que se congregam em comunidades carentes e precárias, menos admiradas que perseguidas pelas forças repressoras. Por isso, opto por qualificá-la por adjetivo de extensão individual: miséria corporal. Na modernidade, a miséria corporal ganha lugar, gosto e elegância nas metrópoles. Figura-se na degradação física do indivíduo, e até em seu assassinato, em sociedade nacional que não tolera a transgressão comportamental e quer excluir à força o ser humano transgressor. Desse ponto de vista, nossa sociedade moderna — como a romana descrita por Petrônio — se representa dividida por dois valores abstratos que são eixos opostos na repressão ao corpo libertário e livre: a virtude e o vício.

A miséria descrita em *Satíricon* — a corporal, insisto — não é passível de liberação, de resgate ou de redenção por nenhum meio que esteja repertoriado pela civilização material, a não ser a arte. É fatal, demasiadamente fatal. O protagonista Encólpio tinha profanado o templo do deus Príapo e por ele é julgado e condenado. (João do Rio pouco ou nada tem de Encólpio, ao menos na *aparência* propriamente literária. Não é, pois, por acidente que em *A alma encantadora das ruas* um guia se interpõe para escudar o autor/narrador em visitas.) A miséria humana em *Satíricon* só chega plenamente ao leitor simpático (isto é, o que a "sente com", o que com ela comunga na leitura). Faz-se acompanhar de contágio também fatal.

Não há por que dar força à ação do personagem "guia" em João do Rio e invocar, neste momento da exposição sobre *Satíricon*, a "distância estética" entre o observador e a obra de arte, distribuída à farta pelos críticos anglo-saxões de arte, objetivos e formalistas. Escute-se a recomendação do genial escultor Giacometti. Deve-se colocar o dedo humano numa estátua de ser humano nu. Não há sobrevida humana na rua devassa romana. Não há sobrevida para a figura humana tatuada da rua descrita por João do Rio. Se houver, será experiência de vida ainda e mais miserável. O jardim do crime não se transforma no horto das rosas, apesar da presença da irmã Paula.

Satíricon nada tem a ver com o romance machadiano (não se pode dizer o mesmo do romance de Proust, que comporta as réplicas de Sodoma e Gomorra). Ele não alude à exterioridade aristocrática de seu autor, Petrônio, sua vivência na corte de Nero. Para uma amostra de tal representação, o curioso terá de esperar o ano de 1847, quando Thomas Couture, um pintor acadêmico francês, republicano e antimonarquista, exibe em Paris seu gigantesco quadro, *Os romanos da decadência*, a ser analisado daqui a pouco.

Como obra literária que foca com exclusividade a miséria humana, *Satíricon* nos ocorre quando dirigimos os olhos para certas obras-primas radicais da modernidade cosmopolita, cujos autor e leitor atendem ao apelo fatal da miséria corporal. Não é outra a razão que motiva Charles Baudelaire, o poeta de *As flores do mal*, a apostrofar o leitor — entre eles o T.S. Eliot de *The Waste Land*, que o cita no verso 76 — como igual, irmão e também hipócrita. Releiam-se os versos de Baudelaire, em epígrafe. "É que a audácia de nossa alma não é total." Antes de dar prosseguimento à digressão sobre os escritores da modernidade cosmopolita, reabramos o livro de Petrônio para melhor esclarecer a diferença entre os dois qualificativos — geográfico e corporal — que servem para adjetivar "miséria", sem a necessidade de evidenciá-los mais. Basta um exemplo inicial de *Satíricon*.

Quartila, a quem Psiquê oferece Paníquis para ser desvirginada, se autobiografa como tendo sido condenada por Príapo a ser uma torturadora nos ensinamentos sexuais a outro ou a outra. Diz ela:

> Pois eu nem tinha aprendido a falar, fui corrompida [por] garotos de minha idade e, a seguir, com o passar dos anos, entreguei-me a rapazes mais velhos, até esta idade a que cheguei. Acho mesmo que nasceu daí aquele provérbio, como se diz, pode aguentar um touro quem tiver aguentado um bezerro.

Afirma-se uma lógica de vida. Do bezerro se passa ao touro e do touro à torturadora de vidas alheias. Ela conduz de maneira fatal as mais jovens à desclassificação física, social e moral. Sem a ajuda do guia, lembremos que, no pardieiro de *A alma encantadora das ruas*, os seres humanos "se narcotizam com o veneno das dormideiras".

Se no caso do adjetivo "geográfico", o miserável pode almejar uma situação socioeconômica utópica, em que todos os seres humanos estarão bem de vida e serão felizes, no caso de *Satíricon*, a utopia só se realiza e já se realiza no presente, pela negação da virtude. Realiza-se na entrega radical do corpo à sua vontade ou desejo. O destino do corpo está sendo cumprido nas profundezas demoníacas de cada vida individual e nele pouco a pouco o ser humano se consome para todo o sempre. Charles Baudelaire, já lembrado, e Arthur Rimbaud foram sensíveis à utopia humana da disponibilidade radical à morte lenta, a que Quartila se refere em sua experiência de corpo e vida e, principalmente, na formação de Paníquis para vida semelhante à dela.

Que se avivem os olhos das "visitas" literárias a fazer! Baudelaire nos fala dos "paraísos artificiais", e Rimbaud, do "desregramento de todos os sentidos". Cite-se ainda o verso iconoclasta de Rimbaud em *Iluminações*: "Temos fé no veneno". E continua o poeta: "Sabemos dar a nossa vida inteira todos os dias. Eis o tempo dos *Assassinos*". Não será difícil encontrar Jean Genet pelo caminho, leia-se *Diário de um ladrão*. O cineasta Robert Bresson é exceção, desconfia da hipocrisia jesuíta da irmã Paula mas acredita na estética cinematográfica jansenista. Assista-se ao filme *Pickpocket*. À vista do cidadão paulista, um território sitiado da capital do estado, a Cracolândia. Sigam o guia, senhores e senhoras.

Como reforço aos exemplos levantados, volto ao tema da precaução do indivíduo — cuja alma arriscou pouco ou quase nada — que vem sendo estabelecido pela leitura do "guia" em *A alma encantadora das ruas*: "Um delegado, outro dia, conversando dos aspectos sórdidos do Rio, teve a amabilidade de dizer: — Quer vir comigo visitar esses círculos infernais? Não sei se o delegado quis dar-me apenas a nota mundana de visitar a miséria, ou se realmente, como Virgílio, o seu desejo era guiar-me através de uns tantos círculos de pavor, que fossem outros tantos ensinamentos". Os jardins do crime, os círculos do pavor são *recintos públicos* de ensinamentos. Voltamos aos opostos. A coifa branca da irmã Paula e o veneno das dormideiras.

2.

Tentemos apreciar *Satíricon* pelo seu lado de fora. Terei de referir-me à *villa* de Nero, onde certamente o autor de *Satíricon* deve ter tido suas experiências eróticas e excêntricas (que não se encontram dramatizadas e narradas, repito, no protorromance). Foi por acaso que a *villa* de Nero apareceu ao olhar moderno. Em certo dia do ano de 1480, um jovem italiano busca o lugar ideal para admirar uma bela vista das ruínas do Coliseu. Sai a passear pelo vizinho monte Ópio. Distraído, cai num buraco profundo. Seus olhos, depois de se acostumarem à escuridão reinante, descobrem à frente as luxuosas e grotescamente decoradas dependências da Casa Dourada (*Domus Aurea*), enterradas por quinze séculos. Seu espanto se transforma na surpresa que toma de assalto a comunidade de artistas do Renascimento italiano.

O luxuoso prédio fora mandado construir por Nero depois dos incêndios que no ano de 64 devastaram as residências aristocráticas das encostas do monte Esquilino. Aparentemente a *villa* de Nero era local exclusivo para orgias, já que nenhuma das suas trezentas dependências era usada como quarto. A parte mais comprometedora da *villa* está no fato de que nenhuma cozinha ou banheiro foram encontrados em todo o complexo. Desde o ano de 1999, a *Domus Aurea* está aberta à visita pública, mas só se pode caminhar pelas ruínas já restauradas em visita agendada. *Segui la guida* — rezam ainda as regras da casa. O guia leva o turista a devassar a vazia e abandonada opulência luxuosa e luxuriosa em que viviam o imperador Nero e cortesãs e cortesãos.

Petrônio frequenta a corte de Nero, onde é tido como árbitro da elegância, mas na hora de escrever seu romance, redige *Satíricon*, que nunca foca a(s) residência(s) do imperador.

Se o leitor retirar os olhos do *Satíricon* e se transformar em voyeur das estripulias hedonistas e sexuais que tinham lugar chez Nero e nas termas romanas, terá de alongar a vista, tomar assento na máquina do tempo e descer em Paris no ano de 1847. Os velhos tempos clássicos se tornam metafóricos da França sob o reinado de Luís Filipe e vão se manifestar numa pálida, purgada e acadêmica representação das orgias e bacanais na época da decadência romana.[8] Fixemos os olhos na tela já mencionada, datada de 1847 (ver figura 7 do caderno de imagens). *Romains de la dé-*

cadence, de Thomas Couture (1815-79). Hoje, ela se encontra em destaque no Museu d'Orsay, em Paris.

A cena da representação está tomada tanto pelos heróis do passado como pelos devassos do presente. Paira, ausente e solitário, o deus Príapo. Sua presença pode ser contemplada e admirada nas salas do Museo Archeologico Nazionale di Napoli. Lá, Príapo está livre e solto, nu e exageradamente falocêntrico, à semelhança de nossas imagens e esculturas de Exu. São ricas de sugestões e variadíssimas as peças artísticas que lá se encontram exibidas, vindas das escavações de Pompeia e de Herculano. (Recomendo uma espiada furtiva no filme *Viagem à Itália*, 1954, de Roberto Rossellini, com Ingrid Bergman. Como Wim Wenders, Rossellini não é pausa para o entretenimento.)

Os romanos da decadência não é, em si, uma obra-prima. Dezesseis anos depois de sua primeira exibição, em 1863, a tela será desbancada da prateleira de escândalos públicos pela naturalidade cotidiana de *Le Déjeuner sur l'herbe*, um piquenique no campo em que dois homens bem-vestidos têm ao lado uma mulher nua e outra, mais distante, que se banha no rio. Em seguida, será desbancada pela sedutora *Olympia*, deitada como veio ao mundo, numa cama. As duas telas — cheias de vida e de elegância parisiense — estão assinadas pelo genial Manet, que é o verdadeiro profeta de Paris, capital do século xix.

Os romanos da decadência não é obra-prima, mas faz parte daquela arte da representação que, como o romance *O cortiço*, de Aluísio Azevedo, encanta os críticos literários de formação sociológica. Tudo naquela tela e neste romance está esquematizado à perfeição, pronto para a explicação pedagógica. Os jogos simétricos são tão ofuscantes que cegam qualquer realce de jogo assimétrico, de que podem ser exemplo, no romance de Azevedo, tanto o personagem afeminado (sic) Albino como a prostituta francesa, lésbica (uma espécie moderna de Quartila), e sua amiga, a púbere Pombinha. Mais adiante tentaremos buscar um jogo assimétrico no quadro de Couture, pois sempre os há, se se tem olhos de enxergar.

Inicialmente, sejamos obedientes à simetria na composição social das figuras humanas — estátuas e ao vivo — de *Os romanos da decadência*. Os jogos de caráter social são devidamente orientados por outros dois, também simétricos, de caráter abstrato. O primeiro deles se refere à escola a que pertence o pintor, a acadêmica do século XIX. No exercício aprimorado e sutil de formas e cores, na pintura da época, é comum que se intrometam, em contraste com a cena dramatizada, ostensivas e pesadas imagens humanas, esculpidas em mármore. O segundo jogo simétrico trabalha com valores morais e vem sendo levantado neste ensaio e expressa a lição de decência que o espectador retira da contemplação da obra de arte. No caso da tela de Couture, o confronto se dá entre o vício e a virtude.

Na parte superior e em volumes verticais, observemos as figuras altaneiras dos heróis romanos em mármore branco. Estão dispostas em linhas paralelas nos intervalos abertos entre as pesadas colunas que sustentam o palácio. No centro do quadro impera, naturalmente, a figura de quem merecia todos os louvores e não chegou a ser imperador — o general Germânico. Em virtude de suas sucessivas vitórias na Germânia (daí o epônimo germânico) e na Gália, tornou-se herói popular em Roma e o único julgado digno de ocupar o posto máximo. Morre, no entanto, no auge da fama. Supõe-se que envenenado. À esquerda de Germânico, as estátuas varonis de Catão e de Brutus, e, à direita, a de César. Vestem todos roupas majestáticas e ostentam os gestos clássicos de mando e de sabedoria. Representam vidas que se pautaram pelo bom governo de si e dos homens. São os construtores da Roma que se desmorona ao vivo e em cores a seus pés.

Germânico não é figura desconhecida do público letrado francês, contemporâneo de Couture. Reproduzida como a figura 8 do caderno de imagens, a tela *A morte de Germânico* (1627), de Nicolas Poussin, representa o lamento pela vida heroica que desaparece cercada de mistério. No século XIX, o comandante das tropas romanas está presente nas obras literárias dos mais importantes autores românticos franceses. Nas disputas entre *royalistes* (partidários do rei) e bonapartistas, aludem a ele metaforicamente. Como segundo exemplo, consulte-se a peça teatral de Antoine-Vicent Arnault que leva no título o nome do herói. Se as grandes vitórias de Germânico em campo de batalha tivessem sido recompensadas em vida, ele teria sido o grande imperador romano. Ele guarda o valor daquele que é e não foi e sobrevive como referência concreta ao ideal civilizatório.

Thomas Couture, republicano, associado aos bonapartistas e socialistas, encontra nele a figura perfeita para representar, nas orgias dos nobres romanos, a decadência da França sob o rei Luís Filipe e o ministro Guizot. A tela é pintada e exibida em 1847, numa espécie de prévia da Revolução de 1848, que bate à porta. Imagine-se o clima político em Paris no fim da Monarquia de Julho. O ministro Guizot será forçado a se demitir e o rei Luís Filipe fugirá para a Inglaterra.

Instala-se a Segunda República francesa, à semelhança do que teria acontecido em Roma caso o general Germânico tivesse se tornado imperador.

Detenhamo-nos agora na parte inferior do quadro. Os corpos seminus estão dispostos em linha horizontal. Estão descalços e são anônimos. As figuras pintadas das cortesãs, dos cortesãos e dos escravos são clicadas no amanhecer de uma noite de orgia. No primeiro plano, restos de comida e bebida indiciam. Alguns corpos estão cansados e repousam. Outros se entregam à languidez do prazer satisfeito. Lá em cima, no centro do quadro, a figura do guerreiro varonil; cá embaixo, ganha relevo o corpo feminino seminu da cortesã que, consumido, frouxo e relaxado, se esparrama pelo triclínio luxuoso. Em obediência à lei da gravidade, cai-lhe o braço direito. Seu corpo se apoia num torso masculino e suas pernas estiradas sustentam um casal ainda entregue às carícias. Ao lado do conjunto, adormece um escravo exaurido. Todas e todos vivem a vida do corpo em luxúria e orgia. Destacam-se as figuras femininas, belas, sexualizadas e entediadas.

(Se iluminadas pelo olhar adolescente e apaixonado de um jovem carioca, nos lembrariam os contos "A missa do galo" e "Uns braços", de Machado de Assis.)

A enquadrar toda a cena e a representar a nós, observadores que também a contemplamos, um cavalheiro bem-vestido está a nos olhar, à esquerda. Enxerga-nos e nos pergunta, no lado de fora do quadro, o que pensamos daquilo tudo. Sua figura solitária é paralela à de dois cavalheiros também bem-vestidos, à direita do quadro. Os dois conversam e, à nossa semelhança, trocam ideias sobre a decadência romana. Eles são uma espécie de *guia* do espectador. Tinham aberto a cortina que protegia o palco. Juntos, eles são semelhantes ao delegado de polícia que leva o escritor, o bacharel e o diplomata a visitar a prisão imunda e fétida do Rio de Janeiro, onde impera a didática coifa branca da irmã Paula.

Esqueço a cena global e destaco os três observadores. São eles que nos falam sobre a presença/ausência em cena do autor romano Juvenal, que nos legou o volume *Sátiras* (escritas no final do primeiro século e início do segundo século depois de Cristo). Em texto da época, o pintor Thomas Couture confessa que se inspirou na "Sátira VI" de Juvenal. Desta ele retirou a epígrafe que nos reorientou na leitura dos jogos simétricos, evidentes na composição do quadro. Diz a epígrafe: "Mais cruel que a guerra, o vício cai sobre Roma e vence o universo vencido".

A maior derrota de Roma não se dá no campo de batalha. Deu-se na sedução do guerreiro pela bela mulher seminua e voluptuosa. Roma já estava vencida no campo de batalha quando a crueldade do vício lhe deu a estocada final. (Lembram-se da peça *Oh! Calcutta*, de 1969? Seu título guarda, em francês, um pertinente e não tão inocente trocadilho surrealista, digno dos acontecimentos de maio de 1968: *Oh quel cul t'as*. Na tela de Couture, reparem a bela figura feminina à esquerda, branca e seminua, de costas, e lá verão imagem semelhante à da foto de Man Ray, *Le Violon d'Ingres*, que se popularizou nos anos 1960. O lazer do pintor Ingres, do século XIX francês, era seu violino...)

De Juvenal vem o jogo assimétrico que não é domesticado pelos gritantes jogos simétricos expostos na tela. A decadência romana é misógina. Os especialistas na literatura da Antiguidade greco-romana nos informam que não se trata de ponto de vista particular de Juvenal, adotado por Thomas Couture, mas de tradição viril, que encontra sua expressão maior na sátira e na sátira menipeia. A misoginia capitaliza, pois, o poder fascinante e destrutivo da beleza feminina e nos chega grafada com todas as letras na história da Antiguidade clássica.

A sexta sátira de Juvenal tem servido de bom exemplo de misoginia para os estudiosos da literatura clássica e, para comprová-lo, basta que o leitor invoque em contraponto a figura sensata e judiciosa de Lucrécia, a nobre dama romana. Que o suicídio de Lucrécia seja contrastado com os corpos belos e anônimos das mulheres nuas, alvas e iluminadas, entregues à luxúria! Lucrécia, sim, tem o lugar garantido na parte superior de *Os romanos da decadência*. Se solitária e esculpida em mármore, seria o *matchmaking* perfeito do guerreiro Germânico, possivelmente envenenado pelos inimigos. Formam o virtuoso casal romano.

O jogo assimétrico da misoginia reforça o simétrico da decadência romana.

O suicídio de Lucrécia, quadro de Albrecht Dürer datado de 1518 (ver figura 9 do caderno de imagens), se casa com a tela *A morte de Germânico* (1627), de Nicolas Poussin. Guerreiro suicidado e matrona suicida encontram a glorificação na própria morte. Guerreiro e matrona se libertam da vida como herói e heroína da Roma antiga.

Lucrécia, matrona romana, filha de prefeito de Roma e esposa de Lúcio Tarquínio Colatino, foi estuprada por Sexto, filho de Tarquínio, o Soberbo. Ela se suicida depois de narrar ao pai e ao marido a desgraça sofrida e de lhes pedir que a vinguem. No quadro de Dürer, sua imagem se inscreve pela desdita da monogamia. Lucrécia é a virtude ofendida e vingativa. (Não há como não lembrar #MeToo.) Seu corpo seminu e descalço, semelhante ao das cortesãs de Couture, nos chega desvencilhado do olhar e dos gestos sedutores. Imagem viva da matrona romana que opta pelo suicídio como reparação da desonra. Esculpida em mármore, a afirmação da virilidade de Germânico encontra na pintura de Dürer a coragem do Não! de Lucrécia. São ambos virtuosos e cônscios da dignidade de ser humano e da nobreza de alma.

Consta que, na versão original do quadro de Dürer, o corpo de Lucrécia está representado totalmente nu. Dispensava o véu que esconde *A origem do mundo*, de Courbet. Há que se lembrar do jogo entre "vergonha" e "envergonhar" que se encontra em frase da *Carta* em que Pero Vaz de Caminha descreve a nudez da indígena: "E uma daquelas moças [...] sua vergonha tão graciosa que a muitas mulheres de nossa terra, vendo-lhe tais feições envergonhara, por não terem as suas como ela". Nós, os pósteros, nos tornamos mais e mais pudicos.

Ao nos relatar a célebre exposição sobre a vergonha e a folha de parreira (folha de figueira, na Bíblia Sagrada), realizada no Museu Glyptothek, em Munique, no ano 2000, Paula Diehl lembra — e a cito — que "em 1670 o príncipe romano Giovanni Battista

Pamphili, vítima de um ataque de pudor, inaugurou uma nova fase no mundo das artes e mandou cobrir as 'vergonhas' de suas esculturas gregas".[9]

Na representação atual de Lucrécia, a folha de parreira vai se deixar substituir pelo véu, que esconde a vagina. Como é que João do Rio teria escrito *A alma encantadora das ruas* se tivesse dispensado o(s) guia(s) representativo(s) da modernidade pudica brasileira?

Rosa e Lúcio, o buriti e a cadeirinha

Publicado em 1898, *Pelo sertão*, de Afonso Arinos, é um pequeno livro de contos salutar e deprimente. Nele se estabelecem e se definem dois dos principais símbolos que expressam a soberania e a decadência da vida no estado de Minas Gerais, no campo e em cidade interiorana. Refiro-me ao altivo buriti, cujo tronco, se deitado, vira o caudaloso e fértil rio São Francisco, e à decrépita cadeirinha, uma liteira transportada por escravizados de libré nos áureos tempos coloniais.

A principal referência são, respectivamente, os contos "Buriti perdido" e "A cadeirinha". A leitura prévia dos contos do final do século XIX pode estimular a comparação entre duas obras-primas da literatura mineira, escritas em tempos de Juscelino Kubitschek. No romance *Grande sertão: Veredas*, de 1956, o imortal buriti — "venerável epônimo dos campos", segundo Arinos — é corpo e alma dos coronéis, fazendeiros e jagunços falocêntricos, que povoam as margens do Velho Chico. Já no romance de Lúcio Cardoso *Crônica da casa assassinada*, de 1959, a feminina e excêntrica cadeirinha

— a sobreviver não se sabe por que nos fundos de uma sacristia — é um escárnio à derrocada civilizacional das Gerais.

Como nos encaminhamos para o romance de Lúcio Cardoso, lembre-se a magnífica e assombrosa passagem em que o homossexual Timóteo, gordo e suado, sempre a trajar um vestido de franjas e lantejoulas que pertencera à mãe, chega ao velório de Nina deitado numa rede sustentada por três negros de peito nu, ex--escravizados.

No conto de Afonso Arinos, a cadeirinha, depois de transportar matronas, senhoras e senhorinhas nobres por Ouro Preto e pelas velhas cidades coloniais da região, se transforma em carro fúnebre, que leva os cadáveres de anjinhos pobres ao cemitério, e em ambulância primitiva, a conduzir militares feridos ao hospital, para encontrar o fim no fundo de uma sacristia, abandonada.

Recorde-se, ainda, o final da cena dramática da *Crônica da casa assassinada*: "De pé, parado diante daquela gente, Timóteo era como a própria caricatura do mundo [dos barões e baronesas] que representavam". Lembre-se, finalmente, o depoimento de Lúcio ao crítico Fausto Cunha, de onde extraio: "O punhal [assassino] que eu levanto, com a aprovação ou não de quem quer que seja, é contra Minas Gerais".

Há que saudar com entusiasmo os cineastas Carlos Alberto Prates e Paulo César Saraceni. Nas respectivas adaptações ao cinema de conto de Guimarães Rosa e do romance de Lúcio Cardoso, escolhem o expressivo ator Carlos Kroeber para interpretar as faces contraditórias e mesma face das Gerais. No filme *Noites do sertão*, baseado no conto "Buriti", o Carlão — apelido carinhoso dado ao ator — representa um fazendeiro rico e machista, Iô Liodoro. Já o intérprete de sobrenome Kroeber se esbalda no papel de Timóteo, a contracenar com Norma Bengell.

O buriti e a cadeirinha estão no detalhe das Gerais, como o Diabo no redemoinho.

Afonso Arinos foi monarquista confesso e intérprete às avessas do Canudos de Euclides da Cunha. Nas Minas Gerais, o progresso é sinônimo de decadência.[1] O progresso, escreve ele, "marcha para a dispersão, a desagregação e o formigamento. Um grande organismo tomba e se decompõe". E cabe ao narrador de "A cadeirinha" vaticinar o fim dela: "desaparece agora, vai ao fogo e pede que te reduza a cinzas!".

Lúcio Cardoso é o romancista da história enviesada, em marcha a ré/progressista. Será endossado por sociólogos de prestígio, como o paulista Sérgio Miceli, em controverso capítulo do livro *Intelectuais e classe dirigente no Brasil*, de 1979.[2] Ou cineastas do porte do pernambucano Kleber Mendonça Filho, no filme *O som ao redor*, de 2012. Como exemplo, cito a visita ao cinema nas ruínas de um engenho e da antiga vila dos funcionários e o retorno hitchcockiano do tema da vingança.

Temática e formalmente, a atitude de Lúcio Cardoso diante do gênero romance não é diferente do pensamento sobre a decadência que *Pelo sertão* exprime. No Ocidente, o romance se dispersa, se desagrega e formiga na década de 1950. Autran Dourado e Osman Lins são bons exemplos. A multiplicidade de relatos narrativos, a compor diferentes capítulos e personagens, é a riqueza e a atualidade da *Crônica da casa assassinada*.

O romance é composto como um dos volumes da comédia humana, de Honoré de Balzac, cuja composição foi desorientada por romance epistolar e desnorteada por diários íntimos e testemunhos.

No entanto, o romance em fragmentos de Lúcio arrasta consigo um grave problema. O escritor não se dá conta de que tem, nos anos 1950, de inventar para cada narrador/personagem diferente e disperso sua dicção singular, o ponto de vista dela ou dele. Assim se escrevem os "sons da fúria", para trazer à baila a singularidade de William Faulkner.

A pluralidade e a variedade de vozes dos narradores/personagens — algo que embasbacou os leitores de Faulkner e os espectadores do filme *Rashomon* (1950), de Akira Kurosawa — se calam na monotonia de uma voz narrativa única por todo o romance.

A questão estilística e retórica se explica. Oriundo da década de 1930 e sintonizado com o relato subjetivo e intimista (*récit*) de André Gide, François Mauriac e Julien Green, Lúcio Cardoso não é sensível à lição pelo "não" de Graciliano Ramos, em *Vidas secas*. Quem sou eu — deve ter perguntado mestre Graça — para dar fala a retirante nordestino? Que permaneça mudo. Que só fale, no romance, um único narrador letrado.

A Lúcio Cardoso sobram as qualidades de romancista oitocentista, faltam as artimanhas de mímico pós-moderno.

A Quarta-Feira de Cinzas
da humanidade

Para o amigo Schneider

Relembro um romance escrito e publicado em 1987 por Christa Wolf, escritora alemã, nascida em 1929 e falecida em 2011. Estava nas livrarias no calor da hora. Trinta e cinco anos depois, *Acidente: Notícias de um dia* — este é o título do romance — volta a ser atual. Explode o conflito na Ucrânia. A ação do romance de Christa se passa no dia 26 de abril de 1986 e a protagonista vive numa cidade interiorana da Alemanha Oriental. Sua casa não fica muito distante da usina nuclear de Tchernóbil, cidade situada no norte da Ucrânia, perto da fronteira com a Bielorrússia.

Acidente: Notícias de um dia expõe de maneira dramática a ambiguidade como a figura de pensamento que, na contemporaneidade, açambarca e explica a relação entre o ser humano e a ciência. A relação entre os desastres da ciência e as artes.

Diante da onipresença das conquistas científicas no cotidiano pós-moderno, são nossas sensações, sentimentos e emoções que alavancam duas atitudes sociopolíticas extremas e opostas. A culpa da destruição do mundo será de responsabilidade da ciência. A salvação da humanidade e a redenção do planeta Terra se dará pela ciência. O romance de Christa Wolf não deixa a tragédia da ambivalência — o acidente em Tchernóbil no mês de abril de 1986 — congelar-se nas posturas excludentes e extremas. A ciência é destruidora *e* redentora. A conjunção "e" alerta os leitores para equívocos maniqueístas.

Situações dramáticas cotidianas e concretas, com efeitos excludentes, se comunicam no interior de uma redoma celeste artificial, consequência do vazamento atômico causado pelo desastre na usina nuclear de Tchernóbil. Seres fragilizados por natureza, os humanos se tornam ainda mais fragilizados pelas circunstâncias decorrentes de desastres técnico-científicos. No dia a dia, vida humana e morte se comunicam ininterruptamente, assim como os sentimentos de desespero e esperança, também humanos.

A história narrada pelo romance é simples e pode ser resumida. Na Alemanha Oriental, o rádio e a televisão passam sucessivas informações à romancista que, no quintal de casa, se debruça todas as manhãs sobre as flores e as hortaliças plantadas com as próprias mãos. Uma notícia domina no dia 26 de abril. Diz respeito ao acidente que acaba de ocorrer na usina nuclear de Tchernóbil. A escritora cuida das hortaliças e das flores e, levantando os olhos para o alto, se dá conta de que ela, debaixo das nuvens negras e ameaçadoras que tomam conta do céu, é tão frágil quanto as plantas que cultiva.

Uma chuva ácida pode despencar a qualquer momento.

Desde as primeiras horas do dia 26 de abril, a escritora também tem os ouvidos presos ao tinir do telefone. Aguarda notícias dos familiares que moram na metrópole. Seu irmão está sendo operado de tumor cerebral em hospital de Berlim. Graças à sofisticada aparelhagem técnico-científica da sala de operações, ele talvez sobreviva.

Que não se repita o inesperado e temível acidente de Tchernóbil no bem equipado hospital de Berlim!

A contaminação mortífera dos moradores da parte norte do continente europeu pode estar em vias de acontecer, diz a rádio e a televisão exibe. A qualquer momento, o tinir da campainha do telefone pode trazer a notícia da recuperação cirúrgica do irmão. Só esse fato pode iluminar com alguma alegria a manhã por demais tristonha da escritora e da humanidade. Os ansiosos personagens do romance passam todo o dia conectados e à mercê das modernas técnicas da comunicação.

Se me fosse franqueada, em parênteses, uma palavra religiosa, concluiria que, na atualidade da pandemia que nos assola e do conflito que explode na Europa, a ciência é o Deus único, que circula de maneira culpada *e* redentora pelo nosso cotidiano. A divindade leiga, a ciência, aponta tanto para os vazamentos homicidas de material atômico quanto para os sofisticados e vitais instrumentos médico-cirúrgicos. Alimenta, ainda, toda a parafernália comunicacional pós-moderna que está à disposição do homem, seja nos cafundós do judas, seja nas metrópoles.

Toda e qualquer revolução tecnológica moderna encontra sua matriz de possibilidades infinitas na razão de ser da moderna pesquisa científica. A revolução tecnológica é planetária e, tudo indica, será irreversível. Ambiguamente.

Karl Marx deu o sinal de alerta. Lembrou-nos: já não existe uma natureza em si. E ironizava com elegância: talvez ela ainda exista nalgum paraíso perdido da Polinésia. Antes dele, a ciência já tinha perdido a inocência que poderia redimi-la. Tornou-se filosoficamente culpada com René Descartes. O conhecimento técnico-científico pode e deve ser instrumentalizado pelo ser humano, transformando-se em manifestação de poder, seja sobre ela ou, acrescenta Marx, sobre os outros seres humanos.

A circulação do saber técnico-científico deve se fazer acompanhar da circulação de outro saber — o das ciências humanas e sociais. Ele pode fornecer ao cidadão as ferramentas de avaliação crítica das vantagens e desvantagens do progresso técnico-científico. Fornece argumentos para se avaliar quando o progresso é forma mentirosa ou dissimulada de dominação de multidões por poucos.

O romance de Christa Wolf alerta para o equívoco que conduz ao maniqueísmo: isolar um só dos polos da ambiguidade que Tchernóbil dramatiza e a inteligência artificial dramatizará no terceiro milênio. Ao fazer de conta que quer trazer benefícios para a humanidade, qualquer nação que avance, controle a pesquisa e a indústria técnico-científica quer, na verdade, é entrar em competição de controle da energia do planeta e, para tal, não se constrange se estiver destruindo a natureza e a humanidade. Os horrores causados em 1986 pelo acidente na usina de Tchernóbil são responsáveis por atitude fóbica do ser humano. Personalizam nosso medo pânico da pesquisa em ciência. Medo do poder destruidor da máquina se e quando em mãos de líderes políticos mal-intencionados, verdadeiros genocidas.

Em situações-limite, a alta tecnologia científica pode ser incontrolável pelo homem. Vejam-se alguns filmes e leiam-se romances e poemas, em especial quando relatam experiências de guerra entre nações. Leia-se o hoje clássico *Catch-22* (1961), de Joseph Heller. Assista-se ao filme *Hiroshima, mon amour* (1959), de Alain Resnais. Leia-se o poema "A bomba", do nosso Carlos Drummond de Andrade.

Ao analisar o "mal-estar da cultura", Sigmund Freud afirmou que a civilização produz a anticivilização e a reforça progressivamente. Como comenta Theodor Adorno em outro, diferente e semelhante contexto: "Se no próprio princípio da civilização está implícita a barbárie, então repeti-la tem algo de desesperador".

Dos gases usados na Primeira Guerra Mundial aos campos de concentração de Auschwitz, seguindo-se a explosão da bomba atômica em Hiroshima e chegando-se ao grave acidente de Tchernóbil, são tão fortes as marcas civilizacionais da destruição operada pelo uso inescrupuloso do conhecimento técnico-científico, que o pavor do ser humano diante da morte cotidiana e sem sentido, inesperada e absurda, guiará nossos futuros passos na luta em favor da vida no planeta Terra.

A longa sequência inicial do filme *Hiroshima, mon amour* repete à exaustão que a verdade sobre a bomba atômica chega à consciência humana pelo olhar obsessivo dos mínimos detalhes das "atualidades" filmadas pela câmera dos jornalistas. Marguerite Duras e Alain Resnais exigem do espectador mais do que vivência, reflexão ou compaixão. Exigem e cobram o olhar obsessivo. Exigem e cobram mais do que a introjeção de sentimentos culpados. Exigem e cobram a contemplação diuturna das imagens. Exigem e cobram, paradoxalmente, o amor.

A indiferença, nos diz a boa literatura sobre os tempos modernos e pós-modernos, é mais monstruosa que o esquecimento. Como escreveu Adorno em páginas luminosas sobre o genocídio nazista: "Para a educação, a exigência de que Auschwitz não se repita é primordial. Precede de tal modo quaisquer outras [exigências] que, creio, não precisa ser justificada. [...] Justificá-la teria algo de monstruoso em face da monstruosidade que ocorreu".

Como não lembrar a espécie de ladainha que termina o belíssimo poema "Os homens ocos", de T.S. Eliot. Leiamos alguns versos em tradução de Ivan Junqueira:

Assim expira o mundo
Assim expira o mundo
Assim expira o mundo
Não com uma explosão, mas com um suspiro.

No entanto, é preciso evitar o maniqueísmo. Anoto palavras de Marguerite Duras no preâmbulo que escreve para a edição do script de *Hiroshima, mon amour*:

Esse casal formado pelo acaso, não o vemos no início do filme. Nem ela [a enfermeira francesa]. Nem ele [o engenheiro japonês]. Vemos, em seu lugar, corpos mutilados — na altura da cabeça e dos quadris — contorcendo-se — atormentados seja pelo amor, seja pela agonia — e cobertos sucessivamente de cinzas, de orvalho, da morte atômica — e do suor do amor consumado.

Anunciada e explorada por Christa Wolf, a figura da ambiguidade não deve sucumbir sob o efeito do apocalipse maniqueísta.

Internado em hospital de Berlim, o irmão da escritora aguarda a ressurreição graças ao uso pelo médico-cirurgião de aparelhos ultrassofisticados na extração de tumor cerebral. No século XX, trabalhar cenários do fim absurdo do mundo nem sempre foi razão para a imaginação artística. O século passado se inicia pela crença nos valores altamente civilizatórios da ciência. Traria ela a sonhada utopia para a humanidade?

Em países tropicais como o Brasil, como esquecer o papel desempenhado pelos médicos sanitaristas em campanhas populares, cuja melhor tradução está nos livros de Monteiro Lobato, que denunciam o estado miserável em que vive o caboclo brasileiro, o Jeca Tatu? Como esquecer as pesquisas feitas em laboratórios rudimentares por cientistas como Carlos Chagas e Oswaldo Cruz? Como esquecer a revolução causada pela descoberta da penicilina e de muitíssimas vacinas?

Nos primórdios do século XX, a ciência é condição para o otimismo das classes menos favorecidas, que encontram nos médicos sanitaristas melhores condições de higiene, e nas fábricas modernas, o trabalho assalariado que, devidamente instrumentalizado por partidos políticos progressistas, pode conduzir os marginalizados da pobreza à liberação da exploração capitalista.

Pertencente à Escola de Frankfurt, Walter Benjamin vai dar direitos de cidadania ao papel do progresso técnico no campo das artes. Leia-se o célebre e complexo ensaio *A obra de arte na era de sua reprodutibilidade técnica*.[1] Chamo a atenção para a diferença que estabelece entre a reprodução manual e a reprodução técnica. A foto, afirma ele, pode selecionar detalhes do original que não são acessíveis ao olho humano. De forma contundente exemplifica: "A catedral abandona seu lugar para instalar-se no estúdio de um amador; o coro, executado numa sala ou ao ar livre, pode ser ouvido num quarto". A obra de arte perde sua "aura" para ganhar a possibilidade de circular autonomamente por todo o planeta.

Nesse sentido, o filósofo alemão pôde concluir que "a arte contemporânea será tanto mais eficaz quanto mais se orientar em função da [sua] reprodutibilidade e, portanto, quanto menos colocar em seu centro a obra original". A obra de arte perderá o "valor de culto" para ser reconhecida pelo "valor de exposição". O valor de culto, mantido pelos antigos rituais sagrados, obrigava a obra-prima a se manter secreta.

Chegado é o momento em que este escritor pede direito à palavra. Pede direito à palavra para contar-lhes uma fábula, que deverá fazer pendant com a fábula de Christa Wolf.

Em determinado momento da sua vida, Freud falou das três feridas narcísicas que marcam a história do homem ocidental. A primeira foi imposta por Copérnico quando retirou a Terra do centro do sistema planetário. A segunda foi infligida por Darwin quando disse que homem e macaco descendem de um ancestral comum. E a terceira é de responsabilidade do próprio Freud. Afirma que a consciência repousa no inconsciente.

Estamos próximos de uma quarta e decisiva ferida narcísica. Ameaçada de morte prematura, a humanidade está se preparando para sair do palco em que protagoniza o papel de único dominador da natureza. Está para sair do palco a fim de entregar à natureza o direito exclusivo de atuação em cena. A Quarta-Feira de Cinzas da história da humanidade na Terra será bem outra, não tenhamos ilusão.

Só em cena, moribunda e exaltada, a natureza, com lances e gestos de grande dama ofendida, se dirige à humanidade, agora sua espectadora. Diz-lhe que abomina o trabalho que a destrói. Faz-lhe uma súplica: quer abandonar a condição de objeto privilegiado das suas boas e más intenções. Mas sua cura — se há condições para a cura da natureza na atual edição do planeta — só virá no momento em que o ser humano dela se retirar. Quando? Nunca. Ou amanhã. De uma maneira ou de outra, a humanidade, como essência do mundo, terá então desaparecido. Vale dizer, terá sofrido uma quarta e definitiva ferida narcísica.

Viagem pelas viagens de Mário de Andrade

> *Mind the gap.*
> Aviso em estações de estrada
> de ferro e de metrô

    Pauliceia desvairada, de Mário de Andrade, tem sua geografia e história contidas e refreadas pelas fronteiras e pela cronologia do estado de São Paulo. Limites regionais não minimizam a ótima qualidade da poesia lírica e a boa quantidade de informação nova e singular que a coleção de poemas oferece. Ao livro e às leituras já feitas pela melhor crítica faltam alguns dados referentes ao poeta e à obra. Nesta, geografia e história paulista estão contidas e refreadas; representam-se apenas por traços.
    Saio à cata desses traços discretos e sobreviventes. Acredito e pretendo provar que são eles respostas acanhadas às motivações subjetivas e estéticas que *assentam* o poeta naquele estágio de vida e naquela coleção de poemas. Essas motivações ganharão novo fôlego se materializadas e ressignificadas em análise cultural do

período em destaque. Ajudarão a crítica a *reassentar* o poeta em outras e sucessivas visões de mundo e em coleções subsequentes de poemas. Vale dizer que, no caso de Mário de Andrade, as *finalizações* de vida e de livro são sempre não conclusivas. Vida e obra literária estão à espera do momento de escapulir da monotonia ambiente. Muitas vezes, pela viagem.

Minha intenção é a de facultar a indispensável materialidade a traços esparsos e sobreviventes. Não estarei à procura de outro *contexto* para nova leitura de *Pauliceia desvairada*. Meu propósito crítico é o de demonstrar como o cidadão paulista e sujeito poético, ao se distanciar do ambiente residencial em *viagem* a outro estado da União, cristaliza e explora um desconhecido, desregrado e confuso *locus amoenus*, para recorrer de maneira livre à figura de retórica.

Para distinguir as viagens, objeto de meu interesse, das fugas prazerosas e produtivas à fazenda do tio Pio, recordemos palavras de Gilda de Mello e Souza. No ensaio "O arcaico e o moderno", ela afirma: "A chácara onde mora Pio Lourenço em Araraquara é a *réplica rural da rua Lopes Chaves*. Mais que em sua própria casa, é ali — 'na paz sapientíssima da chácara' — no universo ordenado e protegido que Mário trabalha com mais prazer [grifo meu]".[1]

Ao se distanciar da casa na Lopes Chaves e de sua réplica rural, interrompe-se o trabalho robusto do intelectual e a autocrítica é provocada, incentivando diferentes forças criativas. Levam-no a propor nova *automodelagem* (*self-design*) para si mesmo e para o poema. A metamorfose libera o ser humano da repetição, bem como o vocabulário, o estilo e os temas já materializados em textos. O cidadão e sujeito poético passa a percorrer desvios insuspeitos e suspeitos, à procura de outras e, paradoxalmente, aguardadas aventuras semânticas. Ao descer do meio de transporte, o garimpeiro na vida e na arte se presta ou se dispõe a ser *ressemantizado* pela liberdade que concede ao desempenho da curiosidade intelectual.

Aceita a perspectiva de leitura, sugiro que se analisem e sejam comparadas as três viagens de Mário de Andrade entre 1919 e 1924. Uma aconteceu antes da publicação de *Pauliceia desvairada*, em 1922, e as duas outras, depois.

A primeira viagem tem como destino — nas palavras do poeta viajante — um "solitário refúgio da velha e episcopal [cidade de] Mariana, a Católica". Contraditoriamente ferroviária, a peregrinação à cidade histórica mineira, então à beira do abandono e à espera da restauração na década de 1930, é motivada por sua preferência pela poesia simbolista europeia, de fundo cristão. Desde 1910, o jovem estudioso nutre admiração pelo poeta belga Émile Verhaeren. Quer conhecer pessoalmente o poeta Alphonsus de Guimaraens, seu alter ego nacional. Tendo falecido prematuramente, em 1898, o catarinense Cruz e Sousa não é páreo para o mineiro.

Em tempos brasileiros que se anunciam tão bombásticos quanto a Primeira Guerra Mundial que chega ao fim, a figura recatada e humilde do poeta e juiz de direito da cidade histórica faz jus à peregrinação. Transformador, o encontro dos dois era digno de um epinício ("hino triunfal", informa o dicionário). No final da jornada religiosa, a poesia do neófito se faz corpo presente e devoto do sacerdote supremo das letras simbolistas em terras nacionais.

Nos parágrafos acima, as duas curtas citações de Mário de Andrade revelam vocabulário e sintaxe alheios ao português coloquial. Foram retiradas do artigo que, ao regressar da peregrinação, o viajante escreve e publica na revista *A Cigarra*, de 1º de agosto de 1919. Complemento as duas citações com outras palavras do artigo. Descrevem o momento em que as almas gêmeas se encontram em conúbio. Copio da revista: "Alphonsus de Guimaraens escutava-me em silêncio; e naquele sacrário de religiosa estesia, na mudez do passado que nos rodeava, pudemos ambos ouvir a voz da minha alma cantar, num epinício, à arte magnífica do mestre...".

O retorno a São Paulo tem artigo e conferências derivados da peregrinação *ad locus sanctus*. Concomitantemente, a ausência de São Paulo e a escrita poética passam por uma ruptura, a que se segue um espaço-tempo em branco que será preenchido de maneira imprevista pelo neófito. A ruptura se faz abertura mais exigente que a propiciada pela peregrinação. Oferece-lhe um bilhete de embarque no bonde modernista, cujo percurso será pesquisado e mapeado em 1964 por Mário da Silva Brito, autor do primeiro e excelente trabalho sobre os *Antecedentes da Semana de Arte Moderna*. Publicado em 1917, o livro *Há uma gota de sangue em cada poema* perde também rumo e sentido. Seu futuro *não* é assegurado pelo volume das *Poesias completas* de Mário de Andrade. Nos poemas de 1922, resta um traço menos discreto do livro inaugural — o da leitura do belga Verhaeren.

O estilo simbolista, europeizado, cristão e sublime de Mário se substitui pelo estilo modernista inevitável na São Paulo futurista, de versos livres e vocabulário coloquial. Insisto em *relocalizar* Mário no microcosmo brasileiro que a cidade de São Paulo representa. Ele teria podido viajar ao Rio de Janeiro para visitar dois ilustres diplomatas e artistas franceses. Em 1917 e parte do ano de 1918, o poeta simbolista cristão Paul Claudel e o músico Darius Milhaud estão à frente da embaixada francesa. Faziam jus a peregrinação semelhante. Mário da Silva Brito é também coerente. Não os menciona no livro que arrola os antecedentes da Semana.

O revezamento nos estilos poéticos passará a recobrir, a seu turno, uma religiosidade diferente da católica e mariana. A vida espiritual do poeta se torna difusa, ao mesmo tempo que os novos poemas se alimentam da língua cotidiana paulista. Poeta e poema se diversificam. Passam a absorver nuances de comportamento popular e arlequinal. A felicidade do ser humano pode estar ao alcance do corpo em performance sublime. O sacrifício da viagem a Minas Gerais, a tristeza a pairar no horizonte morto da cidade de Mariana e a transformação operada pela peregrinação legam *traços* semelhantes aos dos poemas reunidos em 1917.

O estilo passadista de Verhaeren e de Alphonsus, em confronto e jogo com o futuro estilo modernista de Mário, será magnificamente dramatizado por Carlos Drummond de Andrade em poema tardio, "A visita", incluído no livro *A paixão medida*, de 1980. O longo e circunstanciado texto do poeta mineiro fornece ao leitor de hoje um variado e rico material linguístico e histórico que o ajudará a compreender as almas gêmeas simbolistas e a gestação pelo jogo linguístico do performático poeta modernista paulista.

O revezamento nos estilos libera um princípio estético futurista, que ganha lugar poético e solidez em *Pauliceia desvairada*. Também o destaco por ser princípio estético que terá *longue durée*. Em 1909, pontificou o italiano Filippo Marinetti: "um automóvel rugidor, que parece correr sobre a metralha, é mais belo que a *Vitória de Samotrácia*". Os futuros manifestos de Oswald de Andrade e dos poetas concretos também materializam o binômio máquina e velocidade: "O acabamento de *carrosserie*" é bom exemplo.

A imersão de Mário de Andrade em concepção diferente de religiosidade não percorre caminho linear, tampouco tem o destino final assegurado pela peregrinação a Mariana. Por isso, generalizo afirmando que o revezamento nos temas não deve ser avaliado em termos de evolução linear e temporal. Mário não abandona uma concepção de religião e adere a outra e diferente. Mário evolui por *deslocamento* pelo espaço. Vale dizer que se impõe nova viagem, que cogita diferente destino. Se o destino for o mesmo (Minas Gerais, será o caso da terceira viagem), os olhos *enxergam* de modo diferente.

Como em Clarice Lispector, a vida-vivida-com-felicidade virá de supetão. Chega de modo inesperado e não convencional. Clarice está a fumar um cigarro quando a felicidade bate à porta. Chegará também para Mário de experiência casual, cotidiana e epifânica. Mário se torna outro em viagem ao Rio de Janeiro. Observa uma festa nacional programada pelo calendário turístico da cidade e dela participa fatalmente. Tida pelos homens religiosos como promíscua, inferior e desprezível, daí a fuga da metrópole para o retiro espiritual, a festa popular se figura a Mário de Andrade como "alumbramento", para retomar experiência semelhante de Manuel Bandeira.

Na festa, a protagonista em destaque é carioca e certamente mora no morro. Ela representa uma religiosidade diferente da católica e vai acoplar o cenário carnavalesco do Rio de Janeiro à geografia e à história restritas de São Paulo. Deixo bem claro: nos poemas reunidos em 1922, a nova figuração do prazer aparece apenas de forma embrionária. É ainda arlequinal e subjetiva. É um traço esparso e sobrevivente que, em viagem ao Rio de Janeiro, ganha a materialidade da alegria espiritual propiciada pelo reinado de Momo.

O templo da nova religiosidade não é privado. É público. A experiência tampouco é particular. É coletiva. Sendo comunitária é, no entanto, solitária e intensa. Narcísica por natureza. É espetáculo sem o ser. Narciso se desdobra ao acaso de um gingado dos quadris de uma moça. Intersubjetivamente, desdobra-se como inesperado *tropismo*, o movimento de atração súbito, potente e anônimo do girassol de André Breton, que indicará novos caminhos de relacionamento humano para a romancista Nathalie Sarraute. Atração mútua, tão potente e transformadora quanto o encontro com o poeta Alphonsus, razão para a peregrinação a Mariana, a Católica. Sujeito e objeto se atraem e se colam como um.

Cito Mário em carta a amigo: "Só há um jeito feliz de viver a vida: é ter espírito religioso. Explico melhor: não se trata de ter espírito católico ou budista, trata-se de ter espírito religioso pra com a vida, isto é, viver com religião a vida".

O Rio de Janeiro é o *locus amoenus* antípoda do *locus sanctus* de Mariana e complementar ao *locus* geográfico original, a casa da rua Lopes Chaves e a chácara de Araraquara. A capital federal perde a aura administrativa para almejar a condição de lugar de passagem. O Rio de Janeiro não é a sede sociopolítica e econômica do poder nacional. É um enclave solto, anárquico e simbólico da nação, tomado pelo povo em festa comunitária. Enclave libertário, voluptuoso e escrachado. Nas praças, avenidas e ruas, a confraternização humana samba e a alegria pulsa nos corpos felizes.

O hedonismo urbano e comunitário não contradiz apenas a cidade-instituição. Contradiz, ainda, o futuro da nação que se desenha no culto ao trabalho com vistas à industrialização. Esse diferente futuro exige os imigrantes do Mediterrâneo e o capital britânico. Tanto dos nacionais quanto dos estrangeiros o futuro industrial do Brasil programado em São Paulo exige comportamento ordenado e arlequinal, tal como dramatizado na *Pauliceia desvairada*. Naquele livro, a alegria é desentranhada do dia a dia laborioso e o descanso noturno e semanal é desentranhado das salas de diversão pequeno-burguesas ou populares. A entrega ao hedonismo tem hora marcada e transcorre em auditórios humanizados por assentos individuais.

O poeta quer ser parte do espetáculo federal. Por uma curta temporada, corpos mascarados, fantasiados e quase nus e mentes delirantes e fulgurantes se aproximam, se abraçam e se amontoam em cordões. Deslocam-se em vastíssima extensão comunitária. Todas e todos se entregam à sensualidade viscosa da pele em suor, revigorada pela ingestão de álcool e pelas prises do lança-perfume a hidratar o lenço branco. A festa transcorre num palco iluminado, nave espiritual desrespeitosa do ambiente religioso tradicional. Mário deveria ter viajado para o retiro espiritual. Cai no meio de uma multidão que canta e dança e percorre os corredores — ruas e avenidas da capital federal — em cordões carnavalescos. Ouve-se o contraponto musical vanguardista: *Le Bœuf sur le toit*, de Darius Milhaud.

O poeta paulista se transforma definitivamente em performer. Tomado pela frieza do clima ambiente na cidade natal, propício sem dúvida ao urbanismo industrial ditado pelo capital britânico, ele perde a compostura inibida e a postura temerosa, irrepreensivelmente corretas. Por efeito do *tropismo*, passa de observador a ator, de *sambeiro* a sambista. Convive amistosamente com anônimos e atua num cenário que lhe explode os cinco sentidos. Performa vidas alheias, misteriosas e descontroladas. Todas as vidas são a sua, ainda que por curto e decisivo espaço de tempo.

Lembra o jovem poeta Arthur Rimbaud a escrever *Uma estação no inferno*. A *estação* de vida de Mário é contraditoriamente paradisíaca. Pesa o inesperado anarquismo coletivo, que configura a devoção do ser humano à Beleza da vida vivida com felicidade. Uma estação no paraíso. Rimbaud assenta a Beleza nos joelhos. "*J'ai assis la Beauté sur mes genoux. — Et je l'ai trouvée amère*." Mário não a julga amarga. Distancia-se da justiça. Torna negativa a frase rimbaudiana: "*Je [ne] me suis armé contre la justice*". No festim paradisíaco, subjetiva e solidariamente, o paulista julga a Beleza como a sublime encarnação do viver a vida com espírito religioso.

Negra, a Beleza se abanca. A se destacar no altar das ruas cariocas, a moça é possuída pelo prazer de saudar a vida em dança e a gozá-la em todo o potencial de sublime plenitude do espírito religioso. Bela e negra, a sambista atrai e absorve o olhar do antigo poeta mariano, agora sambeiro. Assenhoreia-se do corpo dela para sentir — num átimo de segundo — a bela imagem da religiosidade humana em performance espiritual. Bela e negra, a moça vive a dança. Seus pés, talvez descalços em 1923, riscam o chão em que o poeta escreve um poema.

A experiência epifânica será descrita por Mário em carta ao amigo e poeta Carlos Drummond. Copio a passagem:

Eu conto no meu [poema] "Carnaval carioca" um fato a que assisti em plena avenida Rio Branco. Uns negros dançando o samba. Mas havia uma negra moça que dançava melhor que os outros. Os jeitos eram os mesmos, mesma habilidade, mesma sensualidade mas ela era melhor. Só porque os outros faziam aquilo um pouco decorado, maquinizado, olhando o povo em volta deles, um automóvel que passava. Ela, não. Dançava com religião. Não olhava pra lado nenhum. Vivia a dança. E era sublime.

Mário de Andrade rifa a beleza futurista do automóvel que passa. A *Vitória de Samotrácia* dança na avenida Rio Branco. É carioca e bela e negra como *Les Demoiselles d'Avignon*, de Picasso. Eis como o poeta a representa em versos cubistas: "Só as ancas ventre dissolvendo-se em vaivéns de ondas em cio./ Termina se benzendo religiosa talqualmente num ritual".

Antes de introduzir a terceira viagem de Mário de Andrade, façamos uma parada estratégica em que as duas primeiras viagens serão examinadas da perspectiva proposta inicialmente. A terceira acontece em 1924 e se desenrola durante a festividade mineira da Semana Santa.

Já saltou aos olhos do leitor a artificialidade livresca que, em 1919, montou, construiu e reconstruiu humana e linguisticamente a viagem do poeta paulista a Mariana, a Católica. Nossa parada tardia e estratégica visa a acentuar alguns traços esparsos e sobreviventes que, em 1922, *reassentam* o poeta no estágio de vida que o leva a escrever e publicar *Pauliceia desvairada*. É dali que ele será levado a vivências e a livros subsequentes.

A eleição do próximo cenário pelo poeta simbolista é fatal. Deve ser um local geograficamente restrito e concreto — a capital em transformação do estado de São Paulo. Mudam-se os ciclos econômicos da nação brasileira. Ao se esgotar o potencial da colonização agrária lusitana (exploração extrativista ou de commodities, dizemos hoje), a colonização industrial se impõe. Contraditoriamente, a industrialização será erguida e sustentada pelo capital agrário estadual, que se associa ao capital britânico internacional. "Minha Londres das neblinas finas!" — lê-se em *Pauliceia desvairada*. A fatalidade em nação tropical daquele microcosmo urbano é o *lugar* onde o poeta simbolista e mariano finca o pé. Local-dentro-do-local-dentro-do-local.

Nada menos celeste, nada mais terreno que a capital do estado exportador de café a se industrializar durante a República Velha. Aparentemente o cenário metropolitano é tão restrito e concreto quanto a interiorana Mariana. Mário abandona o paraíso idealizado da estética simbolista, então associado ao Brasil colonial, paraíso artificial prenhe de uma tradição regional, falsa e enobrecida, acertadamente, pela arte religiosa expressa por artesãos autodidatas. Não há dúvida, Mariana, Ouro Preto, Congonhas do Campo e outras cidades mineiras abrigaram um notável ateliê de arquitetos e de artesãos religiosos durante o período colonial.

Em 1919, Mário mariano sobrepôs um manto simbolista e neocolonial (católico, artístico e celestial) às atrocidades cometidas pelos colonizadores durante os três primeiros séculos de nossa história. A semente da catequese — a arte dos autodidatas na colônia — é palavra de Deus. "*Semen est verbum Dei*" [a semente é a palavra de Deus], diz a *Carta* de Pedro Álvares Cabral endereçada ao soberano lusitano. A perspectiva de análise da história nacional é então idealizada e assegura uma avaliação positiva da catequese, a principal força abstrata — a fé em Cristo — impulsora da alta qualidade artística dos colonos convertidos. Em 1919, a leitura de Mário de Andrade é direcionada pela ocidentalização dos povos originários e dos africanos escravizados e recobre não apenas a arte religiosa do estado que visita como também a de outros estados do território nacional, em particular a Bahia e Pernambuco, que ele conhece por leitura.

O colonialismo *gerou* no Brasil obras de arte notáveis. É inegável. Se analisadas da perspectiva neocolonial, são ditas e tidas como *cópias* toscas feitas na maioria das vezes por autodidatas. O artesão — arquiteto, pintor ou escultor — tem o saber de autodidata. As cópias se distinguem das similares europeias pelas imperfeições originadas da ausência de legítimos educadores e mestres. O artesão é, em si, seu educador e seu mestre. O fazer de antes e o fazer de depois se confundem e avançam, ou regridem. Um círculo vicioso capaz de gerar gênios como Aleijadinho, que Mário de Andrade, então defensor das ideias neocoloniais, não apreende bem na viagem a Mariana, a Católica.

Afiançado apenas pelo fazer anterior do próprio artesão, o saber (insisto, autodidata, no sentido socrático: ensina-te a ti mesmo) o leva a apurar a boa qualidade do artesanato. Espacial e temporal, a transposição da arte religiosa europeia aos trópicos não traz maior mistério se avaliada da perspectiva neocolonial. As melhores obras apresentam uma discreta *degradação* na "arte" do artesão que é responsável por um *distanciamento comprometedor* dos modelos "originais", naturalmente europeus. A questão da "originalidade" do artesanato é sempre questão em aberto.

Se mistério maior houvesse na transposição espacial, ele seria perfeitamente contrabalançado pelo inquestionável êxito da catequese dos povos originários e dos povos africanos escravizados, em terra que se torna mais e mais inóspita aos colonizadores. Desprovida de mistério, a transposição dos valores artísticos metropolitanos na formação dos artistas colonos traz no bojo uma espécie de *bônus civilizacional negativo*, vale dizer, uma rasura *original* cuja positividade está presente na violência espiritual da *conversão*. Ela, sim, a boa, autêntica e legítima qualidade universal, a recobrir a arte religiosa produzida pelos artesãos no Brasil.

Em referência a Mário de Andrade, há provas concretas do que afirmo nos últimos parágrafos. Depois da viagem a Mariana, o poeta simbolista não escreve apenas a curta e pessoal narrativa para a revista *A Cigarra*, já citada. Entrega-se à redação de quatro conferências sobre "A arte religiosa no Brasil", que serão retrabalhadas sob a forma de quatro crônicas jornalísticas. Serão publicadas na *Revista do Brasil*, entre janeiro e junho de 1920. O pesquisador José Augusto Avancini fez cuidadosa, minuciosa e altamente *positiva* leitura dessas crônicas em *Expressão plástica e consciência nacional na crítica de Mário de Andrade*.[2]

As quatro crônicas denotam o interesse do viajante por algo mais amplo que Mariana, a Católica, ou as cidades históricas de Minas Gerais, berço não só do barroco mineiro, como dos inconfidentes e da poesia de Cláudio Manuel da Costa, marco inicial da *Formação da literatura brasileira*, de Antonio Candido. O título das quatro crônicas é tão geral quanto a abrangência almejada. Visam a cobrir menos uma atividade regional e mais uma experiência coletiva colonial, aparentemente orgânica. Elas recobrem todo o futuro território nacional. No título das crônicas, é simpática a ausência do adjetivo "brasileiro" e a adjetivação pela localização, "no Brasil". À semelhança de Antonio Candido e ao contrário de Wilson Martins, em *História da inteligência brasileira*, Mário não confunde colonial e brasileiro. Este detalhe é então traço discreto, a ser materializado pelo modernista na segunda viagem a Minas Gerais.

A compreensão pelo poeta em peregrinação da arquitetura e da arte colonial no Brasil se apoia nas ideias e nos livros de Ricardo Severo (Lisboa, 1869, São Paulo, 1940), arquiteto português que, por ser defensor do ideal republicano na pátria, se exila no Brasil em 1908. Em 1911, Severo filia-se ao Instituto Histórico e Geográfico de São Paulo. Faz também alianças em Minas Gerais. Casa-se com a irmã do inventor Santos Dumont. Em 1916, será convidado pela família Mesquita a participar da criação da *Revista do Brasil*. Nela, Mário publicará suas quatro crônicas, como adiantamos.

Erudito e talentoso, Ricardo Severo se torna chefe de escola no país de adoção. Defende a retomada da tradição luso-brasileira em arquitetura e combate tanto o ecletismo do Velho e do Novo Mundo quanto o futurismo corbusiano. Este, defendido inicialmente apenas por Oswald de Andrade, chegará a São Paulo na prancheta do ucraniano Gregori I. Warchavchik. Em cartas e crônicas do jovem Mário, há avaliações da produção artística colonial que são inspiradas por Ricardo Severo. Essas avaliações, a seu turno, sustentam também os textos e desenhos feitos no ano de 1920 pelo jovem arquiteto Lúcio Costa, em Diamantina. (Seus desenhos estão reproduzidos no livro coletivo *Anos JK: Margens da modernidade*, organizado por Wander Melo Miranda.)[3]

Um primeiro nó neocolonial é dado por Mário de Andrade. Nas crônicas sobre a arte religiosa no Brasil, o laço nos cadarços é dado pelas constantes comparações dos trabalhos coloniais que se destacam com as matrizes europeias. Se algum artesão recebe aprendizado na metrópole, a pintura é mais bem-ordenada e há maior conhecimento de composição. Ainda que genial, lhe faltará instrução.

Segundo nó. A apreciação da arquitetura e da arte religiosa no Brasil colonial se dá pela repetição sem diferença e dá origem a uma concepção de "movimento neocolonial" moderno (?), calcado que está nos riscos das nossas cidades históricas, idealizadas a partir do modelo metropolitano. Tal movimento "moderno" em arquitetura terá seu fim no ato presidencial que desclassifica o projeto do arquiteto Arquimedes Memória para o Ministério da Educação e Saúde, com a finalidade de entregar a Lúcio Costa — já corbusiano — a proposta de um projeto arquitetônico coletivo e propriamente moderno.

O terceiro nó é tardio e será dado em 1927. Transparece numa importante lacuna no conhecimento que Mário tem de Aleijadinho. Ao terminar a primeira redação de *Macunaíma* é que o ensaísta quer focar a bibliografia mineira sobre o artista. De maneira gauche, pede um favor a Carlos Drummond. Copio trecho de carta daquele ano:

> Tenho um favor pra pedir pra você. Você vai fazer o impossível pra ver se me arranja aí um livro ou folheto sobre o "Aleijadinho" dum fulano chamado Rodrigo José Ferreira Bretas, aparecido talvez por 1858. Primeiro vá aí na Biblioteca Pública ver o que é. Não tem pressa mas tem importância. Com paciência talvez você descubra algum exemplar. Pergunte pra todos os conhecidos. Papel de fuinha.

Antes de mais, o "fulano" é figura de destaque na política do Segundo Reinado e bisavô de Rodrigo Melo Franco de Andrade, que, em meados de 1930, será o presidente do Serviço do Patrimônio Histórico e Artístico Nacional (SPHAN). Em seguida, não existe livro ou folheto escrito por ele. Existe, sim, um longo artigo biográfico de sua autoria, publicado no *Diário Oficial* do estado de Minas Gerais. Nele o articulista reúne dados biográficos dispersos sobre o Aleijadinho. O desconhecimento de Aleijadinho é coisa de jovem modernista. Também Drummond nada sabe sobre o livro ou folheto e sobre seu autor. Só com a ajuda do diretor do Arquivo Público Mineiro, o ouro-pretano Mário de Lima, é que chega à informação sobre Bretas, Aleijadinho e Rodrigo.

O *Diário Oficial* está, então, arquivado na Biblioteca Municipal de Belo Horizonte (a velha capital tinha se transferido para a nova capital). O discípulo copia a lápis todo o artigo e o envia pelos correios ao mestre, em São Paulo. Começam a se desenlaçar os três nós neocoloniais atados.

Com Manuel Bandeira à frente é que, de uma perspectiva pós-colonial, Aleijadinho começará a ser conhecido dos modernistas brasileiros e admirado. Em julho de 1928, o pernambucano dá as cartas. Publica na revista carioca *Ilustração Brasileira* a crônica "O Aleijadinho" (texto revisto em 1930 e incluído hoje na coleção *Crônicas da província do Brasil*). Nela demonstra não só bom conhecimento do artigo biográfico sobre Aleijadinho, publicado em Ouro Preto no ano de 1858, como também dá a público a amizade que mantém com o jovem bisneto de Bretas, o belo-horizontino Rodrigo Melo Franco de Andrade, pai do cineasta Joaquim Pedro, a sua vez, responsável por levar à tela *Macunaíma*.

O primeiro elogio *modernista* a Aleijadinho será, pois, de responsabilidade de Manuel Bandeira e data de 1928. Se lido em filigrana, talvez guarde crítica velada à apreciação neocolonial de Aleijadinho por Mário de Andrade. Em 1919, Mário julga o artista mineiro "paradoxal". Por um lado, um gênio, por outro, artista limitado. Cito: "A alma criadora do gênio vivia nele, faltava-lhe a instrução". Bandeira transforma o *paradoxo* de Mário em construção sintática que se expressa pela figura do oximoro. Duas palavras de sentido contraditório, se associadas, apenas reforçam um único e forte significado. Euclides da Cunha recorreu ao oximoro para traçar o perfil de Antônio Conselheiro, um "gnóstico bronco". Fernando Pessoa torna a figura retórica popular no perfil de Ulisses: "O mito é o nada que é tudo".

Reproduzo o perfil desenhado em palavras de Aleijadinho:

> O homem a que ele [o diminutivo] se aplicou nada tinha de fraco nem pequeno. Era, em sua disformidade, formidável. Nem no físico, nem no moral, nem na arte, nenhum vestígio de tibieza sentimental. Toda a sua obra de arquiteto e de escultor é de uma saúde, de uma robustez, de uma dignidade a que não atingiu nunca nenhum outro artista plástico entre nós.

Destaco o substantivo "saúde", certamente autobiográfico, a tuberculose na juventude, mas também apreciação herdada do aforismo 382, "A grande saúde", do livro *A gaia ciência*, de Friedrich Nietzsche.

Entre a primeira e a segunda viagem de Mário sobressai, em 1922, a necessidade de o poeta fincar o pé em local urbano, aparentemente prescindível em adepto do simbolismo. Pisa o chão de uma cidade moderna ainda sem definição, de perfil "desvairado". Ela está a se transformar em microcosmo exemplar de um futuro estado e de uma nação de dimensão continental, também prescindíveis. O local-do-local-do-local brasileiro torna-se *imprescindível* no novo projeto poético do poeta viajante. Imprescindível e fatal. Ali se revela ao poeta o "centro de gravidade" original de seu corpo — para retomar a expressão que está em página do *Diário*, de Franz Kafka, datada de 1910. Naquele ano, Kafka completa 27 anos. Em 1922, Mario completa 29 anos.

Nossa parada de caráter estratégico recebeu, ainda que rapidamente, trabalho de reconstrução histórica do modernismo, e agora se deixa guiar pela página do *Diário*, de Franz Kafka. Desde a mais tenra idade, o centro de gravidade original do corpo do escritor tcheco fora conduzido vida afora pelos "educadores" (vocábulo a ser tomado, a meu ver, no sentido amplo que lhe emprestaria Louis Althusser em "Aparelhos ideológicos do Estado"). No momento em que julga estar atingindo a condição de homem maduro, Kafka se libera do papel exercido pelos educadores em sua formação. Seu corpo fora deslocado por eles do centro de gravidade original, a fim de que o sujeito performasse desígnios diferentes. O centro de gravidade original deve voltar a ser o autêntico designer de seu corpo.

Em 1910, a serpente quer mudar de casca. A acusação que Kafka faz aos educadores não ganha palavras, é silenciosa. Expressa-se pelo riso, ou pelo escárnio, como diria um nosso modernista. Kafka insiste e precisa: "faço de minha recriminação [aos educadores] e de meu riso um rufar de tambores audível até mesmo do além".

Talvez seja inédita essa aproximação da descoberta por Kafka do centro de gravidade original do corpo e sua transferência para a compreensão de momento preciso e decisivo no amadurecimento artístico e intelectual de Mário de Andrade. É doloroso para um artista carregar o que não (lhe) é congênito. Pelo ineditismo da apropriação e por minha narrativa se direcionar pela semelhança entre personalidades diferentes, faz-se necessário citar um longo trecho do *Diário* de Kafka.

Copio da nova edição em português:[4]

> Essa minha imperfeição não é congênita, o que a torna tanto mais dolorosa de carregar. Sim, porque como todo mundo, também eu tenho já de nascença meu centro de gravidade em mim mesmo, o que nem a educação mais desatinada foi capaz de deslocar. Conservo ainda esse belo centro de gravidade, mas, de certa maneira, não mais o corpo que lhe corresponde. E um centro de gravidade sem função a cumprir transforma-se em chumbo alojado no corpo feito bala de espingarda. Tampouco sou merecedor dessa minha imperfeição, de cujo surgimento padeci sem culpa. Por isso não consigo sentir arrependimento nenhum, por mais que o procure.

O corpo adulto do escritor Kafka não corresponde mais ao original. Está imperfeito. Seu centro de gravidade esteve sendo *editado* — diria o Machado de Assis da "errata pensante" — pelos educadores, desde o nascimento e talvez antes dele. O amadurecimento do corpo corresponde à perda gradativa de sua condição congênita. Tudo indica que não há como recuperar o corpo de nascença. Ele se encontra bem agasalhado e destroçado por vários significados que lhe são sobrepostos, responsáveis finalmente pelo estágio deplorável em que se encontra em 1910, aos 27 anos de vida. O escritor está de posse de um corpo sem função vital. Ainda que o corpo tenha sido formatado pelos educadores, seu centro de gravidade, no entanto, continua a ser o original, embora encoberto por infinitas camadas.

Em 1910, o centro de gravidade do corpo de Kafka é "chumbo alojado no corpo feito bala de espingarda". Ele pesa e é arma assassina e/ou suicida.

A escrita literária de Kafka nasce do diagnóstico de uma *imperfeição* cuja causa não pode ser imputada ao sujeito, no caso, o escritor. Ele padece da imperfeição *sem* o sentimento de culpa. Não pede perdão. Não se sujeita ao consequente arrependimento. A originalidade da escrita literária de Kafka (ou de Mário de Andrade, se me permitem) torna-se original no momento em que o escritor detecta e tem consciência da condição mortífera que a imperfeição constitui e institui em sua formação intelectual. O centro de gravidade congênito só pode ser recuperado pelo sujeito em processo inverso — o de despossessão silenciosa do trabalho de seus educadores. Mas o corpo original já é então outro, tão pesado quanto *chumbo*, metáfora tardia para o centro de gravidade congênito.

A recriminação aos responsáveis pela imperfeição do artista só desperta em Kafka o riso sonoro e é por isso que a imperfeição mariana — como descobre Mário de Andrade no *locus amoenus* carioca — é só mais difícil (mais pesada) de ser carregada. É preciso que o poeta paulista recupere o centro de gravidade que traz de nascença e se tornou imperfeito pelo trabalho de encobrimento pelos educadores. Não são eles (tomados no sentido amplo, insistimos) que serão capazes de desembaraçar o homem maduro das imperfeições que lhe impuseram.

Não há, pois, razão para (Mário de Andrade) se culpabilizar pela imperfeição, que não é congênita, e dela se arrepender. Há que fazer recriminações. Elas se manifestam contraditoriamente pelo riso. Recriminações e riso se confundem no alarde sonoro de tambores audível até mesmo do além. Em Mário de Andrade há sobretudo um centro de gravidade que, de repente, se zera, embora do zero se diferencie pela sequência de números que lhe são sobrepostos nas várias fases de sua formação.

Não é ao artista, isento de culpa, é ao crítico literário que se impõe a revisão da formação pelos "educadores", principais ou únicos responsáveis pelas "imperfeições" da personalidade madura de Mário de Andrade. Entre elas, a de poeta simbolista de fundo católico. A "imperfeição" simbolista é a *autora* legítima de *Há uma gota de sangue em cada poema*. É também a responsável pela peregrinação à cidade de Mariana, onde vive Alphonsus de Guimaraens, alter ego de Émile Verhaeren.

A cidade morta mineira foi, então, equivocadamente visitada pelo poeta paulista. A representação que dela faz visa a legitimar, em termos neocoloniais, o passado colonial brasileiro, e por isso é *imperfeita*. (Em seu poema, Drummond metamorfoseia com habilidade o poeta simbolista mineiro em advogado inconfidente. Ele é também o juiz de direito da cidade.)

Há que dar por concluída nossa parada estratégica. Com os novos olhos de Mário, chegamos à terceira viagem. Na Semana Santa de 1924, ele e o grupo de companheiras e companheiros modernistas viajam às cidades do ciclo de ouro mineiro. Ciceroneiam o poeta suíço Blaise Cendrars, que então nos visita. Os viajantes se dão o direito a curta estada na moderna Belo Horizonte, onde confraternizam com a nova geração de escritores mineiros, ainda desconhecidos no cenário nacional.

A terceira das viagens oferece um *bônus de valor inestimável* ao processo de desconstrução da formação artesanal dos artistas mineiros do período colonial e da própria formação cultural de Mário de Andrade.

No século XVIII, o centro urbano mineiro se automodela pela vida letrada europeizada de seus intelectuais e pela poética arcádica de seus artistas da palavra. O pensamento ilustrado de Ouro

Preto alicerça nossa fundação como extensão da Europa, transplantada para os trópicos. No entanto, os viajantes paulistas regressam de lá conscientes da indispensável busca de nossa *ancestralidade*. Ela não está onde a colonização europeia diz que ela está. Não está, portanto, na Ilustração ouro-pretana. Na antiga capital do estado de Minas Gerais, os viajantes paulistas se transformam por um *anacronismo* tão violento, que se torna crítico do presente e será o responsável pela mudança dos desígnios estéticos futuristas que primeiro nortearam a Semana de Arte Moderna. Anacronismo semelhante ao que dá origem, na capital federal, à religiosidade carnavalesca epifânica de Mário de Andrade. O poeta está diante e junto do corpo da sambista negra, a viver a vida numa experiência sublime, solitária e religiosa.

Nos meses e anos que se seguem à terceira viagem, a formação dos modernistas busca princípio de identidade diferente ao oferecido de graça pelos antigos intelectuais e poetas ouro-pretanos. Ele terá de ser desvendado com a ajuda do bom conhecimento da civilização dos povos originários da terra descoberta pelos portugueses. Oswald de Andrade é conduzido pela familiaridade com os escritos por viajantes europeus ao Brasil durante o período colonial, escritos de valor etnográfico. Seus manifestos literários têm como fundamento a antropofagia e anunciam a pesquisa do etnógrafo Alfred Métraux e do sociólogo Florestan Fernandes. Já Mário de Andrade será mais sensível a escrito propriamente etnográfico, de trabalho de campo rigoroso, como o do germânico Koch-Grünberg. Complementem-se os dois movimentos autorais com os capítulos autobiográficos iniciais de *Tristes trópicos*. Claude Lévi-Strauss chega a São Paulo em 1934.

Pela porta ainda estreita do princípio identitário configurado pelo saber dos povos originários, entra também, mas de maneira desterritorializada, a ancestralidade a ser reivindicada pelos povos africanos, diaspóricos e escravizados no Brasil, cujos descendentes miseráveis ainda caminham pelas ruas de Ouro Preto. Na admiração pelas obras de caráter religioso, os modernistas começam a reconhecer a legítima originalidade e o valor da "cópia" de autoria do artesão colonial. Para o devido contraste, releia-se o Mário de Andrade de 1920: "A alma criadora do gênio vivia nele [Aleijadinho], faltava-lhe a instrução".

Sem *quid pro quo*, os modernistas começam a destacar e a explorar a personalidade íntima (a grafia de vida) de Aleijadinho, ainda um enigma para os viajantes modernistas em 1924. Verdadeiro e autêntico enigma que cada uma e cada um dos viajantes e todas e todos os modernistas pouco a pouco esclarecerão.

Permitam-me que me reporte à proposta inicial desta leitura das viagens de Mário de Andrade para alavancar, sob a forma de digressão, uma série de *corolários* que decorrem dela.

No conjunto da obra de nosso autor, a autocrítica e o impulso criativo oferecidos pela viagem têm como *homólogo* o saber adquirido pelo exercício de leitura em biblioteca particular ou pública. Aliás, a viagem como metáfora para a leitura é tópos caro aos modernistas. Carlos Drummond publica em *Alguma poesia*, de 1930, o poema "Infância". No quintal de sua casa em Itabira, a leitura do menino o transporta para uma ilha deserta do oceano Pacífico, onde vive a experiência de Robinson Crusoé. "Eu sozinho menino entre mangueiras/ lia a história de Robinson Crusoé./ Comprida história que não acaba mais." A metáfora será consagrada em versos tardios do livro *Boitempo*: "Leituras! Leituras!/ Como quem diz: Navios... Sair pelo mundo/ voando na capa vermelha de Júlio Verne".

A experiência real e metafórica da viagem ganhará um segundo *homólogo* na obra de Mário de Andrade, agora sob a forma de constructo afetivo. A carta escrita por Mário *viaja* pelos céus do Brasil com a finalidade de divulgar ao destinatário, residente noutra cidade, as novas ideias estéticas, oriundas da hospedagem do poeta e das companheiras e companheiros de geração nos manifestos, revistas e livros literários e artísticos chegados da Europa ou já produzidos no Brasil. O destinatário, transformado por sua vez em remetente, escreve carta em *viagem de volta* a São Paulo. Informa a Mário o estado da produção literária e artística ou na capital federal ou em algum dos estados da União.

Se o corpo e a mente de Mário são a estação central do constructo da amizade literária, a viagem representa o conjunto das cartas como um *coletivo* único e extraordinário, à espera de guarida numa Brasiliana moderna. O constructo afetivo e estético andradino não fará feio ao lado das vastas correspondências de Gustave Flaubert ou de Charles Baudelaire.

Finalmente, há que acrescentar outra e similar experiência de saber, experiência tão íntima e quase secreta, mas tão pública quanto a que o poeta experimenta no Rio de Janeiro. Ela acontece durante o "passeio" do cidadão paulista pela cidade onde mora ou para onde viaja. A seu turno, o passeio é semelhante à *flânerie*, como se diz em francês (hábito cultivado de modo provocativo por Baudelaire em Paris). Indiscriminada, a curiosidade do artista se associa ao saber que *viaja* em anonimato pelas ruas da cidade. De repente, o saber recebido pelo flâneur pode ganhar um nome próprio, mas nem sempre.

O poeta conversa com os que se chegam. Se houvesse um apanhado desse constructo popular, teríamos uma forma alternativa e espontânea, inédita, de *correspondência* cultural. A carta ao amigo escritor tem, pois, como *homólogo* o ato de "puxar conversa" durante um passeio. O novo constructo abre espaço para o vale-tudo da comunicação humana imaginosa e/ou inteligente que se expressa subitamente pela oralidade. (Nas últimas décadas, esse constructo afetivo virou papa fina no filme documentário, em voga no cinema nacional.)

Em carta, Mário descreve a razão de ser de seus passeios:

eu não ataco nem nego a erudição e a civilização, como fez o Osvaldo num momento de erro, ao contrário respeito-as e cá tenho também (comedidamente, muito comedidamente) as minhas fichinhas de leitura. Mas vivo tudo. Que passeios admiráveis eu faço, só! Mas ninguém nunca está só.

E o remetente aconselha ao destinatário:

E então parar e puxar conversa com gente chamada baixa e ignorante! Como é gostoso! Fique sabendo duma coisa, se não sabe ainda: é com essa gente que se aprende a sentir e não com a inteligência e a erudição livresca.

Na carreira futura de Mário, o hábito urbano de "puxar conversa" será acoplado à pesquisa rural, cujo objeto são as manifestações culturais ditas folclóricas ou populares. Ao distanciar-se da metrópole paulista, ele se adentra por zona rural, onde dominam a performance ao vivo do artista e a oralidade no trato do produto cultural. À semelhança do que ocorre em "Alguns toureiros", comovente poema do viajante João Cabral de Melo Neto, a principal originalidade a buscar na *composição literária erudita* de Mário de Andrade se encontra em seu conhecimento e observações do trabalho musical dos cantores autodidatas e anônimos do Nordeste brasileiro.

O modelo de composição poética é dado a Cabral pelo ato de observar o toureador na *plaza de toros* ("demonstrar aos poetas:// como domar a explosão"), e a Mário, pela análise da performance do cantador nordestino *in locus amoenus*. Ao saber de cor e salteada a canção que lhe é dada de presente pela tradição regional, o cantador jovem atravessa uma fase do aprendizado em que afirma sua predisposição natural à música e, ainda retraído, procura se autoafirmar como músico talentoso e original. À longa fase de aprendizado, recoberta pelo saber de cor e salteada a canção do repertório tradicional, se sucedem fases em que a repetição desse saber, devidamente assimilado, se *desvia* do original por diferentes formas de "traição da memória" e se *transforma* em criação própria e autêntica do compositor/cantador.

Não exagero se afirmo que, para o múltiplo Mário de Andrade, é a "vida literária" (é assim que essa forma de conhecimento e de disciplina intelectual é classificada por Brito Broca) *o centro de sua formação e ilustração intelectual e a central de difusão de seu saber*. Se compreendida pelas modernas ciências sociais, a vida literária pode se confundir com um variadíssimo "trabalho de campo" e seus preciosos resultados. Mas eu só teria o direito de reapropriar o *trabalho de campo* para a *vida literária* caso fosse admissível julgar como atividade científica a pesquisa do obsessivo artista amador, ou diletante, desprovido de instrumento disciplinar e rigoroso. Na modernidade, é a ciência que reconhece e legitima o saber universitário como superior.

Temos, na formação literária e na produção artística e intelectual de Mário de Andrade, uma qualidade (ou propriedade) amadora que, por não ser inédita no Brasil colonial, monárquico e republicano, merece destaque. A *inadequação* do artista e intelectual diletante brasileiro ao padrão universitário europeu não invalidou a alta qualidade da sua contribuição à arte e ao saber nacional. Talvez seja por isso que o modernista, em viagem às cidades históricas, tenha preferido relacionar seus múltiplos saberes ao substantivo arcaico "sabença".[5] Como Franz Kafka, nas cidades históricas brasileiras ele se torna consciente da *inadequação educacional* de sua formação. Ela se confunde com inadequação semelhante, que se torna evidente e digna de admiração nos grandes arquitetos e artistas plásticos do período colonial.

Em suas palavras de 1924, o valor epistemológico da *sabença* é gerado por tautologia. Ela se define pela repetição do ato de saber como atributo. O saber é atributo do saber. Diz Mário que, como Tarsila, "é preciso saber saber".⁶ O saber de Mário de Andrade é atributo de seu próprio saber em movimento, em constante formação. É saber subjetivo e expletivo. O discípulo é seu próprio mestre. Nesse sentido, a dedicatória de *Pauliceia desvairada* é exemplo conclusivo. O livro de poemas está dedicado ao mestre Mário de Andrade pelo discípulo Mário de Andrade. A sabença, engendrada pela observação sensível do objeto já produzido e por sua análise subjetiva, não deve ser confundida com "a alegria da ignorância que descobre", defendida por Oswald de Andrade. *Quem sabe sabe*, como se diz no popular.

Se falta ao poeta e intelectual paulista a formação universitária e disciplinar, ela será saliente em seu mais destacado discípulo em literatura, o professor Antonio Candido. Sobra a Mário a sabença — saber literário, indisciplinado, saber subjetivo e metodologicamente multidisciplinar. A sabença adiciona Mário de Andrade à tradição de notável ensaística brasileira, que será configurada pela primeira vez pelo discípulo e professor, que dela escapou em 1934, para sempre. Inscreve-se como aluno da Universidade de São Paulo (USP), onde será titular da cadeira de literatura na Faculdade de Filosofia, Ciências e Letras. Seu primeiro trabalho universitário de peso, *O método crítico de Sílvio Romero*, é publicado em 1945 e está dedicado à memória de Mário de Andrade, recém--falecido.

A partir de 1934, a sabença de Mário de Andrade passa a instruí-lo profissionalmente para a função pública na capital do estado e na capital federal. Concomitantemente, a sabença mais e mais se miniaturiza em três cadeiras disciplinares da Faculdade de Filosofia, Ciências e Letras da USP, regidas por professores estrangeiros em missão cultural no Brasil: Roger Bastide, sociologia; Claude Lévi-Strauss, antropologia, e Jean Maugüé, filosofia. Discípulo dos três, mas com opção pela cadeira de literatura, o futuro catedrático Antonio Candido.

Sucessor de Mário e discípulo antagônico, Antonio Candido é quem explicita pela primeira vez — e chama nossa atenção para — a alta qualidade *literária* da síntese ensaística amadora, ou diletante, dos mais notáveis intérpretes brasileiros. Através da *sabença* (nunca encontrei o vocábulo em texto de Candido), o centramento no conhecimento literário doméstico e universal do sujeito se abre e se expõe desmesuradamente. Amealha as ideias alheias, discute-as e, em exposição ensaística, reflete sobre elas. Sustenta-as ou as critica em escrita pessoal, que também expressa as ideias originais do autor, substantivadas em modo multidisciplinar. Uma escrita passível de se transformar em importantíssima produção ensaística ou artística, a conquistar leitores entusiasmados.

Ao fazer um balanço do legado que o jovem pesquisador passou a receber na Faculdade de Filosofia, Ciências e Letras, recém-criada, Candido observa sua genealogia e a anota em parágrafo precioso: "Diferentemente do que sucede em outros países, a literatura tem sido aqui, mais do que a filosofia e as ciências humanas, o fenômeno central da vida do espírito". E acrescenta:

> Não será exagerado afirmar que esta linha de ensaio [a literatura como fenômeno central da vida do espírito] — em que se combinam com felicidade maior ou menor a imaginação e a observação, a ciência e a arte — constitui o traço mais característico e original do nosso pensamento.[7]

Antes de voltar ao tópico estreito da viagem, reapreciemos o intelectual Mário de Andrade e seu discípulo acadêmico. O mestre é o último de uma época em que a *vida literária* foi o alicerce do saber que ainda não era "formado" pelo saber universitário europeu, de ambição científica. Era inspirado pelo papel exercido em sociedade pelo homem de espírito, o *clerc*. Em notável livro publicado em 1928, *A traição dos homens de espírito* (*La Trahison des clercs*), Julien Benda[8] define o homem de espírito pela tradição ocidental e o redefine face à emergência dos governos totalitários na Europa.

Por outro lado, Antonio Candido será, no domínio das letras, já devidamente descentradas de sua exemplaridade literária e subjetiva, ensaística e multidisciplinar, o primeiro de uma época em que a formação propriamente universitária e científica passa a ser dominante. O saber nacional, universitário e científico, ganhará corpo de adulto e mais valiosas verbas para o fomento da pesquisa do momento em que se desvincula da fonte original francesa, estabelecida pelos professores parisienses *"en mission"*. Adota-se como paradigma da *formação* do aluno o modelo norte-americano. A pós-graduação (*"graduate studies"*, no original) se torna o *lugar* por excelência da alta qualidade e originalidade da inscrição de nosso trabalho científico no Ocidente.

A "literatura [como] fenômeno central da vida do espírito" reconhece seu lugar e valor relativo. A recém-fundada faculdade ensina filosofia, ciências e letras. A última passa a ser também a menor.

Minha Londres das neblinas finas...

FRIOZINHO ARREBITADO — "PAISAGEM N. 1" NO LIVRO

Reunidos e publicados em 1922, os poemas de *Pauliceia desvairada* são a estrela-guia que leva o leitor de hoje a reencontrar o poeta Mário de Andrade no ano de 1932, na pele de cidadão politizado. Nesse ano, o governo paulista quer assumir o poder central da nação brasileira, em oposição à ocupação provisória da Presidência por Getúlio Vargas. É municipal e urbano o projeto industrial anunciado prematuramente por *Pauliceia desvairada*. Torna-se estadual no decorrer da década de 1920 e ambiciona se confundir com a realidade nacional na década seguinte. Em 1932, o estado de São Paulo visa a tomar assento no Palácio do Catete. A objetivar a vitória final, a empreitada favorece e levanta em praça pública uma normatização da legislação e do processo eleitoral, que será defendida com unhas e dentes.

Desde o golpe de 1930, Getúlio Vargas é defensor do processo centralizador e autoritário de urbanização e modernização da sociedade e da economia brasileira, processo também defendido pelos tenentistas desde as eleições de 1922. Foram eles os articuladores de sucessivas e coesas insurreições políticas. Em meados de 1932, as forças paulistas lideradas pelo general Isidoro Dias Lopes batem de frente contra a Presidência da República e os estados da União que lhe são fiéis.

(A partir de 1964, Glauber Rocha retirará do megafone dos tenentistas as palavras de ordem de seus primeiros filmes. Tendo-as como motivação artística, define a liderança de Antônio das Mortes, de espingarda em punho, matador de cangaceiro e de beato, na terra do sol. Escute-se a canção na voz de Sérgio Ricardo.)

No início da década de 1920, os poemas de Mário de Andrade visam a (1) clicar em várias facetas a paisagem urbana singular da capital paulista; (2) registrar a presença física e a fala de figuras pitorescas do cotidiano citadino; (3) expressar evidentes motivações para modestas revoluções sociopolíticas nacionais, de caráter afetivo e socializante, e (4) anotar observações poéticas e críticas sobre a emergência no Novo Mundo de uma metrópole multiétnica e a se industrializar com o apoio do capital britânico.

Os poemas abraçam, abençoam e favorizam o melting pot urbano, a trabalhar e a se divertir com o sorriso inspirado pelo "friozinho arrebatado", atributo singular da paisagem. Ratifico o atributo elogioso e festivo com três versos: "Meu coração sente-se muito alegre!/ Este friozinho arrebatado/ Dá uma vontade de sorrir!". Para dar o primeiro passo na organização estilística do verso e na composição do poema, extraio palavras de significado oposto do mesmo poema: "Meu coração sente-se muito triste...". Não há efeito paródico no jogo entre opostos, a alegria e a tristeza.

Conta a *intermitência* (uma finalização não conclusiva, preciso) como forma de organização estilística do verso e de composição do poema.

Somada a diferença pela justaposição de sentido intermitente, auguram-se formidáveis transformações na condução do progresso da capital e do estado paulista, e, por futura rebeldia política dez anos depois de publicado o verso, da nação brasileira. As transformações progressistas têm seu primeiro poema-cartaz, à la Vladímir Maiakóvski, na "Paisagem n. 1". São enunciadas e divulgadas no ano em que a política do café com leite chega ao ápice e se encaminha em dívidas bancárias para a falência na produção cafeeira e o crash da bolsa de valores norte-americana. Vinte e quatro de outubro de 1929. Premonitório nos poemas de Mário de Andrade, o progresso representado pela industrialização se presentifica numa jovem metrópole regional, dada poeticamente como "desvairada" — informa o adjetivo arrevesado no título do livro.

No país solar, o trabalho e a preguiça se associam e passam a conviver com o "cinzento das ruas arrepiadas", e o repudiam. Se associados, trabalho e diversão se deixam cortejar por entusiasmado "tralalá", assoviado ou entoado por um são Bobo. Na "inquieta alacridade da invernia" — para continuar a citar o poema em leitura —, premedita-se nova fase no ciclo econômico brasileiro, a da industrialização. Desde então e sempre, a guarda cívica está e estará de olhos e ouvidos abertos.

"Prisão!"

Na *Pauliceia desvairada*, é proibido proibir, até o "tralalá" insosso do são Bobo.

Inédito nas representações de país tropical, o modelo climático da paisagem paulista inspira também o sentimento de *liberdade democrática*. Em silêncio, Mário de Andrade subscreve e enriquece o verso "Flor amorosa de três raças tristes", do parnasiano Olavo Bilac. Enriquece-o e só questiona o adjetivo "triste" que, no *Retrato do Brasil* (1928) do amigo Paulo Prado,[1] continuará a qualificar de maneira desfavorável a flor amorosa. Inspirado pelo anseio de liberdade, o poeta se sente levado a abarcar e a configurar a atual composição do povo brasileiro como tendo sido enriquecida pelas recentes ondas migratórias, originadas das populações empobrecidas das duas margens do Mediterrâneo. A composição pluriétnica do povo paulista torna-se mais complexa e mais injusta. E arlequinal, numa palavra.

Os losangos coloridos da *vestimenta poética e paisagística* energizam positivamente o "gosto de lágrimas na boca" e abrigam afavelmente a variedade infinita de cidadãs e de cidadãos. *Pauliceia desvairada* é a favor do progresso pelo trabalho humano e, alto-astral, aposta na vitória modernista da alegria *arlequinal* sobre a tristeza parnasiana de Olavo Bilac.

Faz frio, muito frio...
E a ironia das pernas das costureirinhas
Parecidas com bailarinas...

Na paisagem friolenta, destacam-se as bem torneadas e ordeiras pernas das costureirinhas. Transformam-se em metáfora viva do operariado humilde. Em pequenos ensembles rítmicos, a trotarem contra o vento cortante nas calçadas da cidade, elas aquecem os respectivos corpos. As pernas ágeis do ensemble são tão *irônicas* quanto as pernas criativas e originais das bailarinas na barra, a se aprontarem para o espetáculo em ensaio repetitivo e cansativo. A fadiga diária das costureirinhas a caminhar até o ateliê de costura ou a fábrica de roupas é a garantia do fortalecimento e do relaxamento dos músculos na hora do trabalho concentrado e meticuloso na máquina de costura. O corpo obedece à lei de maior rentabilidade na performance, que os especialistas em dança chamam ironicamente de "*la loi de la détente*". O relaxamento do corpo no palco vem do seu aquecimento prévio na barra de ensaio.

(*Pauliceia desvairada* e as metafóricas costureirinhas mal suspeitam que, em 1936, o vagabundo Carlitos, munido da chave de apertar a porca de parafusos e com a atenção superaquecida, ganhará o sorriso crítico e afiado do espectador brasileiro ao ser obrigado a fazer malabarismos na linha de montagem de uma fábrica. Em sequência famosa do filme *Tempos modernos*, o operário enlouquece e, à vista de todo o planeta, é esmagado e moído pelas roldanas da máquina. O vagabundo está a endossar a ironia expressa pelo ensemble de costureirinhas, ou a ironia será de responsabilidade do poeta, pintor de paisagem.)

Será que o inédito agrupamento humano paulistano conseguirá retirar a nação brasileira das mãos da oligarquia rural, responsável pelo atraso civilizacional que nos vem sendo atribuído como fatalidade? Será que o povo da metrópole conseguirá entregar a nação pós-colonial ao futuro industrial? No livro, uma "ode" perde o entusiasmo lírico originário, se extravia e passa a expressar o "ódio" à elite brasileira. O ódio ao burguês. A paisagem *atual* é outra: "Olha a vida dos nossos setembros!/ Fará Sol? Choverá? Arlequinal!". Na vanguarda *operária* paulista, o jogo de palavras proposto pela *paródia* falará sempre mais alto. Oswald de Andrade que o repita!

Na atual paisagem desvairada, Portugal e França, tradicionais referências metropolitanas ao progresso ocidental no Brasil tropical, perdem oportunidade e prestígio. A luz que faz a estrela-guia brilhar no céu paulista é britânica: "Minha Londres das neblinas finas…" — eis o verso que descortina a "Paisagem n. 1" para o leitor. O pronome possessivo, em primeira pessoa do singular, é do agrado do cidadão Mário de Andrade. Em nada objetivo, é tão desbravador quanto o foi o bandeirante.

Por exigência cristã, Mário tinha assassinado o poeta simbolista Stéphane Mallarmé. Tampouco tinha demonstrado paixão pelo contemporâneo Paul Claudel, que foi o embaixador da França no Brasil em 1917 e chegou a negociar a exportação de café paulista com a família Prado. Privilegia o belga Émile Verhaeren (1855-1916), nascido em Saint-Amand. Telê Ancona Porto Lopez informa que por volta de 1910 é que Mário lê pela primeira vez o escritor "cristão de aspirações socialistas". Era, então, aluno ouvinte no curso de literatura universal oferecido pela Faculdade de Filosofia do mosteiro de São Bento. O curso era vinculado à Universidade de Louvain, responsável, a seu turno, pela *formação em direito* do poeta belga.

Émile Verhaeren não é só o poeta de Les Villes tentaculaires, de 1895. É o autor do pouco lembrado Les Campagnes hallucinées, de 1893, e, ainda, de Les Apparus dans mes chemins, plaquete de poemas de 1891, praticamente desconhecida do leitor brasileiro. No decorrer da segunda década do século xx, as três coleções de poemas foram lidas e relidas por Mário de Andrade.

A epígrafe do "Prefácio interessantíssimo", tomada de empréstimo a poema de Émile Verhaeren, ratifica a admiração. Cito o verso em epígrafe: "Em meu país de fel e de ouro/ eu sou a lei". A admiração será sancionada pelo adjetivo "desvairada"/*hallucinée*, a qualificar o substantivo "Pauliceia".

Qual é o peso e o significado do destaque concedido por Mário de Andrade ao dístico alheio e ao adjetivo comum a dois títulos de livros de poemas?

Julgo que a leitura das coleções de poemas de Verhaeren tenha sido uma das pedras do alicerce da compreensão que Mário de Andrade teve das mudanças pelas quais a nação brasileira teria de passar durante a Primeira Guerra Mundial e logo depois de assinado o Tratado de Versalhes (1919). Desenhadas na cronologia de publicação dos livros, a paisagem dos "campos desvairados" *transita* para a das "cidades tentaculares". Associadas, anunciam, ainda em época histórica, duplamente distanciada, a paisagem do Golpe de 1930 e a da rebelião de 1932.

A publicação de *Les Campagnes hallucinées* precede de dois anos simbólicos *Les Villes tentaculaires*. *Les Apparus dans mes chemins*, os poemas mais novos, vêm na rabeira.

Na obra de Verhaeren, o adjetivo *halluciné*/"desvairado" qualifica, portanto, a zona rural europeia face à exigência maior da industrialização urbana das metrópoles do Velho Mundo. *Halluciné* adjetiva a mão de obra rural a abandonar em desordem o campo para se transformar em massa de trabalho operária e urbana. Ao ser apropriado e assumido por Mário de Andrade em título de livro, o adjetivo *halluciné*/"desvairado" gera um quiproquó delicioso e fascinante. Ao baixar do Velho ao Novo Mundo, ele entra em evidente contradição com o significado que lhe é dado pelo primeiro usuário, o belga.

O segundo usuário, nosso poeta paulista, vai se valer dele para qualificar um emergente e progressista centro urbano que, não sendo a capital federal da nação, é a capital de um dos estados da União, notável por sua produção e exportação de café. Lembremos versos do tardio poema "O êxodo": "A *paisagem do fundo* ainda se percebe, cafezal, cafezal, o cafezal infindável, no ondular manso dos morros" (*Café*, 1942, grifo meu). Embora municipal, a *Pauliceia desvairada* ambiciona a liderança estadual e segrega e segreda outras ambições. Quer ser o primeiro polo industrial da nação brasileira. Quer ser o modelo de paisagem nacional semelhante ao modelo internacional londrino.

Urbanismo e industrialização — em sua materialidade originária, no Velho Mundo — são estruturações da paisagem que se repetem em continente ao sul, o Novo Mundo, e devem ser analisadas diferentemente quando apropriadas e assumidas em país de economia agrária, apenas há um século soberano e há menos de meio século ainda escravocrata. No Brasil e na América do Sul, o adjetivo adequado à paisagem dos campos europeus, *halluciné*/ "desvairado", estaria a recobrir — anacronicamente — a emergência desestruturada, próxima da anarquia, da autêntica paisagem industrial, a tentacular. Na verdade, a industrialização do município de São Paulo será alimentada e sustentada pelos chamados barões do café, associados ao investimento financeiro estrangeiro. Mais recentemente, é o capital britânico que financia os principais centros urbanos brasileiros.[2] No poema "Acalanto do seringueiro", o poeta se associa ao amazonense e proclama: "Somos nós dois que devemos/ Até os olhos da cara/ Pra esses banqueiros de Londres...".

A evidência da caminhada dos camponeses para a capital das nações do Velho Mundo já está no primeiro poema de *Les Campagnes hallucinées*, "La Ville" (A cidade). O livro do poeta belga se abre em evidente *contradição* com o restante dos poemas propriamente camponeses. Portanto, é em jogo *paródico* da expressão/título *Les Campagnes hallucinées* que o poema de abertura do livro do belga sobre os campos e seu primeiro verso se referem à paisagem metropolitana do paulista Mário de Andrade, *Pauliceia desvairada*. Cito o primeiro verso do poema "A cidade" (repito) em *Les Campagnes hallucinées*: "Todos os caminhos levam à cidade" (*"Tous les chemins vont vers la ville"*).

No livro de Verhaeren, a contradição interna entre *halluciné* e *tentaculaire* acentua duplamente o *anacronismo* da paisagem em *Pauliceia desvairada*. Do ponto de vista estreito do poeta brasileiro, não seria este verso de Verhaeren — "Todos os caminhos levam à cidade" — *o mais potente dos versos* a apreender a principal motivação de seus poemas de 1922? Não seria ele também a mais adequada ou a mais apropriada *epígrafe* dos poemas escritos e publicados durante a República Velha que se movimenta, logo depois da falência da produção cafeeira paulista, para o Golpe de 1930?

(Contraditório na Europa e anacrônico no Brasil, o verso inicial de *Les Campagnes hallucinées* asseguraria não só a prematura legitimidade da paisagem municipal do poema de Mário como endossará, em 1938, o romance *Vidas secas*, de Graciliano Ramos. Leia-se frase do parágrafo final do romance sobre a viagem da família de retirantes nordestinos ao sul-maravilha: "E andavam para o sul, metidos naquele sonho. Uma cidade grande, cheia de pessoas fortes. Os meninos em escolas, aprendendo coisas difíceis e necessárias. Eles dois velhinhos, acabando-se como uns cachorros, inúteis, acabando-se como Baleia".)

É no decorrer dos versos do poema "A cidade", de *Les Campagnes hallucinées*, que Verhaeren aclara, sempre em atitude contraditória, a característica *hospitaleira* (e, evidentemente, interesseira) da cidade moderna europeia/paulista, que é avatar da Roma antiga. Para o centro urbano paulista tanto navegam os imigrantes empobrecidos das duas margens do Mediterrâneo como viajarão, em caminhão pau de arara, os lavradores nordestinos. Trata-se de fato de uma metrópole que (ainda) não é, embora ofereça quase tudo para figurar em paisagem de *Les Villes tentaculaires*, de Verhaeren. São Paulo é sem dúvida cidade moderna na República Velha. Totalmente diferente da cidade medieval, cercada e protegida por muralhas. Cidade que acolhe indistintamente "*les apparus*" (retomo o título de livro ainda mais antigo de Verhaeren) que batem à sua porta.

Voltamos a citar o poema de 1893 que anuncia, por referência interna, o livro de 1895. Como se chega à cidade tentacular? Diz o poema que lá se chega ao caminhar até o fim das planícies e das herdades rurais (europeias e/ou paulistas).

> *C'est la ville tentaculaire,*
> *Debout,*
> *Au bout des plaines et des domaines.*

De 1893, o verso do poeta belga apenas reescreve a cidade industrial de *destino* dos camponeses pela alusão ao provérbio que remonta aos tempos em que o Império Romano era o umbigo do mundo, "Todos os caminhos levam a Roma".

De volta à epígrafe real do "Prefácio interessantíssimo", onde a "lei"/*loi* civilizatória rima com a "fé"/*foi* católica, insista-se no fato de que o verso "Em meu país de fel e de ouro/ eu sou a lei" não foi obviamente retirado da coleção de poemas mais citada de Verhaeren — *Les Villes tentaculaires*. Em sua qualidade fugidia de epígrafe, o verso propõe nova e curiosa pista para deslindar os mistérios da criação literária em Mário de Andrade. Não é dito por Mário que o dístico em epígrafe tinha sido retirado de poema pouco lido do belga, "Celui du rien" (Aquele [que vem] do nada).[3] Ele pertence ao livro *Les Apparus dans mes chemins*, que vinha na rabeira dos dois livros mais importantes. Foi editado em 1891 por Paul Lacomblez, em Bruxelas. Pertence à primeira fase do poeta, a da "trilogia negra".

A ensaísta portuguesa Maria de Jesus Cabral — no ensaio "*Le Passeur d'eau* [O barqueiro] de Émile Verhaeren: O apelo de uma nova poética"[4] — salienta a presença do filósofo Schopenhauer (1788-1860) nos livros da "trilogia negra". A ela se sucedem os famosos livros de 1893 e 1895, já citados. Tematicamente, esses dois se abrem para uma "humanidade em plena 'revolução'", para citar a estudiosa. A fase negra e filosófica do poeta, intimista e soturna, se inspira nas reflexões de *As dores do mundo* (1850), do filósofo alemão. A ensaísta cita como exemplo: "Habitue-se a considerar o mundo como um lugar de penitência, como uma colônia penitenciária". Naquela fase, observa ainda a ensaísta, o padecimento pela dor é consubstancial à vida humana, e cita, em abono, estes versos de Verhaeren: "... Sê teu próprio carrasco;/ Não abandona o cuidado de te martirizar/ A ninguém, nunca".

Se é correto que o dístico em epígrafe do "Prefácio interessantíssimo" é extraído de livro anterior à fase propriamente "revolucionária" do poeta belga, o leitor de hoje volta ainda mais no tempo cronológico e no espaço temático da coleção de poemas de 1922.

Volta ao ano de 1917, aos tempos simbolistas e tensos do livro *Há uma gota de sangue em cada poema*. Não abandone o cuidado de te martirizar, lembro. Quem sabe se não foram os poemas da "fase schopenhaueriana" de Verhaeren, sobre nômades que surgem no meio da estrada, que teriam motivado Mário de Andrade a peregrinar em 1919 à cidade morta de Mariana, a Católica, em visita ao nosso humilde e recatado poeta Alphonsus de Guimaraens?

A notar, ainda, que a epígrafe em *dístico*, escolhida por Mário em Verhaeren, é no original um verso decassílabo, com preposição inicial diferente. Na edição Paul Lacomblez, lê-se o verso: "*En mon pays* [e não: "*Dans mon pays*"] *de fiel et d'or, j'en suis la loi*". A divisão do alexandrino visa talvez a destacar a presença física e poderosa do *sujeito* poético (*j'en suis la loi*) diante da condição atrasada e transitória em que se arrasta o Brasil na República Velha (*mon pays de fiel et d'or*). O legislador quer associar a fé do poeta (*la foi*) à lei (*la loi*) do cidadão politizado. A alma mater de Verhaeren na paisagem de Louvain se reproduz na Faculdade de Direito do largo de São Francisco na paisagem paulista.

A qualificação contraditória e única do país (de fel e de ouro) será traduzida na *Pauliceia desvairada* por *arlequinal*: "Trajes de losangos... Cinza e ouro.../ Luz e bruma... Forno e inverno morno..."). No livro *Losango cáqui* (escrito, segundo Mário, em 1922), *arlequinal* ganha a condição paradoxal de aforismo nietzschiano, a metamorfosear as dores do mundo schopenhauerianas no duplo *sim*: "A própria dor é uma felicidade...". Sim à dor, sim à felicidade. Desaparece o carrasco a se martirizar.

A fim de salientar a condição de decadência social por que passa o *país* descrito pelo poema, o próprio Verhaeren propõe — no desenvolvimento do poema "Aquele do nada" — três versos soltos e semelhantes, dispostos sob a forma de três estribilhos: (1) "Sou aquele do país chocho dos mortos" (*Je suis celui du pays mou des morts*), (2) "Sou aquele das podridões mefíticas" (*Je suis celui des pourritures méphitiques*) e (3) "Sou aquele das podridões soberanas" (*Je suis celui des pourritures souveraines*). Salientada a linhagem decadente e apodrecida de "aquele [que vem] do nada", segue uma das estrofes do poema, de onde foi retirada a epígrafe.

> *Je suis celui des pourritures infinies:*
> *Cœur, âme, esprit, cerveau, vertu, courage, foi.*
> *En [sic] mon pays de fiel et d'or, j'en suis la loi.*
> *Et je t'apporte ici, le consolant flambeau.*
> *L'offre à saisir de mon formidable ironie*
> *Et mon rire devant l'universel tombeau!* [grifo meu]

Na geopolítica da República Velha, a presença ausente de Émile Verhaeren serve a Mário de Andrade para configurar poeticamente o país de morada do ser humano. É obrigado a viver a vida contraditoriamente. Despedaçado. E recomposto em vísceras virtuosas e sentimentos positivos. Eu sou coração, alma, espírito, cérebro, virtude, coragem e fé, adubados em "podridões infinitas". Diante do túmulo universal da literatura, eis o que o poeta modernista paulista pode oferecer ao leitor, em tudo e por tudo semelhante a uma tocha de formidável ironia e riso.

O conjunto de poemas de Mário de Andrade — publicado no centenário da Independência, assim como o ensaio "Instinto de nacionalidade", de Machado de Assis, o tinha sido no cinquentenário — significa a afirmação legisladora de uma vontade comunitária (ou coletiva) de progresso nacional, enunciada pela literatura (ou pela produção cultural). Significa a afirmação pela arte dos moradores de um município paulista, cuja paisagem singular indicia que ele está na iminência de ser a metrópole de nação na iminência de se industrializar. À cidade se chega como chegam os lavradores empobrecidos de todos os cantos, "ao fim dos campos e das herdades rurais" — retomo o verso inicial de *Les Campagnes hallucinées*.

No número de estreia da primeira revista modernista ressoa a "buzina"/*klaxon* do automóvel futurista. Nas ruas, avenidas e praças da capital paulista, ela pede passagem ao capital britânico para anunciar um *artefato industrial* mais belo que a *Vitória de Samotrácia*: "KLAXON não se preocupará de ser *novo*, mas de ser *atual*. Essa é a *grande lei* da novidade" (grifos no original).

Nos países da América Latina, essa vontade legislativa de progresso sociopolítico e econômico, poeticamente singular e civilizatoriamente comunitária, nunca se distanciou dos chamados manifestos literários da vanguarda hoje adjetivada por histórica. Refiro-me aos primeiros manifestos, de que é exemplo, no volume de poemas em questão, o "Prefácio interessantíssimo"; refiro-me também ao mais recente manifesto, o da poesia concreta, de que é exemplo o "Plano-piloto" (1958), coincidente com o ímpeto modernizador de Brasília pelos arquitetos Lúcio Costa e Oscar Niemeyer. É preciso "colonizar o futuro", para retomar a palavra irônica de Octavio Paz em *Os filhos do barro* (1974). Oswald de Andrade tinha encontrado a fórmula de sucesso para exprimir a futura comunidade sociopolítica, se estimulada pelo singular poético: "A massa ainda comerá do biscoito fino que fabrico".

A INQUIETA ALACRIDADE DA INVERNIA — O POEMA EM SI

> *Onde até na força do verão havia tempestades de ventos e frios de crudelíssimo inverno.**
>
> Frei Luís de Sousa

---

* A citação serve de epígrafe a "Inspiração", o primeiro poema de *Pauliceia desvairada*.

Minha Londres. Caem as fronteiras da metrópole europeia e se reforça, no pronome possessivo, a abrangência nacional e internacional da capital do estado de São Paulo. O verso se repetirá no final da vida do poeta, na *Lira paulistana*: "Meu São Paulo da garoa,/ — Londres das neblinas finas". Na metrópole do Reino Unido e no município brasileiro sobressai a singularidade climática que os aproxima pelo desassossego e pela alegria: *a inquieta alacridade da invernia* — diz o poema "Paisagem n. 1".

A imaginação teórica e criativa de Mário de Andrade não se contenta com o que, da perspectiva internacional, se lhe apresenta como o atraso civilizatório por que passa o povo brasileiro. Tampouco se deixa limitar pelas fronteiras municipais, definidas por marcos geográficos estreitos. Já foi salientado que o uso do adjetivo possessivo na primeira pessoa do singular é de regra até nos títulos de poemas e antecede o topônimo de eleição do poeta. Muitas vezes o uso do pronome possessivo também o trairá politicamente.

O salto sobre os limites do município e as fronteiras do estado e da nação — salto indispensável para que o sujeito paulista almeje ser também morador de Londres, no Reino Unido — continua a guardar a antiga experiência sociopolítica e econômica de movimento de dependência colonial e a prolongá-la. À semelhança de tantos municípios do Novo Mundo, São Paulo poderia ter sido batizado como *Nova* Londres. Paisagem da Nova Londres — poderia ser um título verossimilhante para o poema. Aliás, o verso inicial do poema induz constantes viagens de ida e volta. Como destino dos respectivos moradores — e do capital britânico no Brasil —, o cá e o lá se invertem por *intermitência*. Também a *intermitência*,[5] já aludida por nós, vem configurando o estilo poético de Mário de Andrade.

"Paisagem n. 1" herda, pela inversão valorativa dos advérbios de lugar, "cá" e "lá", as conotações positivas da pós-colonialidade enunciadas por Gonçalves Dias em 1846. No poema romântico, o *cá* representa a paisagem de Portugal e o *lá*, a do Brasil. A inversão não é apenas de destino, mas uma inversão na *avaliação qualitativa* dos lugares de destino. Mário herda a inversão idealizada dos advérbios de lugar, mas se esquiva de sua falsidade. Está a assumir a condição de modernista favorável à industrialização à europeia. Já tinha abandonado os símbolos da natureza como razão de orgulho da autonomia e soberania nacional, embora, à semelhança de Machado de Assis, não os abandone totalmente na expressão artística.

Na paisagem de número um da *Pauliceia desvairada*, o cá e o lá *se assemelham pela aparência climática*. É essa aparência que permite o *jogo da intercambialidade* dos advérbios de lugar. O poema se abre, pois, pela dramatização de duas pernas num só corpo e mente (ou imaginação) universal. Um dos pés pisa Londres e o outro, São Paulo. O corpo — como o modelo urbano e o capital — está sempre em trânsito e só se diferencia no lugar de destino. Corpo e mente universal têm braços e os estendem para agarrar o que de concreto houver. Cá e lá. Conta a ambição das mãos, a amealhar na bolsa de valores instituída em 1845 e sempre a requentar pelo capital britânico.

O atraso colonial na pós-colonialidade só é visível nos *advérbios de tempo*. Londres já é de economia industrial e sua paisagem é tentacular. São Paulo ainda é de economia rural e sua paisagem é desvairada.

A singularidade climática de São Paulo no Brasil se afiança como útil em sua atualização ocidental. A singularidade climática de *um* município permite à nação brasileira abrir a porta de outro ou novo processo de autonomia e soberania nacional. Deve-se abandonar o passado lusitano e francês para compartilhar nosso futuro com a atualidade do Velho Mundo britânico. Processo custoso, a ser efetivado a longo prazo, mas altamente rentável. A *in-*

vernia paulista — sua inquieta alacridade arlequinal — é *matchmaking*, alcoviteira. A alcoviteira é de tradição ibérica, como sugere Fernando de Rojas em *La Celestina* (1499). O estado de São Paulo, até então agrário, tem uma carta na manga das finanças britânicas. A capital pode vir a ser o primeiro polo de industrialização do país.

Mário não propõe a inversão nem a reversão dos advérbios de lugar. No trânsito proposto pelo primeiro verso da paisagem, o poeta flagra um processo de *revezamento*, que vem da troca de lugar em campo do jogador, prevista nas *regras* do vôlei. Todo e qualquer jogador de um time tem de manter cambiável o perfil performático. Atua em função do lugar que ocupa no respectivo campo — lugar do saque, da defesa, do passe ou do ataque. O jogador é qualificado pela sua atuação em múltiplos lugares.

Pauliceia desvairada se escreve para anunciar a entrada de um novo time de vôlei no campo do São Paulo. Ele é britânico e reveza a função com um time francês que, a seu turno, tinha revezado com um time ibérico. Talvez esteja a pintar no horizonte mais um time, o norte-americano, que revezará com o britânico. No *Manifesto antropófago*, Oswald de Andrade complementa Mário: "o cinema americano informará". A literatura de Mário acredita que não está perdendo o gás na modernidade.[6]

O lugar por excelência (civilizatório ou modernizador) continua a ser o de lá. O lugar de cá será privilegiado secundariamente, pela fatalidade da razão climática e sua rentabilidade. O de cá pode ser o de lá e voltar a ser o de cá, se modificado para melhor. O progresso. Mário poetará em 1928, o mal da América é um eterno "improviso". Os deslocamentos de *lugar* (ou de capital, de nação, de time…) são *intermitentes* e *intercambiáveis* e se apresentam sempre como deslocamentos *acronológicos*. É o caso paradigmático da epígrafe de frei Luís de Sousa.

Já podemos abordar de frente o poema "Paisagem n. 1".

Momentaneamente, Mário singulariza — na terra do sol — o ambiente de frio, tomado pela garoa londrina, e o qualifica poeticamente. "Minha Londres das neblinas finas…" Foi-se a brisa benfazeja, a amenizar o calor ao sul do equador. Surge o vento frio, com corte da navalha em mãos de malandro espanhol. O vento frio dialoga um lamento com o cinzento das ruas arrepiadas. Fatal, o verso condensa a inesperada sensação térmica do sujeito: "Faz frio, muito frio…". O entrelaçamento do ambiente londrino e das habilidades cortantes do espanhol de navalha em punho ganha protagonismo na experiência singular do paulista (qualquer que seja sua etnia) e tem os olhos na *universalização* que se nacionaliza ou, para ser mais preciso, se municipaliza no detalhe particular. Nos "dez mil milhões de rosas paulistanas".

A intermitência leva o municipal, o estadual, o nacional e o universal a perder os contornos precisos e a se entrelaçar, tendo como prêmio a ambiguidade poética que os recobre e justifica a todos — "neves de perfumes no ar". Ou: "Os dez mil milhões de rosas paulistanas". Londres troca de *continente* para confirmar, em diferentes *conteúdos*, a fatal singularidade *universal* do município de São Paulo, no estado de São Paulo e no Brasil. São Paulo troca de *continente* para reafirmar seu *conteúdo* diferente, a fatal singularidade pós-colonial e paulistana da metrópole londrina.

Aplacado pela garoa e pelo vento frio e cortante, o calor despede-se da paisagem municipal, mas logo, graças ao clima nacional que o normaliza, volta a ocupar o lugar passageiramente esvaziado. Intermitência sempre: "Há duas horas queimou Sol./ Daqui a duas horas queima Sol".

A herança da soberania nacional, expressa por Gonçalves Dias, só se figura no poema "Paisagem n. 1" para exemplificar a *liberdade em que vive o cidadão obediente à lei*. Esta concede liberdade até a algum irresponsável são Bobo. Meus olhos buscam óculos para compreender, no editorial da revista *Klaxon*, a liberdade em que vive o cidadão obediente à lei. Lá eles enxergam: "Isto significa que os escritores de KLAXON responderão apenas pelas ideias que assinarem". "Paisagem n. 1" não põe no xilindró literário, como se fosse crítica policialesca, o artista/cidadão ainda que tolo:

> *Necessidade a prisão*
> *Para que haja civilização?*

Durante a ditadura militar de 1964, Caetano Veloso repudiará definitivamente a canção romântica do exílio. Ele responde à pergunta enunciada por Mário em 1922: *Necessidade a prisão para que haja civilização?* Caetano responde cantando "London, London":

> *I cross the streets without fear*
> *Everybody keeps the way clear*
> *[...]*
> *A group approaches a policeman*
> *He seems so pleased to please them*
> *It's good at least to live and I agree.*

Antes de mais, a construção por intermitência — de ambiente, de cronologia, de experiência política e de jogos e jogatinas financeiros — é moderna e fala da cidadania e da democracia brasileira. Em movimento pós-colonial, a intermitência anunciava o fim do mandonismo local do *coronel* — atualizado contraditoriamente pelo milico em 1964 — pelo redirecionamento da ex--colônia pelo polo civilizatório — pelo time — em destaque naquele momento.

No modernismo brasileiro, o enunciado pela intermitência ganha conceituação e construção civilizatória em abstrato e rigoroso enunciado de Sérgio Buarque de Holanda, datado de 1936.

Afirma ele que somos "desterrados em nossa terra". E, na brecha em que endossa o processo de revezamento civilizatório proposto por Mário, ele aponta um importante fator psicológico em jogo no lado de cá. A psicologia do cidadão brasileiro, afirma ele, é também complexa. Somos desterrados em nossa terra, certo, e também vivemos em "evolução" configurada pela intermitência do "fruto de nosso trabalho ou de nossa preguiça". No fato psicológico, Sérgio Buarque está também em acordo com Mário.

Cito o primeiro parágrafo de *Raízes do Brasil*:

> Trazendo de países distantes nossas formas de convívio, nossas instituições, nossas ideias, e timbrando em manter tudo isso em ambiente muitas vezes desfavorável e hostil, somos ainda hoje uns *desterrados em nossa terra*. [...] o certo é que todo o fruto de nosso trabalho ou de nossa preguiça parece participar de um sistema de *evolução próprio de outro clima e de outra paisagem* [grifos meus].

Na *Pauliceia desvairada*, o clima e a paisagem são *aparentemente* semelhantes aos de Londres. Nos poemas de 1922, o campo e a cidade são indistinguíveis, são desvairados — sabemos desde a *hospedagem* de Mário de Andrade nos poemas de Verhaeren.

"Paisagem n. 1" se descodifica. O *próprio* do municipal/nacional e seu *impróprio*, o do europeu neocolonizador, se acoplam em revezamento. Na *Pauliceia desvairada*, o mais forte indício da modernização do próprio pelo impróprio são as sucessivas levas de imigrantes que se tornam protagonistas — legítimos donos do automóvel — no jogo civilizatório modernista. Viram cidadãos futuristas e milionários, aplaudidos pelo clown, herdeiro das bandeiras:

> *Guardate! Aos aplausos do esfuziante clown,*
> *Heroico sucessor da raça heril dos bandeirantes,*
> *Passa galhardo um filho de imigrante,*
> *Louramente domando um automóvel!* ("O domador")[7]

O movimento municipal/nacional progressista visa à ocupação de lugar impróprio para que o lugar próprio seja reassumido na modernização (agora, pela indústria) que é ambicionada em outro clima, outra paisagem. Eis a lógica evolutiva da pós-colonialidade. O revezamento não funciona como contraste entre soberanias, mas como *jogo* e *jogatina financeiros*, em que o revezamento visa a afirmar que a *falsa semelhança* — como a rainha da Inglaterra — está nua. Na constituição do que é próprio ao municipal/nacional, há que se passar pelo desvio do que lhe foi colonizador e permanece como inapropriadamente próprio. A pergunta que vale um milhão de dólares: seremos fatalmente um povo pós-colonial?

Passo a palavra a Carlos Drummond de Andrade, que Mário vem a conhecer pessoalmente dois anos depois da publicação de seu livro.

O jovem poeta mineiro nega a soberania do *lá* proposta em exílio por Gonçalves Dias. Nega também o jogo de revezamento progressista enunciado pelo poeta paulista. Tampouco aceita a diáspora libertadora de Caetano Veloso. Paris substituiu Lisboa; Londres, Paris; e em 1922 o Reino Unido é o *destino não conclusivo* de todo e qualquer brasileiro que almeja um país atual. Carlos Drummond tinha conformado sua sensibilidade poética ao antigo desvio belle époque, capitaneado no Brasil oitocentista por Anatole France. A desconfiança do espírito moderno lhe fora inspirada no ano de 1920, pelo encontro com Álvaro Moreyra (escrito com "y")[8] no Rio de Janeiro, metrópole belle époque por excelência. Sua condição de "mineiro exilado em Paris" se expressará na segunda carta que escreve ao mestre paulista, datada de 11 de novembro de 1924.

Citarei um trecho estimulante da carta, mas antes me pergunto e não respondo se há nas palavras mineiras alguma alusão a *Pauliceia desvairada*.

> Pessoalmente acho lastimável essa história de nascer entre *paisagens incultas e sob céus pouco civilizados*. Tenho uma estima bem medíocre pelo panorama brasileiro. Sou um mau cidadão, confesso. É que nasci em Minas, quando devera nascer (não veja cabotinismo nesta confissão, peço-lhe!) em Paris. O meio em que vivo me é estranho: *sou um exilado*. E isto não acontece comigo, apenas: "Eu sou um exilado, tu és um exilado, ele é um exilado". Sabe de uma coisa? *Acho o Brasil infecto*. Perdoe o desabafo, que a você, inteligência clara, não causará escândalo [grifos meus].

Carlos Drummond é, naquele momento, um passadista para o mestre Mário porque se julga *exilado no Brasil*. Sua paisagem natal é... Paris. Ao remeter o leitor à edição das cartas trocadas por Carlos e Mário, apenas anuncio que a complexa questão se complicará e se descomplicará com uma série de palavras ríspidas, irônicas e, no fundo, fraternas de Mário de Andrade. Elas têm como alvo principal não o destinatário, mas as personalidades de Anatole France e de Joaquim Nabuco, até então os intelectuais mais admirados pelo jovem poeta mineiro.

Sabemos, "Paisagem n. 1" não se autoafirma por extremos. Não é inteiramente ufanista, como a paisagem de Gonçalves Dias, tampouco é radicalmente eurocêntrica, como a de Carlos Drummond de Andrade. Não é, ainda, diaspórica, como a de Graciliano Ramos e, posteriormente, a de Caetano Veloso. É acolhedora de famintos, nômades, aventureiros etc.

Como sucederá na lírica e na prosa regionalista dos anos 1930, a paisagem paulista já está comprometida com a visão Kodak e com o ouvido/gravador do artista. O poeta é cineasta. Em montagem de clipe, imagem e som se adéquam também por intermitência. O poema resultante é um clipe arlequinal feito de *takes do cotidiano paulista*. No clipe, o metteur en scène se deixa inserir narcisisticamente, ainda que de forma metonímica e, claro, intermitente. "Meu coração sente-se muito triste... [...] Meu coração sente-se muito alegre!". Carlos Drummond será seu herdeiro por ter, no "Poema de sete faces", inserido a si mesmo em variadas sequências de um filme eu/rocêntrico: "Mundo mundo vasto mundo,/ Mais vasto é meu coração".

Pelo recurso à descrição da natureza — como, aliás, em Gonçalves Dias —, Mário tende a alicerçar o *relativismo* derivado da visão cosmopolítica de "desterrado em sua terra natal" em argumentação de caráter *etnográfico* (a etnografia é o seu forte e não a antropofagia, de que não se distancia completamente). A partir de 1924, a paisagem da *ancestralidade* civilizatória tupi-guarani reinará poderosa na produção do paulista. Em carta ao poeta mineiro que acha o Brasil infecto, ele afirma: "Os tupis nas suas tabas eram mais civilizados que nós nas nossas casas de Belo Horizonte e São Paulo. Por uma simples razão: não há Civilização. Há civilizações".

Mário de Andrade tem, pois, especial preferência pela exposição poética de caráter ambivalente. Recorre a ela quando deseja reabrir uma ideia consensual, ou um texto artístico canônico, para o *plural* de que é feito o ser humano, a cultura e o planeta, ou para o *plural* democrático, que nem sempre está e estará presente na instância superior do poder nacional. Vale-se do enunciado ambivalente para negociar a enunciação de *equilíbrio*, em balança de pratos ou em balanço de bolsa de valores. A Justiça é cega. Não há civilização, há civilizações. Opostos não são necessariamente complementares, são funcionais e, somados pela sucessão, ou pela evolução, são a razão de ser da força maior da poesia — a felicidade humana. "*En mon pays de fiel et d'or j'en suis la loi*."

Disposto na página em branco da *Pauliceia desvairada*, a "Paisagem n. 1" é poema-cartaz. É o poema que *visualiza* para o leitor a lei do pensamento andradino. Ao contrário da maioria dos poemas reunidos em 1922, o poema em análise adota o *alinha-*

mento ao centro dos versos. O eixo central de "Paisagem n. 1" — silencioso por natureza, só visual — comunga com o *hiato* na sucessão de seus versos e divide e ordena cada verso e todo o poema.

A ação centralizadora da *mise en page* estabelece a possibilidade de duas qualificações distintas para o detalhe descritivo e para o protagonista, para a paisagem e para os sentimentos no coração paulistano. E assim por diante. A ação centralizadora da *mise en page* estabelece que duas qualificações distintas podem se esbarrar no eixo central ou na sucessão de versos, sem coordenação nem subordinação.

O olho de leitor, acostumado ao formato tradicional de texto poético, sai de cena. "Paisagem n. 1" se oferece à atenção como um todo, ao centro da página. É um poema-cartaz, na linha dos publicados nos anos 1950 por Augusto e Haroldo de Campos e Décio Pignatari. Poema-cartaz um tanto verborrágico, mas de composição simétrica tão rigorosa quanto a deste poema:

```
sem um numero
    um numero
       numero
         zero
           um
            o
            nu
           mero
         numero
       um numero
      um sem numero
```

Agosto, 2021

Narciso acha feio o que não é espelho

1.

Pauliceia desvairada, de Mário de Andrade, traz duas singularidades. A primeira se encontra no "Prefácio interessantíssimo". Nas palavras introdutórias se lê que o autor dos poemas não pretende facilitar a aproximação do leitor a seus textos. Nega a entrega de uma chave de leitura a estranho e sabe que seu semelhante já a tem. Lá está: "Repugna-me dar a chave de meu livro. Quem for como eu tem essa chave". Há 99 anos, o ensimesmamento lírico e a deselegância no trato do leitor estão escritos no pórtico da *Pauliceia desvairada*.

Lembro Caetano Veloso no cruzamento da Ipiranga com a São João. Narciso "acha feio o que não é espelho".

A intransigência do poeta paulistano brota em espírito fino. Um ser humano atento e sensível aos tremores na vida familiar e sentimental e delicado na análise dos relacionamentos humanos. A cláusula pétrea do prefácio aos poemas requer, pois, interpretação. Semelhante ao compositor baiano que visitará a metrópole industrial nos anos 1960, o poeta da cidade a se modernizar é, na linguagem popular que ele tanto aprecia, cheio de "não me toques". Alertado nas introduções e nas cartas endereçadas aos companheiros de letras, o leitor contumaz da notável obra sempre tomou precauções. Se atrevesse, outros lhe diriam que, para não ofender, seria bom zelar pelo cuidado na apreciação crítica.

Lembro também que os poemas de *Pauliceia desvairada* são precoces. Duplamente precoces. Foram também escritos antes da Semana de Arte Moderna. A escrita de todo o livro se deu entre dezembro de 1920 e dezembro de 1921. Eles não são escritos pelas tardias mãos da Nêmesis, a deusa da vingança que desanca o macho heteronormativo e boquirroto. Cito versos do poema "Reconhecimento de Nêmesis", anunciado em 1922 e escrito em 1926: "Ah! homens filhos da puta,/ Gente bem ruim, bem odiando,/ Homens bem homens, grandiosos/ Na sua inveja acordada!". O reconhecimento tardio de Nêmesis por Narciso culmina com verso assustador e iconoclasta: "Eh! homem, bosta de Deus!".

Pauliceia desvairada foi escrito por outras e prévias mãos, as do sacrifício. Mãos de aprendiz, a adestrar os dedos em teclado de piano. O irmão de Mário, também pianista, morre prematuramente, vítima de acidente. O luto na família ganha o corpo do futuro pianista e o impede de assumir o domínio na arte da interpretação. Por causa nobre é que as mãos do pianista Mário se recolhem. Buscam aprendizado semelhante. Adota, primeiro, a manugrafia (o neologismo não é meu, é do poeta) e, mais tarde, irá dominar o teclado de letras da máquina de escrever. O teclado da Manuela, como carinhosamente nomeia a companheira de exercícios infinitos.

Extravia-se um intérprete musical. Desponta um escritor.

Em carta ao tio Pio, o sobrinho observará: "Carece ir aos poucos adquirindo aquela sensibilidade datilográfica, que é diferentíssima da manugráfica…". "Máquina de escrever", poema do livro

Losango cáqui, ilustra a troca de teclados e o novo aprendizado. Extraviam-se as teclas do piano. Desponta o teclado da máquina de escrever.

> *B D G Z, Remington.*
> *Pra todas as cartas da gente.*
> *Eco mecânico*
> *De sentimentos rápidos batidos.*
> *Pressa, muita pressa.*

Roubei a expressão "não me toques" de chorinho de Zequinha de Abreu. O usucapião me ajuda a configurar a relação entre o compositor musical e seu *intérprete* ao piano e entre o poeta e o *leitor* de seu livro. Duas consequências. Primeira. Para o intérprete e para o leitor a genialidade é sempre a do Outro, tido como superior e mestre. Segunda. Ainda que criativos, intérprete e leitor devem ser, são submissos à partitura musical e ao poema, respectivamente. A atividade do discípulo — intérprete ou leitor — é sempre não conclusiva. Dele se espera uma, ou sucessivas performances.

O poeta de *Pauliceia desvairada* é tão performático quanto o intérprete ao piano. Na obediência à partitura do chorinho "Não me toques", pianista e escritor exibem um corpo de dedos rápidos e de olhos atentos, um corpo de meneios melodiosos e maliciosos, às vezes, quando em público, apimentados. Requebra aqui, seduz acolá. Os corpos de braços e mãos bem relaxados estão bem adestrados ao piano ou à máquina de escrever. Exercitam-se em movimentos previstos pelo ritmo expresso por notas musicais na partitura ou por versos na página.

Pauliceia desvairada demonstra a ambição de ser poeta. O jovem intérprete musical quer se transformar em compositor. Seria ele capaz, um dia, de ser poeta? Chegará a escrever as próprias invenções musicais em linguagem fonética? Em caso positivo, suas invenções poéticas não deveriam ser abordadas pelos que objetivamente leem a partitura por aprendizado prévio e que, no íntimo, amam executá-la até a perfeição?

Ao se metamorfosear em corpo de poeta, o corpo de pianista vive satisfeito graças às qualidades de dançarino que desenvolveu sentado na banqueta. De repente, com a chegada de parceira para a festa, os movimentos do corpo, até então previstos pela composição, se tornam inesperados. Pergunta o poeta Mário e responde: "Quem dirá que não vivo satisfeito! Eu danço!".

Poeta e parceira passam a rodopiar imaginária e amorosamente no salão de danças. O poeta é extemporâneo: "Dei um salão aos meus pensamentos!". E continua:

Tudo gira,
Tudo vira,
Tudo salta,
Samba,
Valsa,
Canta,
Ri!

Dançam também os seis pronomes pessoais. Dançam o sobe e o desce. E assim ao infinito do salão.

Será que, na metamorfose, o poeta teria se perdido numa página de *Crepúsculo dos ídolos*, de Friedrich Nietzsche? Sim, o filósofo alemão passa a dançar nos aforismos das "Incursões de um extemporâneo". Pergunta primeiro: "Quem, entre os alemães, ainda conhece por experiência o sutil calafrio que os *pés ligeiros* em coisas espirituais transmitem a todos os músculos?". Responde em seguida e o cito: "não se pode excluir a *dança*, em todas as formas, da *educação nobre*; saber dançar com os pés, com os conceitos, com as palavras; ainda tenho que dizer que é preciso saber dançar com a *pena* — que é preciso aprender a *escrever*?".

Performáticos, os pés ligeiros do filósofo Nietzsche e do poeta Mário tornam o corpo humano tão vário e múltiplo quanto os sucessivos ritmos musicais expressos por diferentes partituras. As belas e gentis senhoras, "parceiras" no salão de danças, atrasaram o reconhecimento de Nêmesis por Narciso.

O poema "Danças" é dedicado à dona Baby Guilherme de Almeida (Belquiz Barroso do Amaral de Almeida, bela e elegante senhora, cuja figura pode ser "furtada" de retrato pintado por Lasar Segall). Não se alvoroce, leitor de *Dom Casmurro*, alerta o "corajoso" poeta e o cito:

Já sei que não tem propósito
Gostar de donas casadas.

Sem maior alvoroço, nosso leitor pulou até o poema "Amar sem ser amado, ora pinhões!", onde, no final, será também acalentado por cantiga de ninar em língua indígena: "Mococê cê-macá...", cantiga anotada por Roquette-Pinto e harmonizada por Villa-Lobos.

Os amores do poeta, como sua poética, têm ancestralidade e contemporaneidade numa cantiga indígena.

2.

Pauliceia desvairada traz uma segunda singularidade — o texto da dedicatória. Um único ser humano, dividido em dois, é de novo envolvido pela música. Narciso retorna fortalecido ao livro de poemas. Diz a dedicatória "A Mário de Andrade":

*Permiti-me que ora vos oferte este livro que
de vós me veio. [...]
Mas não sei, Mestre, se me perdoareis a distância
mediada entre estes poemas e vossas altíssimas
lições...*

Mário de Andrade, meu mestre, são suas as altíssimas lições que eu, Mário de Andrade, seu intérprete, executo com destreza e imaginação em poemas.

Em notável ensaio intitulado "O arcaico e o moderno", Gilda de Mello e Souza explicitou o modo como o querido tio Pio Lourenço, de Araraquara, é primeiro desclassificado como bom leitor para ser recuperado bem mais tarde e finalmente. Ao apreciar os livros inaugurais que o sobrinho lhe submete, o tio não demonstra o aprendizado necessário e o amor indispensável à língua portuguesa (falada no Brasil). No entanto, ao ler a tradução ao inglês de *Amar, verbo intransitivo*, ele pôde apreciar — pela primeira vez, ainda que por linhas tortas — a alta qualidade da escrita do sobrinho e lhe dar os parabéns.

Gilda de Mello e Souza discorre sobre a mudança no leitor: "A tradutora norte-americana [de *Amar, verbo intransitivo*], Margaret Richardson Hollingsworth, deve ter tido opinião semelhante à de Pio Lourenço [em relação ao estilo de Mário], e quando a editora Macaulay remeteu ao autor a versão inglesa, Mário ficou horrorizado". Na tradução ao inglês, Mário está a ler diferente do que escreveu, e o tio, por sua vez, se transforma em leitor único e, em sintonia com os livros do sobrinho, lê livro diferente do seu e o tio, por sua vez, se transforma no leitor apropriado e único dos livros do sobrinho.

O delicioso *quid pro quo* é magistralmente interpretado pela crítica paulista. Vale citar suas palavras:

A tradução descaracterizou completamente a mensagem artística original [de *Amar, verbo intransitivo*], mas na medida em que para Pio Lourenço a língua inglesa era a mais civilizada de todas as línguas, ela purificava, sacralizava o território suspeito e selvagem de Mário de Andrade.

Não cabe ao leitor da *Pauliceia desvairada* imitar o tio Pio e menos ainda o tradutor norte-americano dos poemas, e ele virá[1] — alertam premonitoriamente o prefácio e a dedicatória de "Pauliceia desvairada". Os poemas de Mário de Andrade estão albergados em retórica bem pessoal, "suspeita e selvagem", para retomar os insubstituíveis adjetivos escolhidos por Gilda. Só a moagem lógica da retórica modernista de Mário de Andrade pela língua inglesa é que a purifica e a sacraliza para o leitor arcaico.

A retórica modernista é consistente nos sucessivos livros. Mário prima por propor jogos semânticos pela estrutura sintática da intermitência. A intermitência é uma finalização não conclusiva do ato de fala e vai ganhar diversos modos, formas e figurações no discurso poético e ficcional de Mário de Andrade. Ou seja: em geral, sua frase artística evita os jogos de significado que se armam por coordenação. A frase *signée* Mário é de natural discursiva, embora ele abomine a sintaxe discursiva.

A intermitência se arquiteta pela ruptura, estabelecendo diferenças. Exemplo: ela configura o clima paulista como dois modos de ser não conclusivos. Oscila entre as figurações ambientais tradicionais de Londres e as de garoa constante em país tropical. Outro exemplo: as descrições socioeconômicas oscilam entre o presente agrário, extrativista e milionário do estado de São Paulo, com destaque para as figuras extremas do barão do café e do caipira, e a possibilidade de inaugurar e inserir nesse espaço algo diferente. Ou seja, um pequeno centro urbano moderno e industrializado, a ser ampliado e fortalecido por ondas migratórias estrangeiras e domésticas.

"Pátria é acaso de migrações e do pão-nosso onde Deus der..." — escreverá em poema dedicado a Carlos Drummond de Andrade.

Se houver um modelo dominante de composição do discurso poético de Mário de Andrade em *Pauliceia desvairada*, seria o paratático. Elementos diferentes se justapõem lado a lado em verso — e, posteriormente, se acumulam uns sobre os outros em estrofe — sem que a coordenação os linearize ou os monte em escadinha.

O tratamento dos conceitos líricos se dá também na dimensão de repetitivo e duplo presente. Os respectivos elementos não conclusivos só desaparecem quando são envelopados e "arquivados" (o adjetivo é de Mário). Viram verso, estrofe ou poema. Sentimentos, sensações e ideias opostas, ou situações contrastivas ou conflitivas, estão sempre a coabitar sob o modo da intermitência, em harmonia só aparente. Quebra-se a intermitência no momento em que seu arquivamento (em verso, estrofe ou poema) a retira de circulação. Abre-se espaço à intermitência seguinte.

Com constância, o silêncio — retorno do branco à página composta de palavras — se recobre de negro pela pontuação. Aliás, pontuação sempre exagerada, como é do gosto da casa. O poeta ama excessos. Despreza o vocabulário pobre e a sintaxe parcimoniosa e construtivista, típica de artistas avarentos. Mário tem preferência pelos estilos fartos e caudalosos de Castro Alves e de Euclides da Cunha.

Em julgamento da prosa de Machado de Assis, o crítico literário desmontou retrospectiva e prospectivamente o estilo mão de vaca — sempre as mesmas vinte palavras — de Graciliano Ramos e de João Cabral. Mário observa em ensaio premonitório sobre o mestre: "Machado de Assis [...] era o homem que compunha com setenta palavras. Era aquele instrumento mesmo de setenta palavras, manejado pelos velhos clássicos, que ele adotava e erguia ao máximo da sua possibilidade acadêmica de expressão culta da ideia".

* * *

No ano seguinte ao de *Pauliceia desvairada*, Mário pedirá passagem e intermitência ao cotidiano paulista. Ao lado, ele abre um segundo salão de danças, não mais arlequinal mas legitimamente carnavalesco. A cidade do Rio de Janeiro é entregue ao Rei Momo. Viaja ao Rio e lá escreve:

Carnaval...
Minha frieza de paulista,
Policiamentos interiores,
Temores da exceção...

Os temores, lembro, são da exceção e não de exceção. No salão de danças carioca, o poeta é exceção à regra paulista (frieza, policiamentos, temores...). Evidencia-se a autenticidade da "invasão furiosa das sensações". O desbunde carnavalesco toma "de supetão" — sem *coordenação* evidente — o corpo policiado e temeroso do paulistano. Em 1929, Mário pedirá de novo passagem e intermitência ao cotidiano paulista. Ao lado, abre um segundo salão de danças popular, agora na região Nordeste do Brasil. Escreve no Recife:

Ai momentos de físico amor,
Ai reentrâncias de corpo...

Seu verso se torna poroso. A sexualidade no Recife se acopla à sensualidade carioca que se acopla ao friozinho arrebatado da *Pauliceia desvairada*.

A intermitência funciona por acúmulo. Lado a lado, ou um sobre o outro.

O cidadão/poeta é, pois, fabricado de meias partes não conclusivas. "O vento corta os seres pelo meio" ("Momento"). As meias partes não conclusivas se repetem como tal e vão sendo estocadas como performances infinitas do corpo. Em certo momento, se deixam arquivar na gaveta das infindáveis páginas de manuscrito. Em 1929, em poema de "Remate de males", Mário já pode reconhecer a si em numeração absurda. "Eu sou trezentos, trezentos e cinquenta." Números pares.

Nesse poema, está também outra inesperada cláusula pétrea. Ei-la: "Só o esquecimento é que condensa,/ E então minha alma servirá de abrigo".

A alma, única figuração da singularidade humana, é afim às possibilidades performáticas e infinitas do corpo e delas se diferencia por ser um asilo. Ágrafa, ela não escreve poemas. É mera abstração que "condensa" as trezentas, as trezentas e cinquenta partículas em que o corpo se subdivide e fragmenta. Solitária, a alma tem péssima memória. É esquecimento. Mais que solitária, a alma é solitária. É solteira. Sem parceira, não dança.

Ao pôr o pé no chão é que a alma se humaniza. Descobre a si sob a forma de corpo erotizado e dançarino de poeta. Abriga o corpo a buscar parceira e a se tornar ladrão (*lawless*, "fora da lei") da experiência alheia. Não pune um dos excessos da intermitência — a paixão amorosa.

Toda paixão é esquecida.
Maria será esquecida.
[...]
E a paixão será arquivada.
Maria será arquivada.

Volta a ser receptáculo virgem, semelhante ao quadro-negro ou à tela de computador. Está a se esvaziar com o apagador ou com a tecla *deletar*.

A paixão pela Maria, a amada, terá seu fim ao ser arquivada. Abre-se espaço para outra Maria.

A alma passa o tempo a "descobrir a furto seus próprios beijos". É voyeur de seu corpo no ato de se tornar erótico. Comprometida com o estágio superior em que condensa a multiplicidade humana, a alma tem seus intentos secretos: "Eu piso a terra como quem descobre a furto/ Nas esquinas, nos táxis, nas camarinhas seus próprios beijos!". Em qualquer lugar que esteja, a alma beija por interposta boca a beijar outra boca.

Há que se distinguir o "abrigo" (alma) do "arquivo" (acúmulo de performances). Aquele cancela as diferentes e sucessivas experiências de vida pelo esquecimento; já a performance busca agrupar todas as performances. A dança é o modo como o "arquivo" (o acúmulo) se apresenta como negação de um princípio identitário único a definir o ser humano e o artista. Qualquer que seja ele, o ato conclusivo não se condensa numa única característica física de Mário ou psicológica do poeta. Em suma, não condensa Mário de Andrade num único homem. Nem num único caráter.

A grafia de vida e a composição do poema performam atos não conclusivos. Não se entenda o não conclusivo como insuficiência. Antes de mais, o ato não conclusivo significa o grande desprezo pela repetição. É algo tão excessivo, no universo de nosso poeta, quanto a paixão, que como todos os sentimentos e emoções só terá o final fixado pelo tédio à repetição. Do momento em que se arquiva a paixão, o dançarino se abre a enérgico, alegre e esfuziante novo ritmo de vida. A inesperada energia inaugura outro ciclo na vida do ser humano e do artista.

Nesse momento crucial do conhecimento de Mário de Andrade por seu leitor, o hiato, como figura de estar no mundo do sujeito e como composição de texto, não reproduz o contraste entre os opostos, ou a contradição entre eles e menos ainda a aversão a um dos polos. O reconhecimento de Nêmesis, já dissemos, é tardio na vida e na obra de Mário de Andrade.

Repugna ao compositor musical dar a chave de leitura da partitura ao intérprete. Repugna também ao poeta entregá-la ao leitor do livro. Composição musical *hiato* intérprete. Livros de poemas *hiato* leitor. A refletir um hiato e o outro, o espelho do hiato separa os elementos separados e os ata, desatando-os. A imagem do intérprete musical é reflexo da figura do compositor, assim como a imagem do leitor o é da figura do escritor. Dois a dois, somos desconhecidos e nos entretemos em infinita conversa não conclusa.

Não existe partitura musical sem intérprete. Não existe intérprete sem partitura musical. Não existe livro de poemas sem leitor. Não existe leitor sem livro de poemas. Ao verso "Amor com medo dos desejos...", seguem-se estes dois pedidos:

— *Ria um pouco, beleza!*
— *Come do meu!*

A afirmação dos desejos é reticente e o diálogo com a mulher e com o amor medroso é desbocado e fescenino. "— Come do meu!" Os versos citados estão no poema "Carnaval carioca", escrito no ano seguinte ao da publicação da *Pauliceia desvairada*. A cena que os contextualiza é a do flagrante de adultério em plena praça pública. Carnaval, paixão amorosa (cerceada pelo medo) e performance escancarada. A paixão do poeta por seu leitor e a do leitor por seu poeta acontecem de modo imprevisto e imprevisível. Acontecem "de supetão" e "a furto", ou seja, as partes envolvidas são ambas consensuais, adulterinas e delinquentes. Ria um pouco, beleza, come do meu! Aqui e agora.

O poema propicia o atrevimento público ao medo dos desejos. Propicia a realização plena da paixão amorosa.

Um livro é único e apaixonante e, por isso, é sempre não conclusivo. Abre-se o livro de poemas para que se dê por iniciada e encerrada uma performance. De supetão e certamente a furto, o leitor cria sua performance — semelhante em tudo por tudo ao beijo que ainda não havia sido dado. Dia chegará em que a paixão por aquele livro será arquivada. Há outro livro e haverá muitos outros livros pela frente. Não há como o leitor *progredir* em suas sucessivas leituras de poesia sem trair as partituras/livros que o predispõem para acolher novidades. Se a paixão por um livro despertar o leitor para o amor, sua performance merece ser *arquivada* — junto a outras tantas —, e todas em número crescente irão para o *abrigo*, sua alma.

Volto ao cruzamento da Ipiranga com São João e à intermitência: "Ainda não havia para mim Rita Lee,/ A tua mais completa tradução". Imprevista e imprevisível, Rita Lee estará à espera de Caetano no cruzamento da Ipiranga com São João. Um dia, ela também será arquivada e ganhará o abrigo.

Notas

ALGUMAS PALAVRAS [pp. 7-8]

1. Edward Said, *Estilo tardio*. São Paulo: Companhia das Letras, 2009, p. 167.

SENTIMENTO DA VIDA, SENTIMENTO DO MUNDO [pp. 9-54]

1. Id., *Orientalismo: O Oriente como invenção do Ocidente*. São Paulo: Companhia das Letras, 1990, p. 221.
2. Cf. *The Rey Chow Reader* (Nova York: Columbia University Press, 2010). Rey Chow, nascida e educada em Hong Kong, se lança à leitura do raide atômico pela sua "visualidade". Imagem do mundo, a foto da nuvem de cogumelo prevalece e desocupa [*preempt*] os efeitos da radiação e da devastação humanas a que foram submetidas as duas cidades japonesas. A imagem que chega aos olhos e à mente do espectador não é mera réplica mimética da realidade. Pela infindável reprodutibilidade, ela adquiriu a qualidade de "signo de terror", signo do terror atômico que afeta a todos, indiscriminadamente. Prova o que já somos: sobrevivemos como alvo. O interesse de Chow é mostrar como, ao transformar tudo em representação e realidade virtual, a imagem em si (no caso, a foto do cogumelo) torna-se um fato epistêmico na cultura global contemporânea.
3. "An Image of Africa". *The Massachusetts Review*, Amherst, v. 18, n. 4, pp. 782-94, 1977.

4. Disponível em: <https://www.youtube.com/watch?v=mH4yZRRPc8M>. Acesso em: 3 ago. 2023.

5. Em seu desenho, Torres-García subscreve e desconstrói uma observação notável do poeta Stéphane Mallarmé, em "Quant au Livre" (*Variations sur un sujet*): "*Tu remarquas, on n'écrit pas, lumineusement sur champ obscur, l'alphabet des astres, seul, ainsi s'indique, ébauché ou interrompu; l'homme poursuit noir sur blanc*" ["Você notou, não se escreve, luminosamente, sobre campo obscuro, o alfabeto dos astros, só ele, assim se indica, esboçando ou interrompido; o homem prossegue preto sobre branco". *Divagações*. Trad. de Fernando Scheibe. Florianópolis: Ed. UFSC, 2010.] O artista uruguaio também inverte o jogo entre clareza e obscuridade no processo da escrita e da leitura do livro pelo ser humano, em contraponto à escrita luminosa de Deus na escuridão dos céus. Ao admirar *América invertida*, os humanos podem também caminhar luminosamente por uma escrita clara em fundo escuro.

6. "La escuela del sur" (1935), em Joaquín Torres-García, *Universalismo constructivo* (Madri: Alianza, 1984), p. 193.

7. *Carlos & Mário: Correspondência completa entre Carlos Drummond de Andrade (inédita) e Mário de Andrade*. Org. de Silviano Santiago e Lélia Coelho Frota. São Paulo: Bem-Te-Vi, 2004, p. 77.

8. Claude Lévi-Strauss, *Tristes trópicos*. São Paulo: Companhia das Letras, 1996, p. 82.

9. Ibid., p. 33.

10. Para uma leitura mais detalhada de *Tristes trópicos*, leia-se, do autor, "A viagem de Lévi-Strauss aos trópicos", em *Ora (direis) puxar conversa! Ensaios literários* (Belo Horizonte: Ed. da UFMG, 2006), pp. 293-336.

11. *Um departamento francês de ultramar: Estudos sobre a formação da cultura filosófica uspiana (uma experiência nos anos 60)*. Rio de Janeiro: Paz & Terra, 1994.

12. Ibid., p. 61.

13. "Um departamento francês de ultramar", em *Sequências brasileiras: Ensaios* (São Paulo: Companhia das Letras, 1998), p. 207.

14. Em Lawrence Grossberg, Cary Nelson e Paula A. Treicher (orgs.), *Cultural Studies* (Nova York: Routledge, 1992), pp. 96-116.

15. Essa leitura do artista autodidata da província de Minas foi feita em 2012, em trabalho escrito para os pós-graduandos da Universidade Princeton. Ela será atualizada no ano 2021. Leia-se, mais adiante, o ensaio "Viagem pelas viagens de Mário de Andrade". Gosto de compreender o gênero *ensaio* como "aproximações", para retomar o conceito de Charles Du Bos. Um cotejo entre ensaios escritos em datas diferentes exibe a forma como o saber aprende, ou melhor,

como o saber gasta tempo para saber. Tomei a expressão-chave da curadora Lynne Adele em seu livro *Spirited Journeys: Self-Taught Texas Artists of the Twentieth Century* (Austin: University of Texas Press, 1998).

16. Antonio Candido, "Crítica e sociologia", em *Literatura e sociedade: Estudos de teoria e história literária* (Rio de Janeiro: Ouro sobre Azul, 2008), p. 127.

17. Ibid., p. 128.

18. *Cartas de Mario de Andrade a Prudente de Moraes, neto, 1924/36*. Rio de Janeiro: Nova Fronteira, 2008, p. 150.

19. A ingenuidade, *naïveté* em francês, modernista reaparece sob a forma de adjetivo, artista *naïf*, que servirá para nomear o *autodidata*, para usar a categoria criada por Lynne Adele.

20. Antonio Candido, op. cit., p. 126.

21. As citações deste parágrafo são de Oswald de Andrade em *Manifesto da poesia pau-brasil* (1924).

22. O ensaio está publicado em *Magia e técnica, arte e política: Ensaios sobre literatura e história da cultura*, trad. de Sérgio Paulo Rouanet (São Paulo: Brasiliense, 1987), pp. 108-13.

23. Organizado por Luciano Figueiredo, Lygia Pape e Waly Salomão (Rio de Janeiro: Rocco, 1986).

24. *Cafundó: A África no Brasil: Linguagem e sociedade*. São Paulo: Companhia das Letras, 1996.

25. Em Paulo Herkenhoff, *Lucio Fontana: A ótica do invisível* (Rio de Janeiro: CCBB, 2009), p. 8.

26. Perceba-se que a *presentificação* do instante artístico, metaforizada pelo ato do dedo indicador na almofada cheia de água, impede uma leitura analítica do objeto *Desenhe com o dedo* e da arte. A metáfora usada por Lygia entra em contradição com outra metáfora, manuseada por Freud. Refiro-me à metáfora do "bloco mágico", sobre a retenção do presente no inconsciente. A água represada na almofada não preserva a *subjetividade* que a placa de cera retém.

27. O fim do quadro e a morte da pintura que nele encontra suporte podem explicar o distanciamento de Lygia Clark e de Hélio Oiticica, por um lado, das respectivas fases anteriores e, por outro, do retorno à pintura como se encontra na pop art. Nesse sentido, Hal Foster, em recente estudo sobre *The First Pop Age* (2012), faz um elogio ao trabalho das mãos no uso de pincéis: *"Thus, at a time when painting seemed to be overturned not only in mass culture but also in avant--garde art (already in Happenings, Fluxus, and Nouveau Réalisme, and soon in Minimalism, Conceptual art, and Arte Povera), painting returned, in the most impressive examples of Pop, almost as meta-art, able to assimilate some media effects and to reflect on others precisely because of its relative distance from them"*

[Assim, num período em que a pintura parecia ter sido superada, não somente na cultura de massas, mas também na arte de vanguarda (já nos Happenings, no Fluxus e no Noveau Réalisme, e logo no minimalismo, na arte conceitual e na *arte povera*), ela retornou quase como uma meta-arte nos momentos mais impressionantes do pop, capaz de assimilar alguns efeitos da mídia e refletir sobre outros — precisamente por causa de sua distância relativa deles] (Hal Foster, *The First Pop Age: Painting and Subjectivity in the Art of Hamilton, Lichtenstein, Warhol, Richter, and Ruscha*. Princeton: Princeton University Press, 2012, p. 6).

APENAS UMA LITERATURA ESCRITA EM LÍNGUA PORTUGUESA [pp. 55-69]

1. *The Western Canon: The Books and School of the Ages* (Nova York: Riverhead Books, 1994). A edição brasileira foi lançada em 1995 pela editora Objetiva do Rio de Janeiro, com tradução de Marcos Santarrita.

2. Como crítico cultural da "política identitária" nas letras e no pensamento brasileiro, tem se destacado nos últimos anos o antropólogo Antonio Risério. Nos últimos meses de 2021, publicou no jornal *Folha de S.Paulo* artigos contundentes e polêmicos em que ataca e se defende. Em caso de interesse, leia-se o livro *As sinhás pretas na Bahia: Suas escravas, suas joias* (Rio de Janeiro: Topbooks, 2021).

3. O cidadão brasileiro pode ter interesse em assistir ao filme *Extermine todos os brutos* (HBO, 2022) do haitiano Raoul Peck, já conhecido pelo filme *Eu não sou seu negro*. O diretor fundamenta sua revisão do eurocentrismo em três escritores: Sven Lindqvist, autor do livro que dá título ao filme; Roxanne Dunbar-Ortiz, autora de *An Indigenous Peoples' History of the United States*, e Michel-Rolph Trouillot, autor de *Silenciando o passado*.

4. *O fardo do homem branco: Southey, historiador do Brasil* (*um estudo dos valores ideológicos do império do comércio livre*). São Paulo: Companhia Editora Nacional, 1974. (Coleção Brasiliana, v. 344.)

5. A biblioteca se repete como tópos em *Triste fim de Policarpo Quaresma* (1915). Para melhor conhecer o país, ele monta em casa, tal como está na primeira das três partes do romance, uma brasiliana, com títulos a que o leitor tem acesso. Ao contrário de Southey, não se satisfaz com o que os livros lhe ensinam. Sua primeira decepção. Para detalhes, convido à leitura do ensaio "Uma ferroada no peito do pé" (1981), hoje em *35 ensaios* (São Paulo: Companhia das Letras, 2019).

6. Rio de Janeiro: Tempo Brasileiro, 1985.

7. Para estudo detalhado sobre a obra e sua leitura, ver Junia Ferreira Furtado e Nuno Gonçalo Monteiro, "Os Brasis na *Histoire des Deux Indes* do abade Raynal", *Varia Historia*, Belo Horizonte, v. 32, n. 60, pp. 731-77, set.-dez. 2016. Disponível em: <https://www.scielo.br/j/vh/a/vWP8S8GmZK3xjNY6dncxzvH/?lang=pt#>. Acesso em: fev. 2022.

8. *A devassa da devassa: A Inconfidência Mineira — Brasil e Portugal (1750--1808)*. Rio de Janeiro: Paz & Terra, 2001, p. 102. Do mesmo autor, consultar *Naked Tropics: Essays on Empire and Other Rogues* (Nova York: Routledge, 2003), em especial o cap. 7, "The Idea of the Luso-Brazilian Empire".

9. As citações de Machado de Assis desta página estão em seu ensaio "Notícia da atual literatura brasileira: Instinto de nacionalidade", publicado em 1873. Disponível em: <http://machado.mec.gov.br/obra-completa-lista/item/109-noticia-da-atual-literatura-brasileira-instinto-de-nacionalidade>. Acesso em: 29 jul. 2023.

10. Ida Pfeiffer, *Voyage d'une femme autour du monde*, 1858 apud Miriam Moreira Leite (Org.), *A condição feminina no Rio de Janeiro, século XIX: Antologia de textos de viajantes estrangeiros* (Brasília: Hucitec; Instituto Nacional do Livro; Fundação Nacional Pró-Memória, 1984), p. 71.

GRAFIAS DE VIDA — A MORTE [pp. 70-93]

1. Não me refiro apenas à controversa Wikipédia, mas ao fato de a reputada *Encyclopaedia Britannica*, por exemplo, ser encontrada há alguns anos em CD--ROM, disponível para instalação em computador pessoal e on-line.

2. A tradução dos trechos de *A náusea*, de Jean-Paul Sartre, é de Rita Braga (Rio de Janeiro: Nova Fronteira, 1983).

3. Jorge Luis Borges, *O livro dos seres imaginários*. Trad. de Heloisa Jahn. São Paulo: Companhia das Letras, 2007.

4. Coeditores: Alberto Passos Guimarães, Antônio Geraldo da Cunha, Francisco de Assis Barbosa, Otto Maria Carpeaux, Carlos Francisco de Freitas Casanovas. Coordenador editorial: Paulo Geiger.

5. Neste momento da apresentação, nosso interesse é acentuar o pioneirismo do projeto *Mirador* no Brasil e pensar as características da biografia moderna a partir dele. Hoje, a remissão — explicitações do subtexto de um verbete — se transformou em procedimento informático comum e, no caso da Wikipédia, capaz de ser forjada democraticamente (?) por seus colaboradores (?) anônimos. As interrogações estão explicadas no noticiário político de agosto de 2014. Basta consultar os jornais da época.

6. Se me permitirem comentário malicioso, direi que a moda da biografia no Brasil trouxe para a presente cena cultural figuras públicas cujos nomes nunca seriam escritos em negrito por Antônio Houaiss e companhia.

7. Se o romance for escrito na terceira pessoa, tem como suporte a biografia (*Madame Bovary*). Escrito na primeira pessoa, a autobiografia (*Dom Casmurro*).

8. Existem, mas são raros, os casos de figuras públicas que são ficcionalizadas na grande literatura. Dois exemplos: Napoleão em Stendhal e o marechal Floriano Peixoto em Lima Barreto.

9. Traduzido por Leonardo Fróes ao português, o ensaio se encontra na antologia *O valor do riso e outros ensaios* (São Paulo: Cosac Naify, 2014). Onze anos antes da publicação do ensaio, em 1928, Virginia lançara o notável romance *Orlando: Uma biografia* (São Paulo: Companhia das Letras, 2014).

10. Ezra Pound, *ABC da literatura*. Trad. de Augusto de Campos e José Paulo Paes. São Paulo: Cultrix, 2006, p. 64.

11. Em romance tipicamente à clef, como *Os moedeiros falsos*, de André Gide, os jogos de palavras dominam a nomeação dos personagens e os indiciam. O pai carola é *Profitendieu*, enquanto o traquinas Jean Cocteau vira *Passavant*.

12. Em *La Création chez Stendhal: Essai sur le métier d'écrire et la psychologie de l'écrivain* (1942), Jean Prévost dá Stendhal como o "iniciador" na coleta de recortes de jornal como recurso inicial para a criação romanesca.

13. Como exemplo delas, lista Virginia seguindo as pegadas de Flaubert/Pound: "Onde e quando viveu o homem real; que aparência tinha; se ele usava botas com cadarços ou com elástico nos lados; quem eram suas tias, seus amigos; como ele assoava o nariz; a quem amou, e como; e, quando veio a morrer, morreu ele em sua cama, como um cristão, ou…".

14. Ian Watt, *A ascensão do romance*. São Paulo: Companhia das Letras, 2011.

15. Northrop Frye, *Anatomia da crítica*. São Paulo: É Realizações, 2014.

16. Esclareça-se que, segundo Frye, "elevado" e "baixo" não têm conotações de valor comparativo, mas são puramente diagramáticos. Significam apenas que a ficção europeia vem descendo "constantemente seu centro de gravidade" e nos últimos cem anos "tendeu crescentemente a ser do modo irônico", já que o herói passa a ser "inferior em poder ou inteligência a nós mesmos".

17. Northrop Frye, op. cit., pp. 146-7.

18. Macunaíma representaria o modo menos elevado de representação do protagonista, em que, segundo as palavras do crítico, "temos a impressão de olhar de cima para baixo, para uma cena de sujeição, frustração ou absurdo".

19. Ian Watt, op. cit., p. 15.

20. Jean-Jacques Rousseau, *Emílio ou Da educação*. Trad. de Sérgio Milliet. Rio de Janeiro: Bertrand Brasil, 1995, p. 200.

21. Karl Marx, *Grundrisse*. Trad. de Mario Duayer e Nélio Schneider. São Paulo: Boitempo, 2011.
22. "A ideia que eu fazia de pessoa vinha de minha terceira perna, daquela que me plantava no chão", em *A paixão segundo G. H.* (1964).
23. Para dar continuidade à história do meu argumento, indico o pequeno livro *Carlos Drummond de Andrade* (Petrópolis: Vozes, 1976). Mais recentemente, *Menino sem passado* (São Paulo: Companhia das Letras, 2021).

QUANDO SAIO DE CASA, PISO O MUNDO (SOBRE A *FORMAÇÃO ARTÍSTICA E CRÍTICA*) [pp. 94-119]

1. Essa formulação me foi sugerida pela máxima de Lévi-Strauss em *Tristes trópicos*: "Os trópicos são menos exóticos que obsoletos".
2. Alusão à canção "Para Lennon e McCartney", cantada por Milton Nascimento: "Eu sou da América do Sul/ Eu sei, vocês não vão saber/ Mas agora sou caubói/ Sou do ouro, eu sou vocês/ Sou do mundo, sou Minas Gerais".
3. Interrompa-se novamente a leitura de *Esaú e Jacó* no capítulo LXXIII, "Um Eldorado".
4. O jeitinho é tampouco só brasileiro. O correspondente na gíria do francês cartesiano é *système D*. A letra remete à inicial dos verbos *débrouiller* e *démerder*.
5. A pedido do dr. Miguel Couto, seu cliente faz anotações sobre as crises. Eis parte de descrição do que acontece na Livraria Garnier: "A ausência em casa do Garnier, onde bebi água e Lansac me deu sais a cheirar. Era de tarde. Fizeram-me sentar, e eu respondi em português, ao que ele me disse em francês".
6. Benedict Anderson, *Comunidades imaginadas*. Trad. de Denise Bottman. São Paulo: Companhia das Letras, 2008.
7. *Por uma outra globalização: Do pensamento único à consciência universal*. Rio de Janeiro: Record, 2000, p. 58.
8. Leiam-se, no Apêndice a este livro, as palavras finais do conto de Gustave Flaubert.
9. Silviano Santiago, *O cosmopolitismo do pobre*. Belo Horizonte: Ed. da UFMG, 2004.
10. "Lélia Gonzalez", em Heloísa Buarque de Hollanda e Carlos Alberto Messeder Pereira, *Patrulhas ideológicas marca reg.: Arte e engajamento em debate* (São Paulo: Brasiliense, 1980, pp. 202-12).
11. Cf. "Advertência": "Quanto ao título, foram lembrados vários, em que o assunto se pudesse resumir, *Ab ovo*, por exemplo, apesar do latim; venceu, porém, a ideia de lhe dar estes dois nomes que o próprio Aires citou uma vez: ESAÚ

E JACÓ". Em Horácio: "*Nec gemino bellum Trojanum orditur ab ovo*" (A Guerra de Troia também não nasceu de um ovo).

12. T.S. Eliot, *Obra completa*. Trad. de Ivan Junqueira. São Paulo: Arx, 2004. v. 1: Poesia.

À MESA, O LUGAR ESTÁ POSTO. A CADEIRA ESTÁ VAZIA (DIVAGAÇÃO SOBRE A GÊNESE DE *MENINO SEM PASSADO*) [pp. 120-47]

1. Trad. de Mauro W. Barbosa. São Paulo: Perspectiva, 1979, pp. 28-42.
2. São Paulo: Companhia das Letras, 2020.
3. "O menino sem passado", em Murilo Mendes, *Poemas* (Juiz de Fora: Dias Cardoso, 1930).
4. Não trato da obra de Arendt. Só trabalho o texto do prefácio nesta divagação sobre a gênese de *Menino sem passado*.
5. Vasos comunicantes: recipientes geralmente em formato de U que são utilizados para analisar as relações entre as *densidades* de líquidos *imiscíveis* e executar estudos sobre a *pressão* exercida por líquidos.
6. *Hypnos* significa, em grego, "sono". É o nome do deus do sono. Tem mais de vinte irmãos. Seu irmão gêmeo é Tânato.
7. "Liberdade completa ninguém desfruta: começamos oprimidos pela sintaxe e acabamos às voltas com a Delegacia de Ordem Política e Social, mas, nos estreitos limites a que nos coagem a gramática e a lei, ainda nos podemos mexer."
8. A associação pelo reflexo no espelho das iniciais do nome da mãe, Noêmia Farnese (NF), às iniciais do nome do filósofo alemão Friedrich Nietzsche (FN) não é gratuita. É a *fatalidade* da herança possessiva e da invenção da escrita da herança sem testamento.
9. Eis o resumo da parábola, de responsabilidade da ensaísta: "A cena é um campo de batalha, no qual se digladiam as forças do passado e do futuro; entre elas encontramos o homem que Kafka chama de 'ele', que, para se manter em seu território, deve combater ambas. Há, portanto, duas ou mesmo três lutas transcorrendo simultaneamente: a luta de 'seus' adversários entre si e a luta do homem com cada um deles. Contudo, o fato de chegar a haver alguma luta parece dever-se exclusivamente à presença do homem, sem o qual — 'suspeita-se' — as forças do passado e do futuro ter-se-iam de há muito neutralizado ou destruído mutuamente".

10. Leia-se, no prefácio em pauta: "Caso fosse preciso escrever a história intelectual de nosso século, não sob a forma de gerações consecutivas, onde o historiador deve ser literalmente fiel à sequência de teorias e atitudes, mas como a *biografia* de uma única pessoa, não visando senão a uma aproximação metafórica do que ocorreu efetivamente na consciência dos homens, veríamos a mente dessa pessoa obrigada a dar uma *reviravolta* não uma, mas duas vezes: primeiro, ao escapar do pensamento para a ação, e a seguir, quando a ação, ou antes, o ter agido, forçou-a de volta ao pensamento [grifos meus]".

11. Uso o adjetivo "interminável" no sentido que lhe empresta Sigmund Freud na expressão "análise interminável".

"SE LUTAS POR ALIMENTOS, TENS DE ESTAR COM FOME" [pp. 148-60]

1. Em 24 de março de 2009, autoridades mexicanas destruíram trinta capelas dedicadas à Santa Muerte nas cidades de Nuevo Laredo e Tijuana, em resposta às suas fortes associações com traficantes de drogas e a pedido de moradores locais.

JORNALISMO CULTURAL NORTE-AMERICANO, JOAN DIDION [pp. 161-9]

1. Joan Didion, *Rastejando até Belém*. São Paulo: Todavia, 2021.

DAS INCONVENIÊNCIAS DO CORPO COMO RESISTÊNCIA POLÍTICA [pp. 170-85]

1. Contraditoriamente, é por conveniência que uso o substantivo "cantor" só no masculino. Ofereço a mão à palmatória. Aos 85 anos, o bom e escorreito estilo ensaístico em língua portuguesa continua a me reprimir. Também é do interesse atual acentuar menos o profissional da música e mais o desempenho físico e alegórico do corpo humano, a performance, sem *gender* definido.

2. Disponível em: <https://www.youtube.com/watch?v=-zLicyzaH5A>. Acesso em: mar. 2022. Contraste-se a performance de Ney com a interpretação posterior de Nando Reis, também excelente. Disponível em: <https://www.youtube.com/watch?v=hHRXxhYcEqk>. Acesso em: jun. 2019.

3. A primeira versão deste ensaio data de junho de 2019. No dia 13 daquele mês, o Supremo Tribunal Federal julgou que a homofobia se equipara ao crime de

racismo e, no dia seguinte, o presidente da República comenta em entrevista a decisão. Cito o jornal que transcreve sua opinião: "Na avaliação do presidente, um ministro evangélico poderia se contrapor à criminalização da homofobia com base em trechos da Bíblia e, se visse que sua posição estava perdendo, pedir vista — mais tempo para analisar o processo — e, então, 'sentar' em cima do processo. Ou seja, não permitir que o caso voltasse a ser julgado num futuro próximo. 'Não custa nada ter alguém lá' [no STF], falou [o presidente da República]".

4. "A preocupação de dizer o que se passa [...] não é tão afetada pelo desejo de saber como isso pode se passar, em todo lugar e sempre; mas, antes, pelo desejo de adivinhar o que se esconde sob essa palavra precisa, flutuante, misteriosa, absolutamente simples: 'Hoje'." Frase de Michel Foucault, extraída do texto citado na epígrafe.

5. O desenrolar epigramático desses parágrafos pode ser conferido com o enredo e o grande sucesso junto ao público jovem da peça *Hoje é dia de rock* (1971), de José Vicente. Jovens interioranos saem em busca de novas identidades. O título da peça explicita qual será a forma de uma delas, a da imagem exibida nos filmes e vídeos de Elvis, the Pelvis (exagerada, aliás, na interpretação de Ney Matogrosso). Ao perder a casca da serpente, o interiorano não se identifica com, "é" o próprio Elvis. Dá início a uma imprevisível forma de camaradagem ou de amizade, para retomar a palavra de André Gide em epígrafe, geracional.

6. Opto pela excelente tradução em inglês da arte poética de Horácio: "*But you will not bring on to the stage anything that ought properly to be taking place behind the scenes, and you will keep out of sight many episodes that are to be described later by the eloquent tongue of a narrator*" [Mas não trarás ao palco nada que possa adequadamente acontecer nos bastidores, e manterás longe da vista muitos episódios que mais tarde serão descritos pela eloquência de um narrador].

7. Cf.: "*Ce qu'on ne doit point voir, qu'un récit nous l'expose:/ Les yeux en le voyant saisiront mieux la chose;/ Mais il est des objets que l'art judicieux/ Doit offrir à l'oreille et reculer des yeux*" [Aquilo que não deve ser visto, que a narração no-lo conte:/ Os olhos, vendo, entenderão melhor a coisa;/ Mas há objetos que a arte judiciosa/ Deve oferecer às orelhas e distanciar dos olhos].

8. Católico por formação, é notável a presença de T.S. Eliot na poesia de Vinicius. Leia-se a pouco conhecida e notável coleção de poemas escritos durante sua estada em Londres, intitulada *Cinco elegias*. No biênio 1938-9, Vinicius cursou literatura inglesa na Universidade Oxford e trabalhou na BBC londrina.

9. Em 1984, Martinho da Vila compõe samba-enredo para a Unidos de Vila Isabel, em que endossa e desconstrói pela conjunção adversativa os dois célebres versos sobre a tristeza que, na Quarta-Feira de Cinzas, baixa sobre o povo. Martinho canta no morro e justifica sua felicidade por ela não ter a vida breve da

alegria na avenida: "Sonho de rei, de pirata e jardineira/ Pra tudo se acabar na quarta-feira/ *Mas* [grifo meu] a Quaresma lá no morro é colorida/ Com fantasias já usadas na avenida/ Que são cortinas, que são bandeiras/ Razão pra vida tão *real* [idem] da quarta-feira/ É por isso que eu canto".

10. Remeto o leitor a ensaio meu intitulado "Cadê Zazá" (2001), em *O cosmopolitismo do pobre*, op. cit.

11. É curioso notar que é a partir da "abertura" que essa vertente de resistência sob a responsabilidade da produção artística se prolonga e se torna altamente rendosa e perigosamente comercial. Pense-se na voga do teatro infantil ou infantojuvenil, de que Maria Clara Machado será o melhor bom exemplo, e não o mau. Pense-se no êxito extraordinário dos livros infantojuvenis, êxito este que culmina com a instauração de um novo e absurdo gênero literário reservado a determinada faixa etária, o dos livros para *young adults*. Estes não ajudam o jovem a crescer, mas a permanecer na mesma idade.

12. Uma apresentação sucinta sobre "aparelho ideológico" e "dispositivo" se encontra em ensaio do autor, incluído em *Aos sábados, pela manhã* (Rio de Janeiro: Rocco, 2013). Dispositivo é, diz Foucault, "um conjunto de estratégias de relações de força que condicionam certos tipos de saber, e por ele são condicionados". Ao somar poder e saber, a noção de dispositivo instrumentaliza a indagação sobre o modo como as expectativas emancipatórias do indivíduo se dobram ao coercitivo e punitivo "governo dos homens". O filósofo Giorgio Agamben atualiza e amplia o conceito de Foucault: "chamarei literalmente de dispositivo qualquer coisa que tenha de algum modo a capacidade de capturar, orientar, determinar, interceptar, modelar, controlar e assegurar os gestos, as condutas, as opiniões e os discursos dos seres viventes" ("O que é um dispositivo?", em *O que é o contemporâneo? e outros ensaios*. Chapecó: Argos, 2009, p. 40).

13. O próprio crítico explicita retrospectivamente sua postura sociológica na leitura da MPB em vídeo produzido pelo Instituto Moreira Salles. Disponível em: <https://www.youtube.com/watch?v=RbBrJuvJ3vA>. Acesso em: jun. 2019. Se não for abusado da minha parte, proponho que o depoimento dele seja contrastado com o ensaio que escrevi em 1972 sobre Caetano Veloso. Ver "Caetano Veloso como superastro", em *Uma literatura nos trópicos* (Rio de Janeiro: Rocco, 2000, pp. 146-63).

14. Durante o transcorrer da Tropicália, Chico Buarque é o que mais de perto se cola ao comportamento dos dois mestres. A resistência política à ditadura está na *letra* de suas notáveis canções. Chico é melhor poeta que intérprete no palco e, por isso, seu legado não é o do corpo, mas o da permeabilidade à palavra de ordem político-partidária, mais influente junto aos espectadores adultos. Seu corpo é o de bom burguês, aquém das inconveniências perpetradas pe-

los corpos de Caetano, Ney e Raul. Leia-se, de minha autoria, o ensaio "Bom conselho", escrito no calor da hora e reunido a outros ensaios em *Uma literatura nos trópicos*, op. cit.

15. Sobre sua relação com Carmen Miranda, Caetano publica no jornal *The New York Times*, de 29 de outubro de 1991, o longo artigo "Caricature and Conqueror, Pride and Shame". Dele extraímos o primeiro parágrafo: "Para a geração de brasileiros que chegou à adolescência na segunda metade dos anos 50 e à idade adulta no auge da ditadura militar brasileira e da onda internacional de contracultura — a minha geração —, Carmen Miranda foi, primeiro, motivo de um misto de orgulho e vergonha e, depois, símbolo da violência intelectual com que queríamos encarar a nossa realidade, do olhar implacável que queríamos lançar sobre nós mesmos".

16. Acaba de ser lançada uma biografia do grupo Secos & Molhados: *Primavera nos dentes*, de Miguel de Almeida (São Paulo: Três Estrelas, 2019).

A DECADÊNCIA HUMANA E SUAS ELEGÂNCIAS [pp. 186-214]

1. Trad. de Cláudio Aquati. São Paulo: Cosac & Naify, 2008.

2. É aconselhável não confundir o *flâneur* com o *dândi*. No capítulo "A rua" temos várias definições para a figura do primeiro. Destaco uma delas: "O *flâneur* é o *bonhomme* possuidor de uma alma igualitária e risonha, falando aos notáveis e aos humildes com doçura, porque de ambos conhece a face misteriosa e cada vez mais se convence da inutilidade da cólera e da necessidade do perdão. O *flâneur* é ingênuo *quase sempre* [grifo meu]". Se não for ingênuo, é dândi.

3. A fim de evitar aproximações apressadas, neste momento seria bom adjetivar o substantivo "script" com "*leigo*". No caso de João do Rio, o script se torna espiritual (cristão e católico) do momento em que entra em cena a irmã Paula e despreza a missionária protestante (ver adiante). Torna-se representação semelhante ao célebre tríptico de Hieronymus Bosch.

4. Em ajuda do leitor, transcrevo o resumo de *Satíricon* feito por seu tradutor: "Petrônio constrói um universo miserável e corrupto, atravessado por jovens devassos, estudantes vagabundos, homens de letras aproveitadores e inoportunos, incompetentes, velhas e velhos viciosos, detestáveis homens de negócios, religiosos impudentes, novos-ricos vulgares, libertos daninhos, mulheres de alta classe e dos mais baixos desejos, e cidadãos sequiosos de herança e dispostos a tudo".

5. Os especialistas em literatura antiga explicam a narrativa clássica de vidas humanas sórdidas pelo lado de dentro como sendo produto da *persona* (máscara) do autor. Distinguem o eu do autor da *persona* do autor (ver William Ander-

son, por exemplo). Portanto, em retórica clássica, estabelecem Petrônio como *persona* a escrever *Satíricon* (etimologicamente *Satíricon* se refere a sátiro e não a sátira). Questionamos esse gênero de dicotomia no ensaio *Fisiologia da composição* (Recife: CEPE, 2020). O conceito de *persona*, por exemplo, obscurece ou dificulta a leitura do *guia* na obra de João do Rio.

6. Disponível em: <https://www.youtube.com/watch?v=4WgpGFpi5Oo>. Acesso em: fev. 2022.

7. Há duas marchinhas extraordinárias no recente Carnaval carioca, ambas de João Roberto Kelly: "Cabeleira do Zezé" e "Maria Sapatão" (esta se tornou popular na voz de Chacrinha).

8. Esse olhar metafórico (ou analógico) do artista sobre o presente se tornará constante na prosa de Marcel Proust. Destaco uma frase de *Em busca do tempo perdido* em que o procedimento está dito com todas as letras: "A disposição particular que sempre tivera Swann para descobrir analogias entre os seres vivos e os retratos dos museus se exercia ainda, porém de uma forma mais geral e constante; era a vida mundana por inteiro, agora que ele se desligara dela, que se apresentava a Swann como uma espécie de sequência de quadros" (tradução de Fernando Py). Note-se que o olhar metafórico não alude a evento ou a dado pessoal, mas a uma representação pictórica (leitura) de evento ou de personalidade.

9. Paula Diehl, "A covarde folha de parreira", *Folha de S.Paulo*, 17 set. 2000.

ROSA E LÚCIO, O BURITI E A CADEIRINHA [pp. 215-8]

1. A reflexão sobre a *decadência*, que "A cadeirinha" nos oferece, está em todo um parágrafo do conto. Vale a pena transcrevê-lo na íntegra, apesar de longo: "Mas é assim a vida: as espécies, como os indivíduos, vão desaparecendo ou se transformando em outras espécies e em outros indivíduos mais perfeitos, mais complicados, mais aptos para o meio atual, porém muito menos grandiosos que os passados. Que figura faria o elefante de hoje, resto exótico da fauna terciária, ao lado do megatério? A de um filhote deste. E no entanto, bem cedo, talvez nos nossos dias, desaparecerá o elefante, por já estar em desarmonia com a fauna atual, por constituir já aquele doloroso contraste de que falamos acima e que é o primeiro sintoma da próxima eliminação do grande paquiderme. *Parece que o progresso marcha para a dispersão, a desagregação e o formigamento.* Um grande organismo tomba e se decompõe e vai formar uma inumerável quantidade de seres ávidos de vida. A morte, essa grande ilusão humana, é o início daquela dispersão, ou antes a fonte de muitas vidas. E que grande consoladora!" [grifo meu].

2. Publicado pela Difel de São Paulo.

A QUARTA-FEIRA DE CINZAS DA HUMANIDADE [pp. 219-26]

1. Walter Benjamin, *A obra de arte na era de sua reprodutibilidade técnica*. Porto Alegre: L&PM, 2018.

VIAGEM PELAS VIAGENS DE MÁRIO DE ANDRADE [pp. 227-53]

1. *piauí*, n. 31, abr. 2009.
2. Porto Alegre: Editora UFRGS, 1998, em particular pp. 111-31.
3. São Paulo: Imprensa Oficial, 2002.
4. Franz Kafka, *Diários: 1909-1923*. Trad. de Sérgio Tellaroli. São Paulo: Todavia, 2021.
5. A menção à sabença se encontra na resenha em texto datilografado que só foi publicado pelos pesquisadores do IEB em 1972. O raciocínio é complexo, e seleciono passagens do parágrafo: "Osvaldo [sic] está brincando com micróbios perigosos: contribuição de erros populares que generalizou comodista pra 'contribuição milionária de todos os erros'; [...] pregando a 'alegria da ignorância que descobre' e se esquecendo que tem também a alegria da sabença que descobre. E a da sabença que verifica. Duas contra uma: a da sabença é a mais rica. E etc. etc.". E conclui e concluímos a citação: "O difícil é saber saber".
6. A respeito de Tarsila, Mário escreve: "Não repete nem imita todos os erros da pintura popular, escolhe com inteligência os fecundos, *os que não são erros* e se serve deles. Pintura de ateliê raciocinada no ateliê tornada erudita através dos climas palmilhados sejam a tela corrediça da matriz de Tiradentes os primitivos de Siena ou a invenção mais recente de Picasso".
7. Antonio Candido, op. cit., p. 130.
8. Como atesta entrevista concedida em 1934 ao *Diario Carioca*, recolhida por Telê Porto Ancona Lopez, Mário sentia a comichão da "traição dos homens de espírito". Instado a falar sobre os novíssimos que vinham do Nordeste (ele era então um "novo"), elogia-os pela "atitude decisiva e bem delineada diante dos problemas sociais do nosso tempo". Ele gostaria de tomar atitude idêntica, mas algo o tolhe "porque ainda [tenho] muito do *clerc*".

MINHA LONDRES DAS NEBLINAS FINAS... [pp. 254-76]

1. A epígrafe do livro, retirada de carta de Capistrano de Abreu a João Lúcio Azevedo, define a ave-símbolo do Brasil, o *jaburu*. Transcrevo a citação: "[O

jaburu é] a ave que para mim simboliza nossa terra. Tem estatura avantajada, pernas grossas, asas fornidas, e passa os dias com uma perna cruzada na outra, triste, triste, daquela austera, apagada e vil tristeza".

2. *Pauliceia desvairada* flagra a quebra da homogeneidade da aristocracia agrária paulista, para citar Florestan Fernandes. O cafeicultor do Oeste Paulista, observa ele, "tende a secularizar suas ideias, suas concepções políticas e suas aspirações sociais; e, ao mesmo tempo, tende a urbanizar, em termos ou segundo padrões cosmopolitas, seu estilo de vida". Em *A revolução burguesa: Ensaios de interpretação sociológica* (Rio de Janeiro: Zahar, 1975), p. 27.

3. Na edição original de 1891, o poema "Celui du rien" (p. 51) está precedido de três outros de título semelhante, "Celui de l'horizon" (p. 15), "Celui de la fatigue" (p. 31) e "Celui du savoir" (p. 39). Segue-lhes "Celle du jardin". Faria sentido analisar a razão para o sujeito poético optar pelo que vem do nada, tendo também, como possível referência, lugar de partida, o horizonte, o cansaço, o saber e o jardim.

4. *Non Plus*, São Paulo, v. 5, n. 10, pp. 24-38, 2016.

5. A ideia de *hiato* como estilo do verso e forma de composição do poema é nomeada explicitamente e é do gosto do coração arlequinal. Cito dois exemplos: "As primaveras de sarcasmo/ intermitentemente no meu coração arlequinal.../ Intermitentemente..." ("O trovador"). "Um rumor de exterior bem brando, muito brando,/ E dá clarões duma consciência intermitente./ A poesia nasce" ("Poemas da amiga", xi).

6. "Prefácio interessantíssimo": "Escrever arte moderna não significa jamais para mim representar a vida atual no que tem de exterior: automóveis, cinema, asfalto. Se estas palavras frequentam-me o livro, não é porque pense com elas escrever moderno, mas porque sendo meu livro moderno, elas têm nele sua razão de ser".

7. Complemente-se esse poema com o "Improviso do mal da América": "Lá fora o corpo de São Paulo/ escorre vida ao guampaço dos arranha-céus,/ E dança na ambição compacta de dilúvios de penetras./ Vão chegando italianos didáticos e nobres;/ Vai chegando a falação barbuda de Unamuno/ Emigrada pro quarto-de-hóspedes acolhedor da Sulamérica;/ Bateladas de húngaros, búlgaros, russos se despejam na cidade.../ Trazem vodca no sapiquá de veludo,/ Detestam caninha, detestam mandioca e pimenta,/ Não dançam maxixe, nem dançam catira, nem sabem amar suspirado".

8. Leia-se a deliciosa crônica autoirônica "O y de um nome", em *Cadeira de balanço* (1966), de Carlos Drummond.

NARCISO ACHA FEIO O QUE NÃO É ESPELHO [pp. 277-89]

1. Em 1963, jovem professor na Universidade do Novo México, fui procurado pelo professor que eu substituía, Jack Tomlins, que estava traduzindo para o inglês *Pauliceia desvairada* e queria me consultar sobre problemas de compreensão do texto. Encontrei-o várias vezes para destrinchar dificuldades de leitura que o livro apresenta. Lembro-me de um detalhe. Jack não compreendia dois versos do poema "O domador": "Laranja da China, laranja da China, laranja da China!/ Abacate, cambucá e tangerina!". Certo ou errado, lembrei-me de que se trata de paródia que entoávamos em voz baixa na aula de canto orfeônico no ginásio, em cima dos acordes iniciais do Hino Nacional. A tradução só será publicada em 1968 pela Vanderbilt University Press.

Referências bibliográficas

ACHEBE, Chinua. "An Image of Africa". *The Massachusetts Review*, Amherst, v. 18, n. 4, pp. 782-94, 1977.

ADELE, Lynne. *Spirited Journeys: Self-Taught Texas Artists of the Twentieth Century*. Austin: University of Texas Press, 1998.

AGAMBEN, Giorgio. *O que é o contemporâneo? e outros ensaios*. Chapecó: Argos, 2009.

ALMEIDA, Miguel de. *Primavera nos dentes*. São Paulo: Três Estrelas, 2019.

ANDERSON, Benedict. *Comunidades imaginadas*. Trad. de Denise Bottman. São Paulo: Companhia das Letras, 2008.

ARANTES, Paulo Eduardo. *Um departamento francês de ultramar: Estudos sobre a formação da cultura filosófica uspiana (uma experiência nos anos 60)*. Rio de Janeiro: Paz & Terra, 1994.

ARENDT, Hannah. *Entre o passado e o futuro*. Trad. de Mauro W. Barbosa. São Paulo: Perspectiva, 1979.

ARINOS, Afonso. "A cadeirinha". In: _____. *Pelo sertão*. Rio de Janeiro: Garnier, 1898, pp. 53-4.

ASSIS, Joaquim Maria Machado de. "Notícia da atual literatura brasileira: Instinto de nacionalidade". In: _____. *Obra completa*. Rio de Janeiro: Nova Aguilar, 1994. v. III. Disponível em: <http://machado.mec.gov.br/obra-completa-lista/item/109-noticia-da-atual-literatura-brasileira-instinto-de-nacionalidade>. Acesso em: 29 jul. 2023.

AVANCINI, José Augusto. *Expressão plástica e consciência nacional na crítica de Mário de Andrade*. Porto Alegre: Editora UFRGS, 1998.

BENJAMIN, Walter. *Magia e técnica, arte e política: Ensaios sobre literatura e história da cultura*. Trad. de Sérgio Paulo Rouanet. São Paulo: Brasiliense, 1987.

_____. *A obra de arte na era de sua reprodutibilidade técnica*. Porto Alegre: L&PM, 2018.

BLOOM, Harold. *The Western Canon: The Books and School of the Ages*. Nova York: Riverhead Books, 1994.

BORGES, Jorge Luis. *O livro dos seres imaginários*. Trad. de Heloisa Jahn. São Paulo: Companhia das Letras, 2007.

CABRAL, Maria de Jesus. "*Le Passeur d'eau* de Émile Verhaeren: O apelo de uma nova poética. *Non Plus*, v. 5, n. 10, pp. 24-38, 2016.

CANDIDO, Antonio. "Crítica e sociologia". In: _____. *Literatura e sociedade: Estudos de teoria e história literária*. Rio de Janeiro: Ouro sobre Azul, 2008.

CHOW, Rey. *The Rey Chow Reader*. Nova York: Columbia University Press, 2010.

CUNHA, Celso. *A questão da norma culta brasileira*. Rio de Janeiro: Tempo Brasileiro, 1985.

DIAS, Maria Odila da Silva. *O fardo do homem branco: Southey, historiador do Brasil* (*um estudo dos valores ideológicos do império do comércio livre*). São Paulo: Companhia Editora Nacional, 1974. (Coleção Brasiliana, v. 344.)

DIDION, Joan. *Rastejando até Belém*. Trad. de Maria Cecilia Brandi. São Paulo: Todavia, 2021.

DIEHL, Paula. "A covarde folha de parreira". *Folha de S.Paulo*, 17 set. 2000.

ELIOT, T.S. *Obra completa*. Trad. de Ivan Junqueira. São Paulo: Arx, 2004. v. 1: Poesia.

FERNANDES, Florestan. *A revolução burguesa: Ensaios de interpretação sociológica*. Rio de Janeiro: Zahar, 1975.

FLAUBERT, Gustave. "A legenda de são Julião Hospitaleiro". In: _____. *Três contos*. Trad. de Milton Hatoum e Samuel Titan Jr. São Paulo: Cosac Naify, 2004.

FOSTER, Hal. *The First Pop Age: Painting and Subjectivity in the Art of Hamilton, Lichtenstein, Warhol, Richter, and Ruscha*. Princeton: Princeton University Press, 2012.

FRY, Peter; VOGT, Carlos. *Cafundó: A África no Brasil: Linguagem e sociedade*. São Paulo: Companhia das Letras, 1996.

FRYE, Northrop. *Anatomia da crítica*. São Paulo: É Realizações, 2014.

FURTADO, Júnia Ferreira; MONTEIRO, Nuno Gonçalo. "Os Brasis na *Histoire des Deux Indes* do abade Raynal". *Varia Historia*, Belo Horizonte, v. 32, n. 60, pp. 731-77, set.-dez. 2016.

GROSSBERG, Lawrence; NELSON, Cary; TREICHER, Paula A. (Orgs.). *Cultural Studies*. Nova York: Routledge, 1992.

HOLLANDA, Heloísa Buarque de; PEREIRA, Carlos Alberto Messeder. "Lélia Gonzalez". In: _____. *Patrulhas ideológicas marca reg.: Arte e engajamento em debate*. São Paulo: Brasiliense, 1980, pp. 202-12.

KAFKA, Franz. *Diários: 1909-1923*. Trad. de Sérgio Tellaroli. São Paulo: Todavia, 2021.

KENNETH, Maxwell. *A devassa da devassa: A Inconfidência Mineira — Brasil e Portugal (1750-1808)*. Rio de Janeiro: Paz & Terra, 2001.

_____. *Naked Tropics: Essays on Empire and Other Rogues*. Nova York: Routledge, 2003.

KOIFMAN, Georgina (Org.). *Cartas de Mario de Andrade a Prudente de Moraes, neto, 1924/36*. Rio de Janeiro: Nova Fronteira, 2008.

LÉVI-STRAUSS, Claude. *Tristes trópicos*. São Paulo: Companhia das Letras, 1996.

MALLARMÉ, Stéphane. *Divagações*. Trad. de Fernando Scheibe. Florianópolis: Ed. UFSC, 2010.

MARX, Karl. *Grundrisse*. Trad. de Mario Duayer e Nélio Schneider. São Paulo: Boitempo, 2011.

MICELI, Sérgio. *Intelectuais e classe dirigente no Brasil*. São Paulo: Difel, 1979.

MIRANDA, Wander Melo (Org.). *Anos JK: Margens da modernidade*. São Paulo: Imprensa Oficial, 2002.

OITICICA, Hélio. *Aspiro ao grande labirinto*. Org. de Luciano Figueiredo, Lygia Pape e Waly Salomão. Rio de Janeiro: Rocco, 1986.

POUND, Ezra. *ABC da literatura*. Trad. de Augusto de Campos e José Paulo Paes. São Paulo: Cultrix, 2006.

PROUST, Marcel. *Em busca do tempo perdido*. Trad. de Lúcia Miguel Pereira. São Paulo: Globo, 2013, v. 7: O tempo redescoberto.

_____. *Em busca do tempo perdido*. Trad. de Fernando Py. Rio de Janeiro: Nova Fronteira, 2016. v. 1: No caminho de Swann.

RISÉRIO, Antonio. *As sinhás pretas na Bahia: Suas escravas, suas joias*. Rio de Janeiro: Topbooks, 2021.

ROUSSEAU, Jean-Jacques. *Emílio ou Da educação*. Trad. de Sérgio Milliet. Rio de Janeiro: Bertrand Brasil, 1995.

SAID, Edward. *Orientalismo: O Oriente como invenção do Ocidente*. Trad. de Rosaura Eichenberg. São Paulo: Companhia das Letras, 1990.

_____. *Estilo tardio*. Trad. de Samuel Titan Jr. São Paulo: Companhia das Letras, 2009, p. 167.

SANTIAGO, Silviano. *Carlos Drummond de Andrade*. Petrópolis: Vozes, 1976.

_____. *Uma literatura nos trópicos*. Rio de Janeiro: Rocco, 2000.

_____. *O cosmopolitismo do pobre*. Belo Horizonte: Ed. da UFMG, 2004.

SANTIAGO, Silviano. *Ora (direis) puxar conversa! Ensaios literários*. Belo Horizonte: Ed. da UFMG, 2006.

_____. *Aos sábados, pela manhã: Sobre autores & livros*. Rio de Janeiro: Rocco, 2013.

_____. "Uma ferroada no peito do pé". In: _____. *35 ensaios*. São Paulo: Companhia das Letras, 2019.

_____. *Fisiologia da composição*. Recife: CEPE, 2020.

_____. *Menino sem passado*. São Paulo: Companhia das Letras, 2021.

SANTIAGO, Silviano; FROTA, Lélia Coelho (Orgs.). *Carlos & Mário: Correspondência completa entre Carlos Drummond de Andrade (inédita) e Mário de Andrade*. São Paulo: Bem-Te-Vi, 2004.

SANTOS, Milton. *Por uma outra globalização: Do pensamento único à consciência universal*. Rio de Janeiro: Record, 2000.

SARTRE, Jean-Paul. *A náusea*. Trad. de Rita Braga. Rio de Janeiro: Nova Fronteira, 1983.

SCHWARZ, Roberto. "Um departamento francês de ultramar". In: _____. *Sequências brasileiras: Ensaios*. São Paulo: Companhia das Letras, 1998.

SOUZA, Gilda de Mello e. "O arcaico e o moderno". *piauí*, n. 31, abr. 2009.

TORRES-GARCÍA, Joaquín. *Universalismo constructivo*. Madri: Alianza, 1984.

VELOSO, Caetano. "Caricature and Conqueror, Pride and Shame." *The New York Times*, 20 out. 1991.

WATT, Ian. *A ascensão do romance*. São Paulo: Companhia das Letras, 2011.

WOOLF, Virginia. *O valor do riso e outros ensaios*. São Paulo: Cosac Naify, 2014.

_____. *Orlando: Uma biografia*. São Paulo: Companhia das Letras, 2014.

Apêndice

Quando chegaram à cabana, Julião fechou a porta e o viu sentado no escabelo. A espécie de mortalha que o recobria caíra até seus quadris; e seus ombros, seu peito, seus braços magros desapareciam sob as placas de pústulas escamosas. Rugas enormes sulcavam seu rosto. Como um esqueleto, tinha um buraco no lugar do nariz; e seus lábios azulados exalavam um hálito espesso como um nevoeiro nauseabundo.

— Tenho fome! — disse ele.

Julião deu-lhe o que tinha, um velho naco de toicinho e as migalhas de um pão preto.

Quando acabou de devorá-los, a mesa, a escudela e o cabo da faca tinham as mesmas manchas que se viam sobre seu corpo.

Em seguida, disse:

— Tenho sede!

Julião foi procurar a bilha; e, quando a levantou, saiu dela um aroma que dilatou seu coração e suas narinas. Era vinho, que achado! Mas o leproso estendeu o braço, e de uma só vez esvaziou a bilha.

Depois, disse:

— Tenho frio!

Julião, com uma vela, acendeu um feixe de gravetos no meio da cabana.

O leproso veio se aquecer; e, de cócoras, estremecia com todos os membros, enfraquecia; seus olhos não brilhavam mais, suas chagas pustulavam, e ele murmurou, com voz quase extinta:

— Tua cama!

Julião ajudou-o suavemente a se arrastar e até estendeu, sobre ele, para cobri-lo, a lona do barco.

O leproso gemia. Os cantos de sua boca deixavam os dentes à mostra, um estertor acelerado sacudia-lhe o peito, e seu ventre, a cada expiração, afundava até as vértebras.

Depois ele fechou as pálpebras.

— É como se tivesse gelo nos ossos! Vem para junto de mim!

E Julião, afastando a lona, deitou-se sobre as folhas mortas, junto a ele, lado a lado.

O leproso voltou a cabeça.

— Despe-te para que eu tenha o calor do teu corpo!

Julião tirou suas vestes; em seguida, nu como no dia do seu nascimento, voltou à cama; e sentia contra sua coxa a pele do leproso, mais fria que uma serpente e áspera como uma lima.

Tratava de encorajá-lo; e o outro respondia arfando:

— Ah, vou morrer! Aproxima-te, vem me esquentar! Não com as mãos! Não! Todo o corpo!

Julião estendeu-se por cima completamente, boca na boca, peito no peito.

Então o leproso abraçou-o; e seus olhos subitamente ganharam uma claridade de estrelas; seus cabelos alongaram-se como raios de sol; o sopro de suas narinas tinha a suavidade das rosas; uma nuvem de incenso elevou-se do fogo, as águas cantavam. Enquanto isso uma abundância de delícias, uma felicidade sobre-

-humana como uma inundação sobre a alma de Julião desfalecido; e aquele cujos braços o estreitavam não parava de crescer e crescer, tocando com a cabeça e os pés as duas paredes da cabana. O teto se foi, o firmamento se abria; e Julião subiu aos espaços azuis, face a face com Nosso Senhor Jesus Cristo, que o levava ao céu.

Eis aqui a história de são Julião Hospitaleiro, mais ou menos como se encontra descrita num vitral de igreja da minha terra.*

* Extraído de "A legenda de são Julião Hospitaleiro", de Gustave Flaubert (*Três contos*. Trad. de Milton Hatoum e Samuel Titan Jr. São Paulo: Cosac Naify, 2004).

Créditos das imagens

MIOLO

p. 277: Acervo de Augusto de Campos, 1957.

CADERNO DE IMAGENS

1: Museu Nacional de Artes Visuais, Montevidéu, Uruguai.
2: Fotografia digitalizada, 28 cm × 40,5 cm (edição de 5); 22 cm × 32,6 cm (edição de 100). Reprodução de Sebastián Romo.
3: Associação Cultural O Mundo de Lygia Clark. Reprodução de Virna Santolia.
4: © 2023 The M.C. Escher Company, Baarn, Países Baixos.
5: Associação Cultural O Mundo de Lygia Clark.
6: Coleção Família Passos, Acervo Museu da República/ Ibram/ Ministério da Cultura.
7: Óleo sobre tela, 472 cm × 772 cm. Museu de Orsay, Paris, França.
8: Óleo sobre tela, 148 cm × 196,5 cm. Instituto de Artes de Minneapolis, Minnesota, Estados Unidos.
9: Óleo sobre madeira, 168 cm × 75 cm. Alte Pinakothek, Munique, Alemanha.

Índice remissivo

35 ensaios (Santiago), 294*n*
"1968: Estamos domesticados?" (Clark), 47-8, 53
1971: The Year that Music Changed Everything (documentário), 114

À margem da história (Cunha), 12
A sangue frio (Capote), 79, 163
ABC da literatura (Pound), 84, 296*n*
Abolicionismo, O (Nabuco), 104
Abreu, Capistrano de, 113, 304*n*
Abreu, Zequinha de, 280
Academia Brasileira de Letras, 187, 198
"Acalanto do seringueiro" (Mário de Andrade), 262
Achebe, Chinua, 12
Acidente: Notícias de um dia (Wolf), 219
Adele, Lynne, 293*n*
Adorno, Theodor, 222-3

África, 11, 22, 36, 293*n*
Agamben, Giorgio, 301*n*
Agustín, José, 153
AI-5 (ato institucional nº 5), 44, 185
Aïnouz, Karim, 78
aion (noção grega de tempo), 103-4
Albino (personagem de Azevedo), 208
Albino (personagem de Revueltas), 156
Aldrich, Robert, 162
Aleijadinho (Antônio Francisco Lisboa), 21, 237, 239-41, 247
"Aleijadinho, O" (Bandeira), 241
Alemanha Oriental, 219-20
Alencar, José de, 20, 34-5, 37, 111-2, 116
alfabetização, 63
"Alguns toureiros" (Cabral de Melo Neto), 249
"Alienista, O" (Machado de Assis), 109

Alma encantadora das ruas, A (João do Rio), 187-92, 194-6, 199, 203, 205-6, 214
Almeida, Baby Guilherme de, 282
Almeida, Miguel de, 302*n*
Almodóvar, Pedro, 159-60
Alonso, Amado, 152
Althusser, Louis, 181, 242
Álvares, Manuel, 63
Alves, Castro, 285
Amado, Jorge, 150
Amar, verbo intransitivo (Mário de Andrade), 283-4
"Amar sem ser amado, ora pinhões!" (Mário de Andrade), 282
Amaral, Tarsila do, 304*n*
América do Sul, 10, 12-3, 15, 17, 261, 297*n*
américa do sul (Oswald de Andrade), 14
América Latina, 12, 62, 78, 129, 136, 152, 267
An Indigenous Peoples' History of the United States (Dunbar-Ortiz), 294*n*
anacronismo crítico, 98-9, 102
Anatomia da crítica (Frye), 88, 296*n*
ancestralidade, princípio de, 117
Anderson, Benedict, 112, 297*n*
Anderson, William, 302-3*n*
Andrade, Joaquim Pedro de, 241
Andrade, Mário de, 16, 20, 22-4, 27, 32, 88, 95-6, 99, 104, 107, 116, 227-32, 235-9, 241, 243-7, 249-52, 255-7, 259-62, 264-6, 268, 273, 275-6, 278, 282-5, 288, 292*n*, 304*n*
Andrade, Oswald de, 14, 20, 23, 25, 27, 29, 32-3, 116, 231, 239, 246, 249, 251, 259, 267, 270, 293*n*, 304*n*

Andrade, Rodrigo Melo Franco de, 107, 240-1
Angústia (Ramos), 154
animal social (*zoon politikón*), homem como, 90, 92
Anônimos (Santiago), 84
Anos JK: Margens da modernidade (org. Miranda), 239
"Anotações sobre o parangolé" (Oiticica), 50
"ansiedade da influência", 126
Antecedentes da Semana de Arte Moderna (Brito), 230
Antiguidade clássica, 81, 89, 103-4, 118, 171, 177, 212
Aos sábados, pela manhã (Santiago), 301*n*
Apando, El ver *Gaiola, A* (Revueltas)
"aparelho ideológico", 301*n*
"Aparelhos ideológicos do Estado" (Althusser), 242
Apocalipopótese (exposição de 1968, RJ), 42
Apocalypse Now (filme), 11
Apparus dans mes chemins, Les (Verhaeren), 260-1, 264
Aquati, Cláudio, 200, 302*n*
"Aquele abraço" (canção), 33-5
"Aquele do nada" (Verhaeren), 265
Aquiles (personagem mitológica), 101
Arantes, Paulo Eduardo, 18-9
Araraquara (SP), 228, 233, 283
"Araucana, La" (Ercilla), 15
arcadismo, 65
"Arcaico e o moderno, O" (Mello e Souza), 228, 283
Arendt, Hannah, 120-6, 128, 133-43, 145-7, 152, 298*n*
Argentina, 15

Arinos, Afonso, 215-7
Aristóteles, 127, 133, 172, 177
armário, sair do, 175, 185
Artaud, Antonin, 29
"Arte da biografia, A" (Woolf), 81, 86
"Arte de perder, A" (Bishop), 166
Arte no horizonte do provável, A (Haroldo de Campos), 49
Arte poética (Boileau), 177
Arte poética (Horácio), 118, 177, 300n
"Arte religiosa no Brasil, A" (Mário de Andrade), 238-9
Ascensão do romance, A (Watt), 11, 88-9, 296n
"Ash-Wednesday" (Eliot), 179
Aspiro ao grande labirinto (Oiticica), 9, 31
Assis, Machado de, 60, 65, 69, 80, 85, 95-6, 98-100, 102, 104, 107-12, 114, 116-9, 152, 197-201, 204, 211, 243, 266, 269, 285, 295n
Atelier d'Alberto Giacometti, L' (Genet), 28
Atlantic Monthly (revista), 81
Auschwitz, campo de concentração de (Polônia), 222-3
"Autopsicografia" (Pessoa), 26-7
autoritarismo, 77, 173
Avancini, José Augusto, 238
Azevedo, Aluísio, 208
Azevedo, João Lúcio, 304n
Azul do céu, O (Bataille), 190

Bahia, 236
Bandeira, Manuel, 27, 232, 240-1
Barbosa, Domingos Vidal, 64
Barlaeus, Caspar, 12
Barreto, Lima, 32, 63, 296n
Barreto, Paulo *ver* João do Rio

barroco, 20-2, 238
"Bases fundamentais para uma definição do 'parangolé'" (Oiticica), 49
Bastide, Roger, 251
Bataille, Georges, 159, 190
Baudelaire, Charles, 182, 186, 193, 195, 204-6, 248
beat, geração, 153, 164
Bebê de Rosemary, O (filme), 164
Beckett, Samuel, 31, 118
Belo Horizonte (MG), 193, 240, 245, 276
Benda, Julien, 145, 253
Bengala oriental, 18
Benjamin, Walter, 29, 41, 178, 224, 304n
Bentinho (personagem), 197
Bergman, Ingrid, 208
Berkeley, Busby, 185
Bernstein, Leonard, 167
Bíblia, 97, 110-1, 163, 213, 300n
bienséance, lei clássica da, 177, 180
Bilac, Olavo, 68, 257-8
biografia, gênero, 78, 80-4, 87, 91, 296n, 299n
Bishop, Elizabeth, 166
Black Lives Matter (movimento), 115
Bloom, Harold, 56, 65, 69, 126
Bœuf sur le toit, Le (música de Milhaud), 233
Boileau, Nicolas, 172, 177, 180
Boitempo (Drummond), 247
Bojunga, Cláudio, 113
Bolsonaro, Jair, 102, 173, 300n
"Bom conselho" (Santiago), 302n
bomba atômica, 11, 222-3
Bonaparte, Napoleão, 296n
Bond, James (personagem), 62
Bopp, Raul, 20

Borges, Jorge Luis, 56, 60, 74-5, 295n
Bossa Nova, 173-4, 178, 183-4
bota-abaixo (reforma urbana do Rio de Janeiro), 193-4
"Braços, Uns" (Machado de Assis), 211
Brancusi, Constantin, 22
Brasil, 15, 18, 20, 22-3, 25-7, 33, 36-7, 44-5, 49, 57, 59-69, 74, 76-8, 95-6, 102, 104-5, 107, 110-2, 117, 133, 136, 151, 153, 162, 181, 184, 186, 194, 217, 224, 233, 236-8, 246-7, 250-1, 257, 259-62, 265, 268-9, 271, 274-6, 283, 286, 296n, 304n
Brasília, 59, 267
Bresson, Robert, 206
Bretas, Rodrigo José Ferreira, 240-1
Breton, André, 128, 232
Brett, Guy, 50
bricolage cultural, 179
Brito, Mário da Silva, 230
Brito Broca, 250
Brutus, 209
Buarque, Chico, 13, 180, 301n
Buena Vista Social Club (filme), 193
Buenos Aires, 193
"Buriti perdido" (Arinos), 215

"Cabeleira do Zezé" (canção), 303n
Cabral, Maria de Jesus, 264
Cabral, Pedro Álvares, 236
Cabral de Melo Neto, João, 152, 249, 285
"Cadê Zazá" (Santiago), 301n
Cadeira de balanço (Drummond), 305n
"Cadeirinha, A" (Arinos), 215, 217, 303n
Cadmo (personagem mitológica), 177

Café (Mário de Andrade), 261
Cafundó: a África no Brasil (Fry e Vogt), 36
Califórnia (EUA), 168-9
Cámara, Mario, 170
Caminha, Pero Vaz de, 213
Caminhando (Clark), 35, 37-43, 45-6
Camões, Luís de, 106
Campagnes hallucinées, Les (Verhaeren), 260-3, 266
Campos, Augusto de, 50, 277
Campos, Haroldo de, 49-50, 60, 277
Camus, Albert, 60, 124, 164
"Canção de amor de J. Albert Prufrock" (Eliot), 119
"Canção do exílio" (Gonçalves Dias), 24, 111
Candido, Antonio, 22-3, 238, 251-3, 293n, 304n
Cândido, ou O otimismo (Voltaire), 100-1, 118
candomblé, 117
Cânone ocidental, O (Bloom), 56
"Canto de regresso à pátria" (Oswald de Andrade), 24
Canudos, Guerra de (1896-7), 96, 217
capitalismo, 90, 102, 224
Capitólio, invasão do (2022), 164
Capitu (personagem), 197
Capote (filme), 78
Capote, Truman, 78, 162-3
Caralho (personagem), 156-7
Cardoso, Lúcio, 215-8
"Caricature and Conqueror, Pride and Shame" (Veloso), 302n
Carlitos (personagem de Chaplin), 259
Carnaval, 178-9, 232, 235, 303n

"Carnaval carioca" (Mário de Andrade), 235
Carpeggiani, Schneider, 94
Carta (Cabral), 236
Carta (Caminha), 213
"Carta ao dr. Jaguaribe" (Alencar), 35
Casa-grande & senzala (Freyre), 101
Castor e Pólux (gêmeos mitológicos), 101
Catão, 209
Cavalcanti, Romero, 53
Cazuza, 163
Celestina, La (Rojas), 270
Céline, Louis-Ferdinand, 85
"Cemitério de bolso" (Drummond), 70
Central Park (Nova York), 157
Centro de Educación Ambiental y Cultural Muros de Agua — José Revueltas (México), 149
César, Júlio, 209
ceticismo, 107-11, 119, 198, 201
Céu de Lisboa, O (filme), 193
Chacrinha (Abelardo Barbosa), 303n
Chagas, Carlos, 224
Char, René, 120, 124-6, 128, 133, 138-42, 144-6
Chata (personagem), 156
Chaucer, Geoffrey, 89
China, 74
Chow, Rey, 11, 291n
Cidade do México, 149, 151, 165
Cigarra, A (revista), 229, 238
Clark, Lygia, 10, 34-48, 53-4, 293n
Claudel, Paul, 230, 259
Clifford, James, 19, 58
Cobra Norato (Bopp), 20
Cocteau, Jean, 52, 133, 296n
"Codinome Beija-flor" (canção), 163
Coimbra, Henrique de, frei, 20
Colateral (filme), 166
Colatino, Lúcio Tarquínio, 213
Coliseu (Roma), 207
colonialismo, 10, 14, 61, 63, 237
Com as mãos sujas (Sartre), 189
Comunidades imaginadas (Anderson), 112, 297n
concreta, poesia, 14, 231, 267, 277
Confúcio, 172
Congo Belga, 11
Congonhas do Campo (MG), 20, 236
Congresso Nacional, 63-4, 183
Conrad, Joseph, 11
Conselheiro, Antônio, 241
Contingente (fotografia de Varejão), 29, 34
contos, 84, 97, 100-2, 109, 118, 156, 211, 215-6, 297n, 303n
contracultura, 179, 302n
Conversações (Deleuze), 9
Copérnico, Nicolau, 86, 225
Coppola, Francis, 11
coração, lei do, 105-6
Coração das trevas (Conrad), 11
Coração das trevas (filme), 11
Coração simples, Um (Flaubert), 84-5
Corneille, Pierre, 177
Cortázar, Julio, 39
Cortiço, O (Azevedo), 208
"cosmopolitismo discrepante", 21, 24-6, 33
Cosmopolitismo do pobre, O (Santiago), 117, 297n, 301n
Costa, Cláudio Manuel da, 238
Costa, Lúcio, 239, 267
Courbet, Gustave, 213
Couto, Miguel, 297n
Couture, Thomas, 204, 208-13

covid-19, pandemia de, 56, 221
Cracolândia, região da (São Paulo), 206
Crane, Hart, 68, 162
Crécy, Odette de (personagem), 197
Crepúsculo dos ídolos (Nietzsche), 281
Crônica da casa assassinada (Cardoso), 215-7
Crônica da casa assassinada (filme), 216
Crônicas da província do Brasil (Bandeira), 241
Crowley, Aleister, 184
Cruz, Oswaldo, 224
Cruz e Sousa, 229
cultura brasileira, 21, 56-7, 170-1
Cunha, Celso, 63
Cunha, Euclides da, 12, 59, 217, 241, 285
Cunha, Fausto, 216
Curzon, lorde, 10

Daca (Bengala oriental), 18
"Danças" (Mário de Andrade), 282
dândi, 188-92, 195, 201, 302*n*
Darío, Rubén, 15
Darwin, Charles, 86, 225
"decoro", 177
Defoe, Daniel, 80, 85, 89
Déjeuner sur l'herbe, Le (tela de Manet), 208
Deleuze, Gilles, 9, 33, 68, 103, 179
"Democratização no Brasil (1979--1981), A" (Gonzalez), 117
Demoiselles d'Avignon, Les (tela de Picasso), 235
Denis, Ferdinand, 55
Departamento francês de ultramar, Um (Arantes), 18, 292*n*

Derrida, Jacques, 25
Descartes, René, 221
Desenhe com o dedo (Clark), 40, 44-6, 48, 293*n*
Devassa da devassa, A (Maxwell), 64
Diamantina (MG), 239
Diário (Kafka), 242
Diario Carioca (jornal), 304*n*
Diário de um ladrão (Genet), 206
Diário dos moedeiros falsos (Gide), 170
Diários de motocicleta (filme), 78
Dias, Gonçalves, 23, 111, 116, 269, 271, 274-6
Dias, Maria Odila da Silva, 61-3
Didion, Joan, 161-9, 299*n*
Diehl, Paula, 213, 303*n*
"dispositivo" (conceito de Foucault), 181-2, 301*n*
ditadura militar (1964-85), 33, 40, 44, 46-7, 53, 105, 156, 171-2, 174-5, 180-1, 183-5, 272, 302*n*
Ditos e escritos (Foucault), 7, 94, 170
Dom Casmurro (Machado de Assis), 197, 282, 296*n*
"Domador, O" (Mário de Andrade), 273, 306*n*
domesticação, conceito de, 59, 61
Domus Aurea (Casa Dourada, *villa* de Nero), 207
Donne, John, 167
DOPS (Departamento de Ordem Política e Social), 184
Dourado, Autran, 84-5, 217
"Doutrina das semelhanças, A" (Benjamin), 29
Drummond de Andrade, Carlos, 16, 28, 36, 38, 45, 70, 92-3, 222, 231,

234, 240, 245, 247, 274-6, 285, 292*n*, 297*n*, 305*n*
Duarte, Lima, 156
DuBos, Charles, 292*n*
Dunbar-Ortiz, Roxanne, 294*n*
Duras, Marguerite, 223
Dürer, Albrecht, 213

Echeverría Álvarez, Luis, 151
Eclesiastes, 113, 116, 118
Edifício Dakota (Nova York), 164
"educação natural", 89
Efraim (personagem bíblica), 110
Einaudi (editora italiana), 68
Einstein, Albert, 114
Eliot, T.S., 119, 179, 204, 223, 298*n*, 300*n*
Elizabeth I, rainha da Inglaterra, 82-3
"Elogio das mãos" (Focillon), 28
Em busca do tempo perdido (Proust), 79, 197, 303*n*
Enciclopédia Mirador Internacional, 74-6, 78, 295*n*
enciclopédias, 70-81, 83-4, 87, 90
enciclopedistas franceses, 73
Encilhamento (1889-91), 101-2, 195-6
Encólpio (personagem), 203
Encyclopaedia Britannica, 75, 295*n*
Enola Gay (bombardeiro B-29), 11
Entre a loura e a morena (filme), 185
Entre o passado e o futuro (Arendt), 120-1
Entre quatro paredes (Sartre), 156
épicos, poemas, 15, 60, 87, 101, 118
equador, linha do, 12-3, 30-1, 271
Era dos impérios (1875-1914), A (Hobsbawm), 12

Ercilla, Alonso de, 15
Eros (divindade grega), 177
Esaú e Jacó (Machado de Assis), 95, 100-2, 107, 116, 118, 199, 297*n*
Escola de Frankfurt, 224
escravidão africana, 19, 24, 95, 104-5, 107, 109, 111, 116, 195, 197, 261
"escrita automática surrealista", 152
Escudero, Roberto, 149
Esquilino, monte (Roma), 207
Essai sur le don (Mauss), 39
Essex, conde de, 83
Estação no inferno, Uma (Rimbaud), 234
Estado Novo (1937-45), 106
Estados Unidos, 16, 39, 54, 63, 112, 116, 161, 166, 169
Étiemble, René, 108
Eu não sou seu negro (filme), 294*n*
"Eu quero é botar meu bloco na rua" (canção), 48
eurocentrismo, 19, 22, 294*n*
Europa, 11, 17-8, 68, 111, 221, 246, 248, 253, 262
"Evocação do Recife" (Bandeira), 27
"Êxodo, O" (Mário de Andrade), 261
Exposição Nacional Comemorativa do I Centenário da Abertura dos Portos do Brasil (Rio de Janeiro, 1908), 194
Expressão plástica e consciência nacional na crítica de Mário de Andrade (Avancini), 238
Extermine todos os brutos (filme), 294*n*
Exu (orixá), 208

faction (mistura de fato e ficção), 162; *ver também* Novo Jornalismo

Faculdade de Direito do largo de São Francisco, 265
Faculdade de Filosofia, Ciências e Letras da USP, 251-2
Faculdade de Medicina de Montpellier, 63-4
Fardo do homem branco: Southey, historiador do Brasil, O (Dias), 61
fatalidade, 18, 63-6, 88, 129, 134, 193, 236, 259, 270, 298n
Faulkner, William, 217-8
Fazendeiro do ar (Drummond), 70
Feira das vaidades, A (Thackeray), 88
"Felicidade, A" (canção), 179
Félicité (personagem), 85
ferida narcísica, 86-7, 89, 92, 225-6
Fernandes, Florestan, 246, 305n
"Ferroada no peito do pé, Uma" (Santiago), 294n
Feuillets d'Hypnos, Les (Char), 125, 128
ficção, 79-86, 89, 91-2, 94, 124, 145, 159, 162, 296n; *ver também* contos; personagens ficcionais; romances (*novels*)
Fielding, Henry, 108
Filhos do barro, Os (Paz), 267
Fim de jogo (Beckett), 118
Fio de esperança, Um (filme), 165-6, 168
First Pop Age, The (Foster), 293-4n
Fisiologia da composição (Santiago), 303n
Fitzgerald, Scott, 153
flâneur, 188, 248, 302n
Flaubert, Gustave, 7, 80, 84-6, 94, 114, 248, 296-7n
Flores do mal, As (Baudelaire), 186, 195, 204

Focillon, Henri, 28
Folha de S.Paulo (jornal), 294n, 303n
Fontana, Lucio, 41-2, 293n
Foster, Hal, 293-4n
Foucault, Michel, 7, 9, 74, 94, 170, 176, 179, 181, 300-1n
França, 18, 63-4, 124-5, 128, 138, 147, 177, 200, 203, 207, 210, 259-60
France, Anatole, 274-5
Franco, Marielle, 183
Freud, Sigmund, 68, 86, 222, 225, 293n, 299n
Freyre, Gilberto, 101
Fry, Peter, 36
Frye, Northrop, 83, 87-9, 296n
Fuentes, Carlos, 153
Fundação Palmares, 117
Fúria do corpo, A (Noll), 159
futurismo, 239, 267

Gaia ciência, A (Nietzsche), 241
Gaiola, A (Revueltas), 148-60
Gália (província romana), 209
Garnier, Livraria (Rio de Janeiro), 110, 201, 297n
Gaúcho (personagem), 154
Gaye, Marvin, 115-6
gays, 78, 175
Geisel, Amália Lucy, 180
Geisel, Ernesto, 180
Genealogia da ferocidade (Santiago), 59
gêneros, teoria dos, 87
Genet, Jean, 28, 153, 155, 159, 206
genocídio nazista, 223
Germânia (província romana), 209
Germânico (general romano), 209-10, 212-3
Giacometti, Alberto, 28, 204

Gibbon, Edward, 203
Gide, André, 170, 192, 218, 296n, 300n
Gil, Gilberto, 33-6
Gilberto, João, 159, 185, 191
Gilda (filme), 126
Gist (essência), 128, 130
Globo, O (jornal), 164
Glória de um covarde, A (filme), 162
Golpe de 1930, 260, 262
golpe militar (1964), 171, 173
Gonzaga, Tomás Antônio, 65
Gonzalez, Lélia, 117, 297n
grafias de vida, 8, 76-81, 84-6, 91-2, 247, 288, 295n; *ver também* biografia, gênero; romances (*novels*)
Grande sertão: Veredas (Guimarães Rosa), 59, 215
greco-romanos, tempos *ver* Antiguidade clássica
Green, Julien, 218
Greimas, A. J., 96
Grundrisse (Marx), 89-90, 297n
Guernica (tela de Picasso), 202
guerra, filmes de, 162
Guesa errante, O (Sousândrade), 60
Guevara, Che, 78
Guimaraens, Alphonsus de, 229, 231-2, 245, 265
Guizot, ministro, 210

Há uma gota de sangue em cada poema (Mário de Andrade), 230, 245, 265
Haight-Ashbury, distrito de (San Francisco, CA), 166-8
Harrington, Michael, 166, 168
Hayworth, Rita, 126
heliocentrismo, 86

Hemingway, Ernest, 68, 84-5, 153, 161, 167
Herculano, Alexandre, 112
Hino Nacional, 306n
hippies, 164
Hiroshima, bombardeio atômico de (1945), 11, 222
Hiroshima, mon amour (filme), 222-4
Histoire philosophique et politique des établissements et du commerce des européens dans les deux Indes (Raynal), 64
História da inteligência brasileira (Martins), 238
Hitchcock, Alfred, 217
Hobbes, Thomas, 89
Hobsbawm, Eric, 12
Hoje é dia de rock (José Vicente), 179, 300n
Holanda, Sérgio Buarque de, 12, 272-3
Hollanda, Heloísa Buarque de, 117, 297n
Hollingsworth, Margaret Richardson, 283
Hollywood, 112, 127, 132, 162, 166, 174
Homem que queria ser rei, O (Kipling), 61
Homenagem a Cara de Cavalo (Oiticica), 52
"Homens ocos, Os" (Eliot), 223
Homero, 101, 118
homofobia, 299-300n
Horácio, 118, 172, 177, 298n, 300n
Houaiss, Antônio, 75, 296n
húbris, 86, 118
Huidobro, Vicente, 16
Huis clos (Sartre), 156

325

Huston, John, 161-2
hypnos (sono), 132

ilhas Marías, presídio das (México), 148-9
Iluminações (Rimbaud), 206
Ilustração Brasileira (revista), 240
Imitação de Cristo (Tomás de Kempis), 192
Império Romano, 186, 193-4, 202-4, 206-7, 210, 264; *ver também* Roma
"Improviso do mal da América" (Mário de Andrade), 270, 305n
Inconfidência Mineira (1789), 64, 238, 245
inconsciente, 86, 225, 293n
inconveniência, noção teatral de, 174, 184
Índia, 18, 61-2
indígenas, 20, 23, 34-6, 39, 100, 110-2, 116, 213, 282
"individualismo possessivo", 89-92
"Infância" (Drummond), 28, 92-3, 247
"Inferno de Wall Street" (Sousândrade), 60
Inglaterra, 62, 64, 80, 203, 210, 274
Ingres, Jean-Auguste Dominique, 212
"Instinto de nacionalidade" *ver* "Notícia da atual literatura brasileira: Instinto de nacionalidade" (Machado de Assis)
Instituto Histórico e Geográfico de São Paulo, 238
integralismo, 77
Intelectuais e classe dirigente no Brasil (Miceli), 217
inteligência, lei da, 105-6
Iracema (Alencar), 34-5, 112
Irby, James, 153

ironia, 15-6, 88, 108, 112, 254, 258-9, 266

jaburu (ave), 304-5n
Jacó (personagem bíblica), 110
Jacob, Max, 22
Jeca Tatu (personagem), 224
Jefferson, Thomas, 63
jesuítas, 62-3
Jesus Cristo, 164, 191-2, 236, 313
João Antônio, 159
João do Rio, 187, 189-96, 201, 203-4, 214, 302-3n
João Ricardo, 172
Jobim, Tom, 179
"John Wayne: Uma canção de amor" (Didion), 166
"Jorge Maravilha" (canção), 180
jornalismo cultural, 161-9
José Vicente, 300n
judaico-cristã, ancestralidade, 116, 118-9
Julião Hospitaleiro, são, 114, 311-3
Julinho da Adelaide (pseudônimo de Chico Buarque), 180
Junqueira, Ivan, 223, 298n
Juvenal, 211-2

Kafka, Franz, 7, 64, 135, 138-47, 242-4, 250, 298n, 304n
Kandy-Kolored Tangerine-Flake Streamline Baby, The (Wolfe), 163
Keats, John, 167
Kelly, João Roberto, 303n
Kerouac, Jack, 153, 162
Kinsey, Relatórios, 163
Kipling, Rudyard, 61
Klaxon (revista), 267, 271-2
Knopf (editora americana), 169
Koch-Grünberg, Theodor, 246

Kroeber, Carlos, 216
Kubitschek, Juscelino, 215
Kurosawa, Akira, 218

Lacomblez, Paul, 264-5
Laforgue, Jules, 15
"Lambões de caçarola" (João Antônio), 159
Lautréamont, conde de, 15
Le Corbusier, 239
Lecumberri, prisão de (Cidade do México), 151, 153, 156, 159
Lee, Rita, 290
leitura como literatura, 90-3
"Lembrança do mundo antigo" (Drummond), 45
Lennon, John, 164
Letteratura americana e altri saggi, La (Pavese), 68
Lévi-Strauss, Claude, 17-8, 246, 251, 292n, 297n
liberdade de escrita, 129
Lima, Mário de, 240
Lindqvist, Sven, 294n
língua francesa, 63
língua inglesa, 66, 284
língua portuguesa, 26, 36-7, 55-60, 63, 66-8, 133, 174, 283, 294n, 299n
línguas indígenas e africanas, 36
Link, Daniel, 170
Lira paulistana (Mário de Andrade), 268
Lisboa, 62-4, 274
Lispector, Clarice, 67, 69, 91, 231
literatura brasileira, 34, 55-6, 59-60, 67-9, 95-7, 112, 150, 191, 197, 215, 238
Literatura e sociedade (Candido), 22, 293n

literatura francesa, 109, 177, 210
literatura inglesa, 86, 89, 108-9
literatura latino-americana, 69, 152, 155, 158-9
literatura mexicana, 153
literatura norte-americana, 68
Literatura nos trópicos, Uma (Santiago), 301-2n
literatura portuguesa, 26, 56, 65, 200, 241
literatura universal, 58, 86-7, 190, 260
Livramento, morro do (Rio de Janeiro), 116, 198
Livro dos seres imaginários, O (Borges), 74
"lixo cultural", 50
Lobão (cantor), 198
Lobato, Monteiro, 224
Locke, John, 89
lógica do sentido, 103
"London, London" (canção), 272
Londres, 33, 35, 49-50, 202, 262, 268-9, 271, 273-4, 284, 300n
Lopes, Isidoro Dias, 256
Lopes, Tim, 164-5
Lopes Chaves, rua (residência paulistana de Mário de Andrade), 228, 233
Lopez, Telê Porto Ancona, 260, 304n
López Obrador, Andrés Manuel, 149
Lorrain, Jean, 202
Losango cáqui (Mário de Andrade), 265, 280
Lourenço, Pio, 228, 279, 283-4
Louvain, Universidade de, 260, 265
Lucrécia (nobre romana), 212-4
Luís Filipe, rei da França, 207, 210
Lusíadas, Os (Camões), 106
"Luxo" (Augusto de Campos), 50

Machado, Maria Clara, 301n
Macpherson, C. B., 89
Macunaíma (Mário de Andrade), 20, 32, 88, 116, 239, 241, 296n
Madame Bovary (Flaubert), 296n
Madame Satã (filme), 78
Maia e Barbalho, José Joaquim (Vendek), 63-4
Maiakóvski, Vladímir, 257
Mallarmé, Stéphane, 259, 292n
Malta, Augusto, 110
Manassés (personagem bíblica), 110
Manassés (pseudônimo/heterônimo de Machado de Assis), 110, 116
Manet, Édouard, 94, 208
Mangueira (escola de samba), 51, 53
Manifesto antropófago (Oswald de Andrade), 23, 29, 116, 270
Manifesto da poesia pau-brasil (Oswald de Andrade), 32, 293n
Manifesto espacial (Fontana), 41
mapa-múndi, 9-10, 12-3, 29-30, 34, 66, 105, 134-5, 202
"Máquina de escrever" (Mário de Andrade), 279-80
Maracanã, estádio do (Rio de Janeiro), 172-3, 175, 177
"Maria Sapatão" (canção), 303n
Mariana (MG), 229, 231-2, 235-8, 245, 265
Marília de Dirceu (Gonzaga), 65
Marinetti, Filippo, 231
Marlow, Charlie (personagem), 11
Martinho da Vila, 300n
Martins, Wilson, 238
Marx, Karl, 89-91, 221, 297n
Matogrosso, Ney, 13, 170-7, 180, 185, 300n, 302n
Maugüé, Jean, 251
Maupassant, Guy de, 84-5

Mauriac, François, 218
Mauss, Marcel, 39
Maxwell, Kenneth, 64
Meche (personagem), 156, 158
Mello e Souza, Gilda de, 228, 283
Melville, Herman, 68
Memória, Arquimedes, 239
memória universal, 98-9, 103
Memórias do cárcere (Ramos), 106, 113, 129, 151, 157
Memórias póstumas de Brás Cubas (Machado de Assis), 71, 107-8, 110, 112-3
Mendes, Murilo, 15, 121, 125
Mendonça, Paulinho, 172
Mendonça Filho, Kleber, 217
Menino sem passado (Santiago), 120-7, 133-4, 297-8n
"Menino sem passado, O" (Mendes), 121-2
Merzbau (Casa Merz), 49
Mesquita, família, 238
metáforas, 12, 38, 61, 71, 92, 146-7, 155, 191, 196-7, 199-200, 244, 247, 258, 293n
Método crítico de Sílvio Romero, O (Candido), 251
#MeToo (movimento), 172, 213
Métraux, Alfred, 246
México, 149-53, 165
Miceli, Sérgio, 217
Milhaud, Darius, 230, 233
Miller, Arthur, 160
Miller, Bennett, 78
Miller, Lucille, 164
Milton, John, 89
Minas Gerais, 16, 20-1, 121, 215-7, 230-1, 238, 240, 246, 275, 292n, 297n
Minha formação (Nabuco), 104-5

Ministério da Educação e Saúde, 239
Mirador ver *Enciclopédia Mirador Internacional*
Miranda, Carmen, 185, 302n
Miranda, Wander Melo, 239
"Missa do galo, A" (Machado de Assis), 211
Mito de Sísifo, O (Camus), 60
modernismo, 19, 21, 23, 242, 272
Moebius, fita de, 34-5, 42-3, 45
Moedeiros falsos, Os (Gide), 296n
Molière, 177
"Momento" (Mário de Andrade), 287
Monroe, Marilyn, 160
Montesquieu, barão de, 203
Moraes, Vinicius de, 174, 179, 185, 300n
Moreyra, Álvaro, 274
Morte de Germânico, A (tela de Poussin), 210, 213
Mowgli (personagem), 61
MPB, 173, 301n
multiculturalismo, 117
Murphy, Audie, 162
Museo Archeologico Nazionale di Napoli, 208
Museu d'Orsay (Paris), 208
Museu Glyptothek (Munique), 213
música, 50, 68, 105, 174, 181, 183, 249, 282, 299n

Nabuco, Joaquim, 104-6, 108, 110, 275
nação (definição de Renan), 113
naïf, arte, 22, 293n
"Não existe pecado ao sul do equador" (canção), 13
"Não me toques" (canção), 279-80
Narciso (personagem mitológica), 232, 278-9, 282

narrador, 72, 84-5, 91, 100-1, 109, 123-4, 128, 132, 134, 159-60, 188-9, 195, 203, 217-8, 300n
Nascimento, Milton, 105, 297n
Náusea, A (Sartre), 72, 85, 295n
nazismo, 156, 223
negro spiritual, 115-6, 119
Nêmesis (deusa grega), 279
"Nenhum homem é uma ilha" (Donne), 167
Nero, imperador romano, 186, 204, 206-7
Neruda, Pablo, 148, 150-2
New York Times, The (jornal), 302n
New Yorker (revista), 161
Niemeyer, Oscar, 267
Nietzsche, Friedrich, 33, 241, 265, 281-2, 298n
Nina (personagem), 216
Nóbrega (personagem), 100-3, 199
Noites do sertão (filme), 216
Noll, João Gilberto, 159, 191
Nomadland (filme), 168
Nordeste brasileiro, 249, 304n
"Nós recusamos" (Clark), 39
Nossa Senhora das Flores (Jean Genet), 153
"Notícia da atual literatura brasileira: Instinto de nacionalidade" (Machado de Assis), 60, 116, 266, 295n
Nova York, 60, 157
Novo Jornalismo, 162, 164, 166-7
Novo México, Universidade do, 306n
Novo Mundo, O (jornal), 60
nudez, 54, 126, 140, 213
Nuestra Señora de la Buena Muerte, imagem de, 153, 299n

"O que é um autor?" (Foucault), 7

"O que é um dispositivo?" (Agamben), 301n
Obra de arte na era de sua reprodutibilidade técnica, A (Benjamin), 225, 304n
Oceania, 22
Ocidente, 58, 81, 97, 128, 135, 171, 217, 253, 291n
Oh! Calcutta (peça), 212
Oiticica, Hélio, 9-10, 31-2, 34-7, 42-3, 49-54, 157, 180, 293n
Olympia (tela de Manet), 208
On the Road (Kerouac), 153, 162
Ópio, monte (Roma), 207
Ora (direis) puxar conversa! Ensaios literários (Santiago), 292n
Ordaz, Díaz, 148-51
Orientalismo (Said), 11, 291n
Origem do mundo, A (tela de Courbet), 213
Ouro Preto (MG), 20, 65, 216, 236, 241, 245-7
Outra América, A (Harrington), 166, 168

Pacífico, oceano, 39, 148, 166, 247
"Paisagem n. 1" (Mário de Andrade), 236, 254-77
Paixão medida, A (Drummond), 231
Palavras e as coisas, As (Foucault), 74
Palmares, Quilombo dos, 24
Pamphili, Giovanni Battista, 213-4
Pangloss, dr. (personagem), 102, 118
Paníquis (personagem), 205
Panteras Negras, 167
"Para Lennon e McCartney" (canção), 100, 297n
"Para uma moral do desconforto" (Foucault), 170, 176
parábola, 135, 138-9, 141-6, 298n
parabolé ("comparação"), 139-40
Paraguai, 15
Parangolés (Oiticica), 48-54
Paris, 74, 156, 193, 204, 207-8, 210, 248, 274-5
Parra, Nicanor, 15
Partido Comunista Mexicano (PCM), 148, 150
Partido de Representação Popular (PRP), 77
Partido Revolucionário Institucional (México), 150
Passeur d'eau [O barqueiro] (Verhaeren), 264
Passos, Pereira, 194
Patrocínio, José do, 107
Patrulhas ideológicas (Hollanda e Pereira), 117, 297n
Paula, irmã, 191-2, 202, 204, 206, 211, 302n
Pauliceia desvairada (Mário de Andrade), 95, 227-9, 231, 233, 235-6, 251, 255, 257-9, 261-2, 265, 269-70, 273-4, 276, 278-80, 282, 284-6, 289, 305-6n
Pavese, Cesare, 68
Paz, Octavio, 152, 267
Peck, Raoul, 294n
Pedro II, d., 111
Peixoto, Floriano, 296n
Pelo sertão (Arinos), 215, 217
Pence, Marla, 167
Pentateuco, 100-1, 110, 118
Pereira, Carlos Alberto Messeder, 117, 297n
Pernambuco, 236
personagens ficcionais, 80, 83-6, 88; *ver também* narrador; protagonistas
Perto do coração selvagem (Lispector), 67

Pessoa, Fernando, 26, 56, 65, 241
Petrônio, 186, 189, 194-5, 198, 200, 203-4, 207, 302-3n
Pfeiffer, Ida, 65, 295n
Pharoux, cais (Rio de Janeiro), 102, 110, 199
picaresca, prosa, 108-9, 112
pícaros, 110
Picasso, Pablo, 22, 40, 191, 235, 304n
Pickpocket (filme), 206
Picture (Ross), 161
Pignatari, Décio, 277
piguara, 34-7
"Plano-piloto para poesia concreta" (1958), 267
Plon (editora francesa), 67
"Poema de sete faces" (Drummond), 276
"Poemas da amiga" (Mário de Andrade), 305n
poesia, 14, 25, 32, 36, 45, 81, 86, 97, 152, 171, 188, 195, 227, 229, 238, 247, 267, 276, 290, 293n, 300n, 305n
Poesias completas (Mário de Andrade), 230
Poética (Aristóteles), 177
Polícia Federal, 184
Polinésia, 221
"política identitária", 294n
Polônio (personagem), 156, 158
Pombal, marquês de, 63
Pombinha (personagem), 209
Pompeia e Herculano, escavações de, 208
Poniatowska, Elena, 148, 150
Por quem os sinos dobram (Hemingway), 167
Portugal, 62-4, 111, 259
potlach, ritual do, 39

Pound, Ezra, 84, 86, 296n
Poussin, Nicolas, 210, 213
Prates, Carlos Alberto, 216
Preço da glória, O (filme), 162
"Prefácio interessantíssimo" (Mário de Andrade), 260, 264, 267, 278, 305n
Prévost, Jean, 296n
Príapo (deus grego), 203, 205, 208
Primavera nos dentes (Almeida), 302n
Primeira Guerra Mundial, 20, 222, 229, 260
Primeiro caderno do alumno de poesia Oswald de Andrade, 25
Primo Basílio, O (Queirós), 200
Princeton, Universidade, 292n
Proclamação da República (1889), 96, 195
Procne (personagem mitológica), 177
"Pronominais" (Oswald de Andrade), 27
protagonistas, 63, 79-80, 83, 87, 89, 91-2, 101, 133, 154, 162, 188, 194-5, 203, 219, 232, 273, 277, 296n
protestantismo, 116
Proust, Marcel, 7, 79, 197-8, 204, 303n
Psiquê (personagem), 205

Qohélet, 114-5; *ver também* Eclesiastes
"Quant au Livre" (Mallarmé), 292n
Quarta-Feira de Cinzas, 225, 300n
Quartila (personagem), 205, 208
Queirós, Eça de, 200
Questão da norma culta brasileira, A (Cunha), 63
Quincas Borba (Machado de Assis), 109
quiromancia, 29-30

Racine, Jean, 177

racismo, 300*n*
Raízes do Brasil (Holanda), 12, 273
Ramos, Graciliano, 106, 113, 129, 151-4, 159, 218, 263, 275, 285
Rashomon (filme), 218
Rastejando até Belém (Didion), 162, 164, 167-9, 299*n*
Ray, Man, 212
Raynal, abade, 64
realismo/naturalismo, 195, 200, 208
rebelião de 1932, 260
Recife (PE), 286
"Reconhecimento de Nêmesis" (Mário de Andrade), 279, 282, 288
"Red River Valley, The" (canção), 165
Reino Unido, 35, 61, 268, 274
Reis, João José, 70
religiosidade, 40, 230-2, 234, 246
"Remate de males" (Mário de Andrade), 287
Renan, Ernest, 113
Renascimento, 14, 89, 104, 207
reprodução manual versus reprodução técnica, 225
República Velha, 77, 236, 262-3, 265-6
Resistência francesa, 128, 130-1, 134, 136-8, 140-3, 146; *ver também* Segunda Guerra Mundial
resistência política, 96, 98, 170-1, 173, 181, 183-4, 299*n*, 301*n*
Resnais, Alain, 222-3
retórica clássica, 303*n*
"Retrato de Foucault, Um" (Deleuze), 9
Revista do Brasil, 238
Revolução burguesa: Ensaios de interpretação sociológica, A (Fernandes), 305*n*
Revolução de 1848 (França), 210

Revueltas, José, 148-60
Richardson, Samuel, 89
Rimbaud, Arthur, 205-6, 234
Rio de Janeiro, 42, 48, 52, 63-4, 113, 164-5, 193-5, 202, 211, 230, 232, 248, 274, 286
Risério, Antonio, 294*n*
Robinson, Christopher, 168
Robinson Crusoé (Defoe), 85, 87, 89-90, 92-3, 168, 247
"robinsonada" (termo de Marx), 90-2
Rocha, Glauber, 256
rock and roll, 114
Rodrigues, João Carlos, 188
Rodríguez, Simón, 9
Rojas, Fernando de, 270
Rollebon, marquês de (personagem), 73
Roma, 202, 209-13, 263-4; *ver também* Império Romano
romance picaresco espanhol, 108
romances (*novels*), 32, 67, 79-84, 86-9, 91-2, 111, 153, 160, 162, 217, 222, 296*n*
Romanos da decadência, Os (tela de Couture), 204, 207-12
romantismo, 111, 210
Romero, Sílvio, 251
Rômulo Augusto, imperador romano, 203
Roquentin, Antoine (personagem), 72-3
Roquette-Pinto, 282
Rosa, Guimarães, 42, 59, 216
Ross, Lillian, 161, 163
Rossellini, Roberto, 208
Rousseau, Jean-Jacques, 89, 296*n*
Rulfo, Juan, 153

Said, Edward, 8, 10, 291n
Saint Genet: Ator e mártir (Sartre), 153
Salles, Walter, 78
samba, 51, 233, 235, 300n
"Sampa" (canção), 278, 290
Sampaio, Sérgio, 48
San Francisco (Califórnia), 164, 166
"Sangue latino" (canção), 172
Santa Muerte, culto à (México), 153, 299n
Santos, Milton, 113-5
Santos Dumont, Alberto, 238
São Francisco, rio, 215
São José del-Rei (MG), 20
São Paulo, 18, 77, 107, 227, 230, 232-3, 235, 239-40, 246, 248, 255, 262-3, 268-71, 276, 284
Saraceni, Paulo César, 216
Sarraute, Nathalie, 232
Sartre, Jean-Paul, 72, 153, 156, 189, 295n
Sátiras (Juvenal), 211
Satíricon (Petrônio), 186-7, 190, 193-5, 197-8, 202-7, 302-3n
Schary, Dore, 162
Schopenhauer, Arthur, 264
Schwarz, Roberto, 19
Schwitters, Kurt, 49-50
Se está haciendo tarde (Agustín), 153
"Se lutas pela liberdade, tens de estar preso, se lutas por alimentos, tens de estar com fome" (expressão de Revueltas), 148, 150
Secos & Molhados (grupo musical), 185, 302n
Segall, Lasar, 282
Segunda Guerra Mundial, 11, 45, 121, 123-5, 127, 130, 133-5, 143, 162, 191

Segunda República francesa, 210
Segundo Reinado, 195, 240
Seixas, Raul, 184, 302n
seleção natural, 86
Semana de Arte Moderna (1922), 246, 279
Sémantique structurale: Recherche de méthode (Greimas), 96
Sentimento do mundo (Drummond), 38
Sérgio Ricardo, 256
Sermão da Sexagésima (Vieira), 62
Sertões, Os (Cunha), 59
Severo, Ricardo, 238-9
Sexto (filho de Tarquínio, o Soberbo), 213
Shakespeare, William, 60, 89
Silenciando o passado (Trouillot), 294n
simbolismo/simbolistas, 23, 25, 229-31, 235-6, 238, 242, 245, 259, 265
Sinhás pretas na Bahia: Suas escravas, suas joias, As (Risério), 294n
"Sino rachado, O" (Baudelaire), 195
"sociedade alternativa", 184
Sodoma e Gomorra, 204
Som ao redor, O (filme), 217
Som e a fúria, O (Faulkner), 217
"sonho americano", 166
sorriso machadiano, 102-3, 108-9, 113-4, 117
Sousa, Frei Luís de, 267
Sousândrade, 60
Southey, Robert, 61-2, 294n
Souto, Edson Luís de Lima, 48
Spenser, Edmund, 89
SPHAN (Serviço do Patrimônio Histórico e Artístico Nacional), 21, 240
spiritual song, 115-6, 119
Steinbeck, John, 153, 163

Stendhal, 296n
Stoppard, Tom, 66-7
Strachey, Lytton, 82-3
Suassuna, Ariano, 112
Suicídio de Lucrécia, O (tela de Dürer), 213
Sul dos Estados Unidos, 169
Sul e Oeste (Didion), 169
Supervielle, Jules, 15
Supremo Tribunal Federal, 299-300n
surrealismo, 128, 152, 212
Swann, Charles (personagem), 197

Talese, Gay, 162
Tânatos (divindade grega), 177
Tarquínio, o Soberbo, 213
Távola, Artur da, 113
Tchernóbil, acidente nuclear de (Ucrânia, 1986), 219-20, 222-3
Teatro de Arena, 156
teatro infantil/infantojuvenil, 301n
televisão, 179-80, 185, 220-1
Tempo redescoberto, O (Proust), 79
Tempos modernos (filme), 259
Tentação de santo Antão, A (Flaubert), 94
"Teoria do medalhão" (Machado de Assis), 109
teoria dos gêneros, 87
"Teoria dos modos" (Frye), 88
testamento de vida, 135
Thackeray, William Makepeace, 88
Timóteo (personagem), 216
Tinhorão, José Ramos, 183
Tiradentes (MG), 20, 304n
Tocqueville, Alexis, 120, 124
Tom Jones (Fielding), 108
Tomás de Kempis, 191-2
Tomlins, Jack, 306n
Toquinho, 185

Torres-García, Joaquín, 10, 12-6, 20, 26, 29, 134, 292n
Tradição, Família e Propriedade (movimento católico), 13
tráfico de drogas, 156, 165
Trahison des clercs, La (Benda), 145, 253
Tratado de Versalhes (1919), 260
"Traveling Cultures" (Clifford), 19
Três Culturas, massacre na praça das (Cidade do México, 1968), 149
Triste fim de Policarpo Quaresma (Lima Barreto), 32, 63-4, 294n
Tristes trópicos (Lévi-Strauss), 17, 246, 292n, 297n
"Tropicália" (canção), 53
Tropicália (movimento musical), 51, 173-4, 178, 183-4, 301n
Tropicália (Oiticica), 49
Trouillot, Michel-Rolph, 294n
"Trovador, O" (Mário de Andrade), 305n
tupi-guarani, ancestralidade, 276
Tzara, Tristan, 22

Ubirajara (Alencar), 112
Ucrânia, 219
Ulisses (personagem mitológica), 101
"Ulisses" (Pessoa), 241
"Última flor do Lácio" (Bilac), 68
Unheimliche, Das ("estranhamento", conceito freudiano), 68
Unidos de Vila Isabel (escola de samba), 300n
Universalismo constructivo (Torres-García), 13, 292n
Universidade de São Paulo (USP), 17, 19, 251-2
Uruguai, 13-5, 20
"Uruguai, O" (Mendes), 15

"vaidade" da vida, 118; *ver também* Eclesiastes
Valor do riso e outros ensaios, O (org. Fróes), 296n
"Vão entre o passado e o futuro, O" (Arendt), 121, 128, 138, 143, 299n
Varejão, Adriana, 10, 29-30, 34, 36
Vargas, Getúlio, 31, 45, 76-7, 107, 152, 255
vasos comunicantes, 128-9, 132-4, 139-40
Velho e o mar, O (Hemingway), 84
Veloso, Caetano, 33, 51, 53, 105, 175, 177, 180, 185, 272, 274-5, 278, 290, 301-2n
Vendek (Maia e Barbalho, José Joaquim), 63-4
Verdadeiro método de estudar (Verney), 63
Verhaeren, Émile, 97, 229-31, 245, 260-6, 273
Veríssimo, José, 113
Verne, Júlio, 247
Verney, Luís Antônio, 63
verossimilhança, 85
Viagem à Itália (filme), 208
Vida em segredo, Uma (Dourado), 84
Vidas secas (Graciliano Ramos), 218, 263
Vieira, padre Antônio, 62
Vietnã, 11, 115
villa de Nero (Roma), 206-7
Villa-Lobos, Heitor, 282
"Ville, La" (Verhaeren), 262
Villes tentaculaires, Les (Verhaeren), 260-1, 263-4
Violon d'Ingres, Le (fotografia de Ray), 212
Vira-lata de raça (Ney Matogrosso), 180

Virgem de Guadalupe, 153
Virgílio, 206
Virilio, Paul, 166
"Visita, A" (Drummond), 231
Vitória, rainha da Inglaterra, 82-3
Vitória de Samotrácia (escultura grega), 231, 235, 267
Vogt, Carlos, 36
Voltaire, 97, 100-2, 118

Warhol, Andy, 54
Watt, Ian, 11, 88-9, 296n
Wayne, John, 165-6
Wellman, William, 162
Wenders, Wim, 193, 195, 208
"What's Going On" (canção), 115-6
What's Going On (LP de Marvin Gaye), 115
"*What's Going On*": *Marvin Gaye's Anthem for the Ages* (documentário), 114-5
"White Man's Burden, The" (Rudyard), 61
Whitechapel, galeria (Londres), 49
Whitman, Walt, 68
Wikipédia, 295n
Wilde, Oscar, 202
Williams, Tennessee, 159
Wolf, Christa, 219-20, 222, 224-5
Wolfe, Tom, 162-3, 167
Woolf, Virginia, 81-3, 86
Wyllys, Jean, 183

"Y de um nome, O" (Drummond), 305n
Yeats, W. B., 164, 168

Zumbi dos Palmares, 24

ESTA OBRA FOI COMPOSTA PELO ACQUA ESTÚDIO EM MINION E IMPRESSA
EM OFSETE PELA GRÁFICA BARTIRA SOBRE PAPEL PÓLEN NATURAL DA SUZANO S.A.
PARA A EDITORA SCHWARCZ EM NOVEMBRO DE 2023

A marca FSC® é a garantia de que a madeira utilizada na fabricação do papel deste livro provém de florestas que foram gerenciadas de maneira ambientalmente correta, socialmente justa e economicamente viável, além de outras fontes de origem controlada.